***ACCESO GRATIS** a la Lectura en la Nube*

Para visualizar el libro electrónico en la nube de lectura envíe junto a su nombre y apellidos una fotografía del código de barras situado en la contraportada del libro y otra del ticket de compra a la dirección:

ebooktirant@tirant.com

En un máximo de 72 horas laborales le enviaremos el código de acceso con sus instrucciones.

AF607726

EL CRIMEN FINANCIERO TRANSNACIONAL: UNA BATALLA INTERMINABLE PARA EL DERECHO INTERNACIONAL

EL CRIMEN FINANCIERO TRANSNACIONAL: UNA BATALLA INTERMINABLE PARA EL DERECHO INTERNACIONAL

JUAN CARLOS PORTILLA
Autor

tirant lo blanch
Bogotá, 2024

El crimen financiero transnacional : una batalla interminable para el derecho internacional / director, Juan Carlos Portilla ; prólogo, María Carmelina Londoño. -- Bogotá : Tirant lo Blanch, 2024.

292 páginas.

Incluye bibliografía.

ISBN 978-84-1197-046-4

1. Delitos económicos - Aspectos jurídicos 2. Delitos transnacionales - Aspectos jurídicos 3. Derecho penal internacional 4. Derecho internacional I. Portilla, Juan Carlos, director II. Londoño, María Carmelina, escritora de prólogo

CDD: 345.0268 ed. 23 CO-BoBN– a1136066

Catalogación en la publicación – Biblioteca Nacional de Colombia

Colección:
"Corrupción, crimen organizado y delincuencia económica"

Dirigida por:
NICOLÁS RODRÍGUEZ-GARCÍA
Catedrático de Derecho Procesal - Universidad de Salamanca
(ORCID ID: 0000-0003-0045-796X)

EDITA: TIRANT LO BLANCH
Calle 11 # 2-16 (Bogotá D.C.)
Telf.: 4660171
Email: tlb@tirant.com
Librería virtual: www.tirant.com/co/
ISBN: 978-84-1197-046-4

Si tiene alguna queja o sugerencia, envíenos un mail a: atencioncliente@tirant.com. En caso de no ser atendida su sugerencia, por favor, lea en www.tirant.net/index.php/empresa/politicas-de-empresa nuestro Procedimiento de quejas.

Responsabilidad Social Corporativa: http://www.tirant.net/Docs/RSCTirant.pdf

Índice

Capítulo 3
EL ROL DE LAS ORGANIZACIONES INTERNACIONALES COMO LEGISLADORES EN LA LUCHA GLOBAL CONTRA EL CRIMEN FINANCIERO TRANSNACIONAL

Capítulo 4
EL RÉGIMEN JURÍDICO INTERNACIONAL DE SANCIONES ECONÓMICAS, LA DELINCUENCIA FINANCIERA TRANSNACIONAL Y LA DIPLOMACIA

Capítulo 5
CUMPLIMIENTO, APLICACIÓN Y EFICACIA DE LA REGULACIÓN INTERNACIONAL VIGENTE CONTRA LOS DELITOS FINANCIEROS TRANSNACIONALES

Capítulo 6
PROBLEMAS ACTUALES PARA LAS ORGANIZACIONES INTERNACIONALES Y LAS AUTORIDADES NACIONALES COMPETENTES EN RELACIÓN CON LOS DELITOS FINANCIEROS TRANSNACIONALES

Capítulo 7
CUATRO VÍAS PARA MITIGAR LA DELINCUENCIA FINANCIERA TRANSNACIONAL

RESUMEN TÉCNICO

¿Cuál es la causa principal del advenimiento de la delincuencia financiera transnacional? ¿No habrían florecido los delitos financieros transnacionales si no fuera por la globalización? La globalización de los mercados financieros y su desregulación provocaron el génesis de la delincuencia financiera transnacional, la cual está compuesta por el crimen organizado, redes criminales de tipo transnacional y la criminalidad empresarial también transnacional. Individuos, empresas e instituciones financieras de todo el mundo han participado en transacciones de dinero transfronterizas, como adquisiciones de bienes raíces, acuerdos de financiamiento y compras y operaciones de acciones, a niveles sin precedentes. Por lo tanto, la delincuencia financiera transnacional floreció bajo la globalización.

El caso Odebrecht ilustra el surgimiento de la criminalidad empresarial transnacional como uno de los hijos de la globalización. En 2016, Odebrecht S.A., un conglomerado global de construcción con sede en Brasil, se declaró culpable de los delitos de corrupción transnacional y lavado de activos con autoridades en los Estados Unidos, Brasil y Suiza por sus pagos de cientos de millones de dólares en sobornos a funcionarios gubernamentales de todo el mundo, incluyendo Colombia. El Departamento de Justicia de los Estados Unidos ha clasificado el caso Odebrecht como el mayor caso de soborno extranjero en la historia, hasta ahora, desde la promulgación por parte del congreso de los Estados Unidos de la Ley de Prácticas Corruptas en el Extranjero de 1977.

Además de lo anterior, los avances en la información y tecnología han estimulado la movilidad del capital. El dinero puede fluir a cualquier lugar, al instante, independientemente del origen nacional y las fronteras. Las nuevas empresas tecnológicas que brindan servicios financieros a escala global han experimentado un tremendo crecimiento en la segunda década del nuevo milenio. Hoy en día, las empresas Fintech como Wise, que es una empresa pública que cotiza en la Bolsa de Valores de Londres, o XE.com ofrecen servicios de transferencia de dinero electronicamente internacional o remesas a su clientela en varias monedas. Sin embargo, las empresas Fintech no han sido inmunes a los delitos financieros transnacionales. La compañía alemana de tecnología financiera Wirecard, que procesa pagos y vende servicios de análisis de datos, estuvo en el centro de un escándalo de fraude en 2020. Después de una serie de acusaciones de fraude e investigaciones sobre sus prácticas contables, Wirecard confesó la desaparición de más de USD $2.3 billion o $2.3 billones de dolares americanos.

Además, el advenimiento de las criptomonedas dentro de la economía ha empeorado la crisis de la delincuencia financiera transnacional. Las redes criminales transnacionales pueden usar criptomonedas y tecnologías blockchain para ocultar sus identidades y lavar fácilmente las ganancias de la actividad delictiva. El auge de Bitcoin, que es una moneda digital altamente volátil, brinda a las redes criminales transnacionales oportunidades para introducir o disponer de sus ganancias criminales a través de esa criptomoneda.

No hay duda, los delitos financieros es una actividad rentable para las redes delictivas transnacionales. Sin embargo, las consecuencias de la actividad de delincuencia financiera transnacional son perjudiciales para los países de todo el mundo. De acuerdo con el Foro Económico Mundial, La corrupción, el soborno, el robo y la evasión fiscal, y otros flujos financieros ilícitos cuestan a los países en desarrollo USD 1,26 billones de dólares al año. Los expertos dicen que estas cifras pueden representar el tamaño combinado de las economías de Suiza, Sudáfrica y Bélgica, y suficiente dinero para ayudar a los 1.400 millones de personas que viven con menos de USD$ 1.25 por día y sacarlos del umbral de pobreza. La delincuencia financiera transnacional también plantea a los países el riesgo de sanciones internacionales. Además, una institución financiera que deliberada o negligentemente permite que las ganancias delictivas penetren por sus puertas puede enfrentar riesgos de reputación, operativos, legales y regulatorios.

¿Cuál es el papel de las organizaciones internacionales en la guerra contra la delincuencia financiera internacional?

Los legisladores internacionales (organizaciones internacionales) han abordado la crisis de la delincuencia financiera transnacional a través de normas financieras transfronterizas o *soft law* (por sus siglas en inglés) o derecho indicativo. Por ejemplo, la Organización para la Cooperación y el Desarrollo Económico (OCDE) a través del Grupo de Acción Financiera (GAFI), la cual es una organización intergubernamental adscrita a la OCDE, ha promulgado las 40 Recomendaciones, o Normas del GAFI, que buscan garantizan una respuesta global coordinada para prevenir el lavado de activos, el crimen organizado, la corrupción y el terrorismo. Estas normas GAFI ayudan a las autoridades a perseguir el dinero de los delincuentes que comercian con drogas ilegales, tráfico de personas y otros delitos. El GAFI también trabaja para detener la financiación de armas de destrucción masiva. El GAFI revisa las técnicas de lavado de activos y financiamiento del terrorismo. El libro aborda el GAFI a lo largo de sus capítulos.

Además, las organizaciones internacionales han promulgado convenciones internacionales tratados o derecho dispositivo/vinculante (*hard law* por sus siglas en inglés) para mitigar los riesgos de los delitos financieros transnacionales. A nivel global, la Organización de Naciones Unidas (ONU) promulgó la Convención de las Naciones Unidas contra la Corrupción y Convención contra la Delincuencia Organizada (Convención de Palermo). De hecho, la Convención de Palermo tiene como propósito promover la cooperación para prevenir y combatir eficazmente la delincuencia organizada transnacional.

Dado que la crisis de la delincuencia financiera transnacional es global, su solución política y jurídica también debe ser global ¿Será transnacional y/o también extraterritorial la investigación penal y juzgamiento de la corrupción transnacional y el lavado de activos?

El caso del vicepresidente de Guinea Ecuatorial, Teodorín Obiang, litigado ante la Corte Internacional de Justicia (CIJ) en el marco del caso *Inmunidades y Procedimientos Penales, Guinea Ecuatorial v Francia,* no sólo es un avance clave para el derecho internacional moderno, sino que también puede arrojar luz sobre la pregunta anterior. El libro aborda en detalle las razones expuestas por la CIJ sobre la posibilidad de que la delincuencia transnacional dedicada a la corrupción y al lavado de activos con efectos transnacionales podría ser en el futuro investigada y juzgada penalmente extraterritorialmente. El libro concluye que ese es el puerto de destino al cual el derecho internacional y la práctica judicial de los Estados de la comunidad internacional están navegando.

Sin embargo, las organizaciones internacionales y las autoridades nacionales, tanto administrativas como judiciales, se enfrentan a todo tipo de desafíos políticos y jurídicos al tiempo que combaten, investigan y juzgan a las organizaciones dedicadas al crimen financiero transnacional. Por lo tanto, el objetivo de este libro es postular posibles respuestas a los desafíos políticos y legales que enfrentan tanto las organizaciones internacionales como las autoridades nacionales al combatir los delitos financieros transnacionales. Como se ha establecido en los párrafos anteriores, la crisis de la delincuencia financiera transnacional es global, su solución política y jurídica también debe ser global. En consecuencia, el libro plantea cuatro vías como hipótesis para ajustar y mejorar la eficacia de la guerra contra los delitos financieros transnacionales.

La primera vía es hacer de la cooperación internacional contra la delincuencia financiera transnacional el centro de gravedad de la política exterior de cada gobierno nacional perteneciente a la comunidad internacional. La segunda vía es reformar las leyes del secreto bancario de los países denominados paraísos fiscales. La tercera vía es mantener el desarrollo del principio de jurisdicción extraterritorial sobre los delitos financieros transnacionales hasta convertirlo en parte del cuerpo normativo del derecho internacional consuetudinario. La cuarta vía es completar la homogeneización de las normas internacionales sobre la lucha contra la delincuencia financiera transnacional.

Para abordar los temas mencionados anteriormente, el libro analiza las convenciones internacionales (derecho dispositivo/vinculante o *hard law* por sus siglas en inglés), las recomendaciones (derecho indicativo o *soft law* por sus siglas en inglés), la jurisprudencia internacional y casos de las unidades nacionales de inteligencia financiera de todo el mundo (incluyendo la de Colombia) sobre la lucha contra la delincuencia financiera transnacional. Por lo tanto, el libro se divide en las siguientes secciones que se describen a continuación:

En primer lugar, el libro tiene como objetivo proporcionar al lector la definición y el conocimiento de los diferentes delitos financieros transnacionales que están ocurriendo en todo el mundo. En segundo lugar, el libro habla sobre el delito de lavado de activos, los delitos subyacentes más comunes asociados con las tipologías de lavado de activos. En tercer lugar, el libro analiza el papel de las organizaciones internacionales como legisladores en la guerra contra la delincuencia financiera transnacional y aborda la cuestión de si necesitan hacer más. En cuarto lugar, el libro describe el régimen internacional de sanciones. En quinto lugar, el libro aborda el cumplimiento, la aplicación y la eficacia de la legislación internacional actual contra los delitos financieros transnacionales.

Es apropiado mencionar que el autor en esta parte del libro separa el cumplimiento de las normas internacionales que regulan la lucha global contra el crimen financiero internacional de su efectividad y eficacia. El autor en el libro propone una nueva aproximación sobre la problemática de que, si realmente el derecho internacional logra no solo cambiar el comportamiento de los Estados de la comunidad internacional, sino que si realmente logra los objetivos descritos en las normas de derecho internacional.

El autor en el libro establece que la cuestión del grado de cumplimiento por parte de un Estado del derecho internacional es totalmente distinta de la cuestión de la efectividad y resultados en la aplicación del derecho internacional. En otras palabras, un Estado puede tener un alto grado de cumplimiento de la regulación financiera internacional contra el crimen financiero transnacional, es decir ese Estado ha incorporado las 40 Recomendaciones del GAFI y los principios del Comité de Basilea y las convenciones de la ONU contra el crimen organizado transnacional y la corrupción. No obstante, los niveles de lavado de activos y la comisión de delitos de cuello blanco y demás delitos subyacentes al lavado de activos siguen siendo altos. Entonces, ese Estado demuestra altos niveles de cumplimiento, pero la efectividad de esa regulación financiera internacional, la cual ha sido incorporada en el marco legal institucional de ese Estado, es baja.

Para los tratadistas exponentes de la teoría *contra el cumplimiento*, sería más fructífero estudiar la efectividad que el cumplimiento. De esa manera, es totalmente posible tener un cumplimiento bajo del derecho internacional pero un efecto causal sustancial (alto grado de efectividad del derecho internacional), o un alto cumplimiento y un efecto institucional insignificante (bajo grado de efectividad del derecho internacional). Por lo tanto, se puede argumentar que sería preferible que el derecho internacional fuera más eficaz independientemente del nivel de cumplimiento, entendiendo el cumplimiento como un concepto jurídico, que evalúa el grado de conformidad entre los requisitos jurídicos internacionales y las acciones de los Estados que están sujetos a esos requisitos.

Aunque sería preferible que el derecho internacional fuera más efectivo independientemente del nivel de cumplimiento, el escenario ideal sería que un alto cumplimiento por parte de los Estados hiciera efectivo el derecho internacional. La eficacia del derecho internacional en este escenario debe considerarse bajo un enfoque orientado a objetivos. Esta aproximación hace parte de la escuela de pensamiento racional. Entonces sostenemos que, si el alto nivel de cumplimiento no hace que el derecho internacional sea eficaz, con arreglo a un enfoque orientado a objetivos, en las naciones consideradas conformes (o en cumplimiento), se deduce que el derecho internacional, y los objetivos que se le atribuyen, las cuales fueron emitido por una organización internacional, deben ser revisados. Bajo este modelo que propone este libro, la carga de hacer efectivo el derecho internacional se transferiría de nuevo a las organizaciones internacionales que establecen estándares globales contra el crimen financiero transnacional, como el GAFI. Si un Estado en particular adoptó todas las 40 Recomendaciones del GAFI en su marco legal interno, pero el Estado todavía está experimentando altos niveles de lavado de activos, por ejemplo, la carga de remediar el problema debería transferirse al legislador internacional original, GAFI, en este ejemplo. La cura o remedio debe incluir la revisión de esa regulación financiera internacional.

De esa manera, este libro propone las dos ecuaciones siguientes para este razonamiento: La primera es positiva para el derecho internacional, si aceptamos, como lo hacemos, al derecho internacional como derecho.

- Emisión de derecho internacional por una organización internacional con fines y objetivos + alto cumplimiento por parte de los Estados = Efectividad del derecho internacional: El derecho internacional y el proceso de cumplimiento o internalización hacen efectivo el derecho internacional, lo que significa que el conjunto específico de normas del derecho internacional está alcanzando sus metas u objetivos.

Sin embargo, también podemos obtener un resultado negativo:

- Emisión de derecho internacional por una organización internacional con fines y objetivos + alto cumplimiento por parte de los Estados = Falta o mediocre efectividad del derecho internacional: El derecho internacional y el proceso de cumplimiento o internalización hacen que el derecho internacional sea ineficaz, lo que significa que el conjunto específico de normas del derecho internacional no está alcanzando sus metas u objetivos.

Para ir cerrando, en sexto lugar, el libro esboza los desafíos actuales para las organizaciones internacionales y las autoridades nacionales encargadas de hacer cumplir la ley en relación con la delincuencia financiera transnacional. Finalmente, el libro propone las cuatro vías mencionadas anteriormente para mejorar la lucha global contra los delitos financieros transnacionales.

PRÓLOGO

En el umbral de un mundo cada vez más interconectado, mediado por nuevas tecnologías y sostenido económicamente en buena medida por el sistema financiero internacional actual, nos encontramos frente a desafíos sin precedentes que ponen a prueba la eficacia del derecho internacional cuando se trata de enfrentar los temibles crímenes financieros trasnacionales. La temática central de esta obra pone de presente que la globalización, con todas sus promesas de progreso, desarrollo para todos los pueblos y unidad, ha traído también consigo efectos colaterales que amenazan el tejido mismo de la justicia y la equidad sobre el que se entreteje el anhelado bien común.

La experticia técnica de su autor resulta visible en las cuatro propuestas serías que plantea para combatir las prácticas corruptas trasnacionales desde marcos éticos, jurídicos y políticos que se ajusten a las exigencias de los nuevos tiempos que transitamos; de hecho, cada una de esas propuestas se expone de manera clara, sistemática, técnica y hasta pedagógica con el ánimo de transmitir llamados de urgencia para actores claves: los Estados, las empresas y los organismos multilaterales.

En todo caso, el enfoque integral y racional elegido por el autor amplían la audiencia de esta obra. Cuando en el libro se plantea que la corrupción, el soborno, el robo, la evasión fiscal y otros flujos financieros ilícitos cuestan a los países en desarrollo USD 1,26 billones de dólares al año, y que con esa cifra se podría garantizar un nivel de condiciones dignas mínimas a los 1.400 millones de personas que viven con menos de USD$ 1.25 por día, la obra pasa de ser bibliografía obligatoria y exclusiva de un cerrado grupo de expertos, para convertirse en un llamado a la conciencia y a la acción de quienes están a cargo, a nivel nacional e internacional, de las políticas públicas y la legislación en la materia, así como de las empresas y los grupos privados que participan en el ecosistema financiero internacional. Y más allá de ellos, este libro es una contribución muy relevante para la literatura en español en esta especialidad. Los estudiantes del autor en la Maestría en Derecho Internacional de la Universidad de La Sabana serán los primeros beneficiados y, a través de ellos, muchos otros. Se nutren así las arcas de la academia latinoamericana que tanto tiene que decir al mundo.

Para quienes hacemos parte de las generaciones de internacionalistas del llamado sur global, que seguimos creyendo en el derecho internacional como un sistema normativo que puede mantenernos unidos en la tarea de alcanzar paz, justicia y seguridad para todos, siempre y cuando ese sistema sepa responder a las exigencias de la dignidad humana, este libro representa un verdadero llamado a humanizar las estructuras financieras locales e internacionales. La tarea por delante es saber responder al compromiso colectivo que demanda un desarrollo justo, equitativo y sostenible con las herramientas del derecho y la diplomacia internacional en el intrincado mundo del sistema financiero internacional.

En estas páginas, el lector encontrará no solo una crítica de las prácticas corruptas exacerbadas por la globalización, y expuestas con casos icónicos muy bien documentados, sino también una serie de recomendaciones prácticas para combatirlas. Desde la mejora de la transparencia en las transacciones financieras hasta el fortalecimiento de las instituciones internacionales y la promoción de una cultura de debida diligencia empresarial, este libro ofrece un mapa claro para enrutar la acción de los protagonistas del sistema de tal manera que no se pierda el horizonte con el que este se fundó: la prosperidad y la paz para todos sobre la base de la cooperación internacional.

María Carmelina Londoño Lázaro

Directora de la Maestría en Derecho Internacional de la Universidad de La Sabana, Colombia.

Exviceministra de Asuntos Multilaterales del Ministerio de Relaciones Exteriores de Colombia

AGRADECIMIENTOS

A Dios:

Gracias te doy amado Dios por darme el talento de escribir, el cual me ha permitido culminar esta obra de derecho internacional, la cual te la regalo a ti porque es tuya. Entro por sus puertas con acción de gracias. Voy a sus atrios con himnos de alabanza. Le doy gracias y alabo a Dios en el nombre de nuestro Señor Jesús, amen.

A mis hijos:

Gracias a mi hijo mayor Juan Carlos, quien, con su disciplina para entrenar y competir en el deporte del tenis, me inspiró a seguir escribiendo hasta culminar mi obra. Gracias a mi hijo menor, David, quien con su sonrisa me decía adelante papa sigue escribiendo sin descansar y de paso me hacía recordar que una *sonrisa no cuesta nada, pero vale mucho. Enriquece a quien la recibe, sin volver más pobre a quien la da.* No *dura más que un instante, pero su recuerdo dura siempre.* (anónimo). Gracias, amado Dios, por tanto.

A mis papas Constantino y Judith toda mi gratitud por su apoyo en todo.

INTRODUCCIÓN

La llamada arquitectura financiera internacional y la comunidad internacional de naciones están siendo testigos de primer orden de eventos que están sacudiendo el marco regulatorio internacional en la lucha contra el crimen financiero transnacional. Rusia está involucrada en una guerra injustificable contra Ucrania la cual está teniendo impactos en el sistema financiero global. Las sanciones económicas (por fortuna no el uso de la fuerza) contra Rusia son la primera prioridad de los gobiernos más avanzados del planeta y al interior de las organizaciones internacionales como la Unión Europea (UE). El cumplimiento por parte de las entidades financieras de tales sanciones económicas y de otras regulaciones financieras internacionales contra el crimen financiero está recibiendo una atención sin precedentes en la historia del derecho internacional y de la actividad propia de los actores del sector financiero global. El advenimiento y consolidación de las criptomonedas (Bitcoin) y la proliferación de activos digitales, mayoritariamente desregulados[1], y servicios de pago, como las remesas digitales, han puesto en jaque al sistema financiero tradicional y a sus intermediarios. El riesgo de flujos financieros ilícitos con criptomonedas y través de las remesas digitales a escala global es mayor hoy.

Sin duda es una época de transición al interior del sistema financiero internacional y en la manera de investigar penalmente los delitos financieros, los cuales ahora son cometidos transnacionalmente. La comisión de delitos financieros transnacionales es rentable para el crimen organizado transnacional. Las organizaciones internacionales han indicado que las ganancias criminales para el crimen organizado transnacional pueden ascender al 3,6 % del PIB mundial. Un 2,7 % (o USD 1,6 billones) de tales ganancias es lavado por el crimen organizado. Esto entra dentro de la estimación ampliamente citada por el

---

1 A pesar de que la Unión Europea ha promulgado el REGLAMENTO (UE) 2023/1114 DEL PARLAMENTO EUROPEO Y DEL CONSEJO de 31 de mayo de 2023 relativo A los mercados de criptoactivos, el mercado de los criptoactivos se mantiene altamente desregulado tanto a nivel internacional como en diferentes países de la comunidad internacional.

Fondo Monetario Internacional y la Oficina de las Naciones Unidas contra la Droga y el Delito, que han dicho que en 1998 el tamaño agregado del lavado de activos en el mundo podría estar entre el dos y el cinco por ciento del ingreso interno bruto del planeta. Utilizando las estadísticas de 1998, estos porcentajes indicarían que el lavado de activos puede estar entre USD 590 mil millones y USD 1.5 billones anuales.[2]

El crimen organizado y la criminalidad empresarial hacen dinero a través de la comisión de delitos transnacionales, como el narcotráfico y la trata de personas y con los delitos financieros que pueden llegar a ser transnacionales como el uso de información privilegiada y la manipulación del mercado de valores, la evasión de impuestos, la corrupción extranjera y nacional, el delito cibernético y el uso criminal de criptomonedas, el fraude bancario y financiero. La delincuencia organizada transnacional también se dedica al lavado de activos, al financiamiento del terrorismo y a la financiación de armas de destrucción masiva. Además, el crimen organizado está utilizando cada día más los paraísos fiscales, las firmas de abogados (como en el escándalo *Papeles de Panamá* y los abogados Mossack Fonseca) y vehículos corporativos para facilitar el crimen financiero transnacional. Según la Asociación de Especialistas en Anti-Lavado de Dinero (ACAMS),[3] los vehículos corporativos, como sociedades comerciales y fideicomisos, son abusados para lavar activos, facilitar el pago de sobornos a funcionarios públicos y para ocultar activos financieros con fines de evasión fiscal.

El campo de batalla de esta guerra y su centro de gravedad es el sistema financiero internacional porque el crimen organizado necesita lavar el producto de su actividad criminal transnacional. Pero ¿qué ha causado los fenómenos de delincuencia financiera transnacional? La globalización de los mercados financieros y su desregulación han provocado el aumento de la delincuencia financiera transnacional.

---

2 Lavado de Activos - Grupo de Acción Financiera Internacional (GAFI) (fatf-gafi.org)

3 Guía De Estudio Certificación CAMS, página 72.

Brummer[4] afirma que los mercados de capitales son más globales que incluso antes. Individuos, empresas e instituciones financieras de todo el mundo han participado en transacciones de dinero transfronterizas, como adquisiciones de bienes raíces, acuerdos de financiamiento y compras y operaciones de acciones, a niveles sin precedentes.[5] Por lo tanto, el delito financiero transnacional floreció bajo la globalización.

Del mismo modo, el surgimiento de la criminalidad empresarial transnacional es uno de los hijos de la globalización. En 2016, Odebrecht S.A., un conglomerado global de construcción con sede en Brasil, se declaró culpable de los delitos de corrupción transnacional y lavado de activos con autoridades en los Estados Unidos, Brasil y Suiza por sus pagos de cientos de millones de dólares en sobornos a funcionarios gubernamentales de todo el mundo, incluyendo Colombia. El Departamento de Justicia de los Estados Unidos ha clasificado el caso Odebrecht como el mayor caso de soborno extranjero en la historia, hasta ahora, desde la promulgación por parte del Congreso de los Estados Unidos de la Ley de Prácticas Corruptas en el Extranjero de 1977. Además, Brummer[6] sostiene que las consecuencias de la delincuencia financiera van más allá de las fronteras nacionales y que los inversores extranjeros, no los estadounidenses, estuvieron entre las principales víctimas de los mayores fraudes perpetrados en los Estados Unidos durante la primera década del siglo XXI.

Los avances en la información y las tecnologías informáticas también han estimulado la movilidad del capital. El dinero puede fluir a cualquier lugar, al instante, independientemente del origen nacional y las fronteras, y los mercados extranjeros que alguna vez fueron exóticos han podido aumentar drásticamente su atractivo como desti-

---

4 Brummer Chris, *Como Funciona El Derecho Financiero Internacional y Como No Funciona,* Universidad de Georgetown Publicaciones De La Facultad De Derecho. 2011. Páginas 257-326.

5 Brummer Chris, *Como Funciona El Derecho Financiero Internacional y Como No Funciona,* Universidad de Georgetown Publicaciones De La Facultad De Derecho. 2011. Páginas 257-326.

6 Brummer Chris, *Como Funciona El Derecho Financiero Internacional y Como No Funciona,* Universidad de Georgetown Publicaciones De La Facultad De Derecho. 2011. Páginas 257-326.

nos para el capital.[7] Las nuevas empresas tecnológicas que brindan servicios financieros a escala global han experimentado un tremendo crecimiento en la segunda década del nuevo milenio. Hoy en día, las empresas Fintech como Wise, que es una empresa pública que cotiza en la Bolsa de Valores de Londres, o XE.com ofrecen servicios de transferencia de dinero digital internacional o remesas a su clientela en varias monedas. Sin embargo, las empresas Fintech no han sido inmunes a los delitos financieros transnacionales. La compañía alemana de tecnología financiera Wirecard, que procesa pagos y vende servicios de análisis de datos, estuvo en el centro de un escándalo de fraude en 2020. Después de una serie de acusaciones de fraude e investigaciones sobre sus prácticas contables, Wirecard confesó la desaparición de más de $ 2 mil millones de sus activos.[8]

Además, el mundo ha sido testigo del auge de las criptomonedas. El banco central de China, utlilizando tecnologia blockchain, ha lanzado el yuan digital. Es probable que los bancos centrales de otras naciones creen sus propias monedas digitales en respuesta.[9] De hecho, El Salvador, cuya economía está dolarizada desde el 2001, se convirtió, en el 2021, en el primer país del planeta en adoptar el Bitcoin como moneda nacional junto con el dólar americano. Varios bancos centrales en la región han venido emitiendo monedas digitales. El banco central de Venezuela lanzó su propia moneda virtual llamada paradójicamente Petro. El banco central de Uruguay lanzó también su moneda virtual llamada e-peso. Las Bahamas, país considerado como paraíso fiscal, también tiene su moneda virtual llamada Sand Dollar.[10] Sin embargo, el advenimiento de las criptomonedas dentro de la economía ha empeorado la crisis de la delincuencia financiera transnacional. Las redes criminales transnacionales pueden usar crip-

---

7 Brummer Chris, *Como Funciona El Derecho Financiero Internacional y Como No Funciona,* Universidad de Georgetown Publicaciones De La Facultad De Derecho. 2011. Páginas 257-326.

8 Asociación de Examinadores de Fraude Certificados, 2021

9 Profesor Patrick McCarty en la Facultad de Derecho Columbus de la Universidad Católica de América.

10 El lavado de dinero en América Latina, crimen que asciende al 7% del PIB | Ámbito Jurídico (ambitojuridico.com)

tomonedas y tecnologías *blockchain* para ocultar sus identidades y lavar fácilmente las ganancias de la actividad delictiva.

El auge de Bitcoin, que es una moneda digital altamente volátil, brinda a las redes criminales transnacionales oportunidades para introducir o disponer de sus ganancias criminales a través de esa criptomoneda. En mayo de 2017, se produjo el ataque de ransomware WannaCry. Para el Centro Nacional de Integración de Ciberseguridad y Comunicación, WannaCry era un ransomware que contenía un componente de gusano. Explotó vulnerabilidades en el servidor Windows (SMBv1). Para el Grupo de Acción Financiera Internacional (GAFI), el cual es una organización intergubernamental fundado en 1989 bajo el liderazgo del G-7 para combatir el lavado de activos,[11] los ciberdelincuentes tenían miles de sistemas informáticos como rehenes hasta que las víctimas pagaron a los hackers un rescate en Bitcoin.[12] Los pagos de rescate fueron a una billetera Bitcoin. Los ciberdelincuentes convirtieron los pagos de rescate de una criptomoneda en otra para eliminar todos los enlaces al cibercrimen. Los ciberdelincuentes luego intentaron enviar los Bitcoins limpios a un banco que podría haber convertido las criptomonedas en papel moneda. El ciberataque costó USD8.000 millones de dólares en daños.

---

11 El GAFI es el organismo internacional que lleva a cabo el control del lavado de activos y financiamiento del terrorismo a escala global. El organismo intergubernamental establece estándares internacionales que tienen como objetivo prevenir estas actividades criminales y el daño que causan a la sociedad. Como órgano de formulación de políticas, el GAFI trabaja para generar la voluntad política necesaria al interior de sus Estados miembros para llevar a cabo reformas legislativas y reglamentarias nacionales en la lucha contra estos delitos de tipo transnacional. Con más de 200 países y jurisdicciones comprometidos con su implementación, el GAFI ha desarrollado sus 40 Recomendaciones, o Normas del GAFI, que garantizan una respuesta global coordinada para prevenir el lavado de activos, el crimen organizado, la corrupción y el terrorismo. Estas normas GAFI ayudan a las autoridades a perseguir el dinero de los delincuentes que comercian con drogas ilegales, tráfico de personas y otros delitos. El GAFI también trabaja para detener la financiación de armas de destrucción masiva. El GAFI revisa las técnicas de lavado de activos y financiamiento del terrorismo. El libro aborda el GAFI en los capítulos por venir.

12 www.fatf-gafi.org/publications/virtualassets/documents/virtual-assets.html> Consultado el 7 de abril de 2022.

No hay duda, los delitos financieros es una actividad rentable para las redes delictivas transnacionales. Sin embargo, las consecuencias de la actividad de delincuencia financiera transnacional son perjudiciales para los países de todo el mundo. De acuerdo con el Foro Económico Mundial, la corrupción, el soborno, el robo y la evasión fiscal, y otros flujos financieros ilícitos cuestan a los países en desarrollo USD 1,26 billones de dólares al año. Los expertos dicen que estas cifras pueden representar el tamaño combinado de las economías de Suiza, Sudáfrica y Bélgica, y suficiente dinero para ayudar a los 1.400 millones de personas que viven con menos de USD$ 1.25 por día y sacarlos del umbral de pobreza. La delincuencia financiera transnacional también plantea a los países el riesgo de sanciones internacionales. Además, una institución financiera que deliberada o negligentemente permite que las ganancias delictivas penetren por sus puertas puede enfrentar riesgos de reputación, operativos, legales y regulatorios.

¿Cuál es la causa principal del advenimiento de la delincuencia financiera transnacional? ¿No habrían florecido los delitos financieros transnacionales si no fuera por la globalización? ¿Cuál es el papel de las organizaciones internacionales y las autoridades administrativas y judiciales de los países de la comunidad internacional en la guerra contra los delitos financieros transnacionales? ¿Están funcionando correctamente tales roles? ¿Se revisarán estas funciones y, en última instancia, se modificarán? Los legisladores internacionales, y los nacionales, actuando en conjunto entre sí o por iniciativa propia, han abordado la crisis de la delincuencia financiera transnacional a través de normas financieras transfronterizas o *soft law*[13] (por sus siglas en inglés) o derecho indicativo. Además, las organizaciones internacionales han promulgado convenciones internacionales (tratados o derecho dispositivo/vinculante o *hard law* por sus siglas en inglés) para mitigar los riesgos de los delitos financieros transnacionales.

Sin embargo, las organizaciones internacionales y las autoridades nacionales, tanto administrativas como judiciales, se enfrentan a todo tipo de desafíos políticos y jurídicos al tiempo que combaten, inves-

---

13 La mayor parte de las normas transfronterizas se conocen en la literatura jurídica como recomendaciones y principios regulatorios y hacen parte del derecho financiero internacional.

tigan y juzgan a las organizaciones dedicadas al crimen financiero transnacional. Por lo tanto, el objetivo de este libro es postular posibles respuestas a los desafíos políticos y legales que enfrentan tanto las organizaciones internacionales como las autoridades nacionales al combatir los delitos financieros transnacionales. Dado que la crisis de la delincuencia financiera transnacional es global, su solución política y jurídica también debe ser global. En consecuencia, el libro plantea cuatro vías como hipótesis para ajustar y mejorar la eficacia de la guerra contra los delitos financieros transnacionales.

La primera vía es hacer de la cooperación internacional contra la delincuencia financiera transnacional el centro de gravedad de la política exterior de cada gobierno nacional perteneciente a la comunidad internacional. La segunda vía es reformar las leyes del secreto bancario de los países denominados paraísos fiscal. La tercera vía es mantener el desarrollo del principio de jurisdicción extraterritorial sobre los delitos financieros transnacionales hasta convertirlo en parte del cuerpo normativo del derecho internacional consuetudinario. La cuarta vía es completar la homogeneización de las normas internacionales sobre la lucha contra la delincuencia financiera transnacional.

Para abordar los temas mencionados anteriormente, el libro analizará las convenciones internacionales (derecho dispositivo/vinculante o *hard law* por sus siglas en inglés), las recomendaciones (derecho indicativo o *soft law* por sus siglas en inglés), la jurisprudencia internacional y casos de las unidades nacionales de inteligencia financiera de todo el mundo (incluyendo la de Colombia) sobre la lucha contra la delincuencia financiera transnacional. Por lo tanto, el libro se divide en las siguientes secciones que se describen a continuación:

En primer lugar, el libro tiene como objetivo proporcionar al lector la definición y el conocimiento de los diferentes delitos financieros transnacionales que están ocurriendo en todo el mundo. En segundo lugar, el libro habla sobre el delito de lavado de activos, los delitos subyacentes más comunes asociados con las tipologías de lavado de activos. En tercer lugar, el libro analiza el papel de las organizaciones internacionales como legisladores en la guerra contra la delincuencia financiera transnacional y aborda la cuestión de si necesitan hacer más. En cuarto lugar, el libro describe el régimen internacional de sanciones. En quinto lugar, el libro aborda el cumplimiento, la aplicación y la eficacia de la legislación internacional actual contra los delitos financieros transnacionales. En sexto lugar, el libro esboza los desafíos actuales para las organizaciones internacionales y las autoridades nacionales encargadas de hacer cumplir la ley en relación con la delincuencia financiera transnacional. Finalmente, el libro propone cuatro vías para mejorar la lucha global contra los delitos financieros transnacionales.

Capítulo 1

DEFINICIÓN DE DELITO FINANCIERO TRANSNACIONAL Y TIPOS DE DELITOS FINANCIEROS TRANSNACIONALES

1. INTRODUCCIÓN

Este capítulo presenta al lector la definición de delito financiero transnacional y los tipos de delitos financieros transnacionales. Para lograr los objetivos del capítulo, es relevante comprender de qué se trata el delito financiero, esbozar algunos aspectos de la actividad delictiva transnacional y abordar la globalización de la actividad delictiva financiera.

2. DELITOS FINANCIEROS

El delito financiero es la conversión ilegal de la propiedad perteneciente a una persona física o jurídica para el uso y beneficio personal propio. Los delitos financieros pueden involucrar el uso de información privilegiada, manipulación del mercado de valores (como el caso Interbolsa), fraude, fraude bancario, fraude de tarjetas de crédito y cheques, fraude hipotecario, fraude de seguros, malversación de fondos privados, esquemas de fraude informático y delitos cibernéticos, entre otros. Además, algunos otros delitos de cuello blanco se pueden agregar al grupo de delitos financieros, tales como la evasión fiscal, y la corrupción y el soborno tanto público como privado. El lavado de activos, la financiación del terrorismo y la financiación de la proliferación también son delitos financieros.

3. DELINCUENCIA TRANSNACIONAL

Los delitos transnacionales consisten en "acciones o eventos que trascienden las fronteras nacionales,"[14] como el terrorismo, la corrupción, la evasión fiscal, el tráfico de narcóticos, el tráfico de seres humanos y tráfico ilegal de armas, el delito cibernético, los delitos antimonopolio, el lavado de activos y el financiamiento del terrorismo, entre otros delitos transnacionales. La comunidad internacional ha estado preocupada por el riesgo que la delincuencia transnacional puede representar para la paz y la seguridad internacional.[15] En consecuencia, se han promulgado acuerdos internacionales que contienen normas contra la delincuencia transnacional, como la Convención de las Naciones Unidas[16]contra la Delincuencia Organizada Transnacional. Los académicos han categorizado estos crímenes transnacionales como crímenes regidos por tratados.[17]

Los legisladores nacionales también han promulgado legislación contra la delincuencia transnacional en sus códigos penales. Como resultado, "la actividad transfronteriza bajo consideración ha sido declarada criminal por los tratados internacionales, pero las prohibiciones penales se aplican bajo las leyes nacionales de los Estados que se adhieren a los tratados, y no por tribunales internacionales".[18]

---

14 Phillip C. Jessup, Derecho Transnacional 2 (1956).

15 Ver Luban David, O'Sullivan R. Julie, Stewart P. David. Derecho Penal Internacional. Wolters Kluwer Law & Business. 2010.

16 Las Naciones Unidas es una organización internacional que fue fundada en San Francisco, California, en 1945. La organización se rige por la Carta de las Naciones Unidas, un tratado de derecho internacional. La ONU tiene su sede en la ciudad de Nueva York y tiene sucursales en La Haya, Ginebra, Viena y Nairobi. La Carta de las Naciones Unidas creó seis órganos que gobiernan las Naciones Unidas: la Asamblea General, el Consejo de Seguridad, el Consejo Económico y Social, el Consejo de Administración Fiduciaria, la Corte Internacional de Justicia y la Secretaría de las Naciones Unidas.

17 Véase LUBAN ET AL., nota 5 supra, pág. 501. (Luban, 2010)

18 Ibid.

4. GLOBALIZACIÓN DE LA ACTIVIDAD DELICTIVA FINANCIERA Y DEFINICIÓN DE DELITOS FINANCIEROS TRANSNACIONALES

La globalización de los mercados financieros provocó el aumento de la delincuencia financiera transnacional. A continuación, hay algunos ejemplos que describen la actividad de delitos financieros transnacionales que nos ayudarán a elaborar una definición de delito financiero transnacional. Hay delitos financieros que se cometen dentro y más allá de las fronteras nacionales. Por ejemplo, los perpetradores de fraude de valores utilizan falsas mesas de dinero ubicadas en una jurisdicción extranjera para estafar a sus víctimas localizadas en una jurisdicción diferente. La Organización Internacional de Comisiones de Valores (OICV)[19] se refiere a las falsas mesas de dinero como una empresa, típicamente no registrada[20] que utiliza tácticas de ventas de altas presiones para solicitar a clientes poco sofisticados que inviertan en valores, futuros e instrumentos de opciones. La OICV[21] indicó que las falsas mesas de dinero cada vez más están operando desde jurisdicciones diferentes de aquellas donde se encuentran sus clientes... algunos emplean... corporaciones fantasmas en jurisdicciones[22] fuera del país objetivo para ocultar sus identidades.

El caso Interbolsa también involucró actividades de delitos financieros transnacionales. Recordemos que Interbolsa se convirtió en la mayor firma de corretaje de valores e inversiones en Colombia durante la primera década del nuevo milenio. Interbolsa fue un esquema de manipulación del mercado de valores (a través de operaciones repos con la acción de Fabricato) que ocurrió en Colombia, pero involucró a otros países como Curazao, Brasil y los EE. UU. Los criminales de Interbolsa defraudaron a los inversores en Colombia por USD $ 100 millones mediante el uso de complejas estructuras corporativas y fideicomisos incorporados en el extranjero y mediante el uso de cuen-

---

19 Organización Internacional de Comisiones de Valores, OICV., 1993.

20 Ni registrada, ni autorizada por ninguna autoridad estatal de inspección, vigilancia y control.

21 Organización Internacional de Comisiones de Valores, OICV., 1993.

22 Generalmente paraísos fiscales.

tas bancarias en países denominados paraísos fiscales para facilitar el fraude.

Asimismo, el escándalo de Odebrecht S.A. fue un caso de corrupción transnacional que incluyó a varias jurisdicciones en todo el mundo. Odebrecht sobornó a personas políticamente expuestas (PEPs) en diferentes países de América Latina para obtener contratos estatales. Los sobornos pagados a funcionarios de gobierno ascendieron a $USD 725,5 millones. La actividad criminal de Odebrecht incluía transferencias internacionales, el establecimiento de corporaciones fantasma y cuentas con ventajas fiscales en paraísos fiscales para facilitar el pago de sobornos y lavado de activos. Los fondos ilícitos que generan las actividades de delitos financieros transnacionales deben ser lavados. Entonces, el lavado de activos es parte de la definición de delito financiero transnacional.

Sobre la base de lo que se discutió anteriormente, el crimen financiero transnacional puede definirse como la conversión ilegal transfronteriza de la propiedad de otro para el uso y beneficio personal con el objetivo de generar una ganancia que debe distanciarse de su origen criminal a través del lavado de activos. Las acciones o hechos que conduzcan a la conversión ilegal de la propiedad deben trascender las fronteras nacionales.

5. TIPOS DE DELITOS FINANCIEROS TRANSNACIONALES

Actualmente, existen diferentes tipos de delitos financieros transnacionales. Existen delitos subyacentes de tipo financiero, que incluyen el delito cibernético y el uso criminal de criptomonedas. Además, el lavado de activos también es un delito financiero. Por último, hay delitos financieros relacionados con el terrorismo, la guerra insurgente y de guerrillas, como la financiación del terrorismo y la financiación de la proliferación de armas de destrucción en masa. La siguiente no es de ninguna manera una lista exhaustiva de todos los delitos financieros transnacionales que ocurren por día. Sin embargo, proporciona al lector un enfoque apropiado de los tipos de delitos financieros transnacionales que están perjudicando al sector financiero internacional, el Estado de derecho internacional y el bienestar de la economía mundial:

Tabla 1

Delitos financieros transnacionales		
Delitos Financieros Subyacentes de Tipo Transnacional: 1) Corrupción extranjera. 2) Evasión fiscal. 3) Ciberdelincuencia. 4) Uso de información privilegiada. 5) manipulación del mercado de valores. 6) Fraude financiero	El delito de lavado de activos	Financiación del terrorismo y financiación de la proliferación de armas de destrucción en masa

Capítulo 2

LAVADO DE ACTIVOS Y DELITOS TRANSNACIONALES SUBYACENTES MÁS COMUNES ASOCIADOS CON LAS TIPOLOGÍAS DE LAVADO DE ACTIVOS

1. LAVADO DE ACTIVOS

La mayoría de las veces el lavado de activos está asociado al peligroso gánster estadounidense Al Capone y a narcotraficantes, como el colombiano Pablo Escobar o el narcotraficante mexicano, Joaquín "El Chapo" Guzmán. Pero el tema del lavado de activos no es contemporáneo. Se ha afirmado que "el lavado de activos no es un fenómeno nuevo; algunos datan esta práctica hacia el año 2000 A.C., cuando los comerciantes chinos ocultaban dinero de los gobiernos y de los intentos de los piratas y comerciantes medievales de ocultar sus activos, o a la era de la Prohibición en los Estados Unidos, cuando Al Capone y Bugs Moran usaron las lavanderías como fachadas para ocultar los ingresos de sus negocios ilegales de juego, prostitución y tráfico de licores".[23]

1.1. *¿Qué es el lavado de activos?*

El lavado de activos "es el proceso a través del cual los delincuentes ocultan, encubren y legitiman el producto financiero de sus delitos". En otras palabras, "el lavado de activos es el proceso de hacer que el dinero sucio se vea limpio".[24] En el contexto colombiano, el

---

[23] DAVID LUBAN ET AL., O Y TRANSNACIONAL PAGINA 580 (2010).

[24] Asociación de Especialistas Certificados en Antilavado de Dinero, ACAMS, Guía de Estudio EXAMEN DE CERTIFICACIÓN CAMS, Sexta Edición 2018 P 1.

lavado de activos lo encontramos consagrado en el artículo 323 del Código Penal colombiano, el cual dice:

> *El que adquiera, resguarde, invierta, transporte, transforme, almacene, conserve, custodie o administre bienes que tengan su origen mediato o inmediato en actividades de tráfico de migrantes, trata de personas, extorsión, enriquecimiento ilícito, secuestro extorsivo, rebelión, tráfico de armas, tráfico de menores de edad, financiación del terrorismo y administración de recursos relacionados con actividades terroristas, tráfico de drogas tóxicas, estupefacientes o sustancias sicotrópicas, delitos contra el sistema financiero, delitos contra la administración pública, contrabando, contrabando de hidrocarburos o sus derivados, fraude aduanero o favorecimiento y facilitación del contrabando, favorecimiento de contrabando de hidrocarburos o sus derivados, en cualquiera de sus formas, o vinculados con el producto de delitos ejecutados bajo concierto para delinquir, o les dé a los bienes provenientes de dichas actividades apariencia de legalidad o los legalice, oculte o encubra la verdadera naturaleza, origen, ubicación, destino, movimiento o derecho sobre tales bienes, incurrirá por esa sola conducta, en prisión de diez (10) a treinta (30) años y multa de mil (1.000) a cincuenta mil (50.000) salarios mínimos legales.*

1.1.1. Delitos subyacentes para el lavado de activos

El dinero criminal proviene de actividades delictivas rentables o delitos subyacentes, también conocidos como actividades ilegales específicas.[25]Los delitos subyacentes pueden incluir el tráfico de drogas y la trata de personas, y la venta ilegal de armas. Del mismo modo, los delitos subyacentes incluyen delitos de cuello blanco, como soborno, corrupción, malversación de fondos, fraude electrónico, fraude financiero, fraude bancario, fraude con tarjetas de crédito, fraude de seguros, fraude de atención médica, manipulación del mercado de valores, uso de información privilegiada, contrabando y evasión de impuestos, entre otros delitos de cuello blanco. Además, el cibercrimen y el uso criminal de las criptomonedas se han convertido en parte de la actividad delictiva rentable que también el crimen organizado necesita lavar.

---

[25] Por ejemplo, en 1986, el Congreso de los Estados Unidos aprobó una legislación (Lavado de Instrumentos Monetarios, que está codificada en el Título 18, Sección 1956 del Código de los Estados Unidos) que enumera los delitos subyacentes.

1.2. Actividad sospechosa

El anonimato, el secreto bancario y la ocultación son activos intangibles para el crimen organizado cuando lavan el producto de su empresa criminal. Por ejemplo, "cuando una actividad delictiva genera ganancias sustanciales, el individuo o grupo involucrado debe encontrar una manera de usar los fondos sin llamar la atención sobre la actividad subyacente o las personas involucradas en la generación de tales ganancias. Los delincuentes logran este objetivo encubriendo la fuente de fondos, cambiando la forma o moviendo el dinero a un lugar donde es menos probable que atraiga la atención"[26]de las autoridades.

1.2.1. ¿Qué actividad y comportamientos se consideran sospechosas para el lavado de activos?

Las transacciones bancarias y financieras inusuales que realizan los clientes de las instituciones financieras pueden considerarse sospechosa de lavado de activos. Por ejemplo, una transacción puede ser sospechosa si no tiene sentido en el contexto del perfil del cliente o en el contexto de la actividad de transacción normal y esperada del cliente. Además, puede considerarse una actividad sospechosa cuando los clientes de las instituciones financieras intentan ocultar la fuente de los fondos[27]involucrados en la transacción. Del mismo modo, la actividad sospechosa que potencialmente puede indicar lavado de activos incluye múltiples transacciones con terceros que parecen estar innecesariamente involucrados en las transacciones y con las actividades normales del cliente de una institución financiera. Las transacciones realizadas por personas o entidades en una lista de sanciones también

---

26 ACAMS ET AL, Guía de estudio EXAMEN DE CERTIFICACIÓN CAMS 1 (2018).

27 La fuente de fondos para una transacción específica es un concepto diferente al de la fuente de riqueza. La fuente de riqueza puede ser sospechosa cuando no está claro de dónde provienen la riqueza y los activos de un cliente de una institución financiera; o cuando no está claro qué tipo de profesión o actividad comercial generó la riqueza del cliente; o cuando la riqueza y los activos del cliente no son proporcionales a la actividad profesional o comercial declarada por el cliente.

son sospechosas. Por último, es sospechosa la solicitud de acuerdos de pago inusuales, incluidos pagos en efectivo, pagos a terceros (individuos o personas jurídicas) no relacionadas con el cliente o individuos o personas jurídicas desconocidas y pagos a instituciones financieras u otras entidades en países distintos al del establecimiento o domicilio principal del tercero que recibe el pago o donde se prestan servicios.

El comportamiento sospechoso de un cliente de una institución financiera puede incluir cuando el cliente se niega a proporcionar documentos o información al principio o durante la relación con dicha institución financiera. Además, la compra o venta de valores u opciones sobre un valor, poco antes de noticias o anuncios significativos que afecten el precio del valor de tal acción, es sospechosa y puede indicar uso indebido de información privilegiada. También es sospechoso el intento de eludir las sanciones o los informes regulatorios al eliminar u omitir intencionalmente la información de identificación de una transferencia bancaria, pago o depósito.

A continuación, se presentan algunos gráficos que contienen movimientos de dinero, los cuales podrían ser inusuales o hasta sospechosos que podrían ameritar el inicio de una investigación financiera de tipo forense al interior de una institución financiera y que en ultimas podría ameritar el reporte de actividad sospechosa ante las autoridades competentes para efectos del ejercicio de la investigación penal por lavado de activos, corrupción y/o fraude/estafa. La institución financiera en el contexto colombiano puede ser un banco, o una firma de valores, las cuales son autorizadas y vigiladas por la Superintendencia Financiera de Colombia. En el gráfico 2 cabe preguntarse ¿porque los familiares/asociados del PEP reciben una transferencia desde un país denominado paraíso fiscal? En el gráfico 3, el movimiento de dinero puede representar actividad criminal relacionada con estafa/fraude o crimen cibernético.

Gráfico 1. Movimiento de dinero A

Movimiento de dinero desde el origen de la transacción (depósito en la institución financiera) hasta la salida mediante retiros o pagos (cheques o transferencias electrónicas):

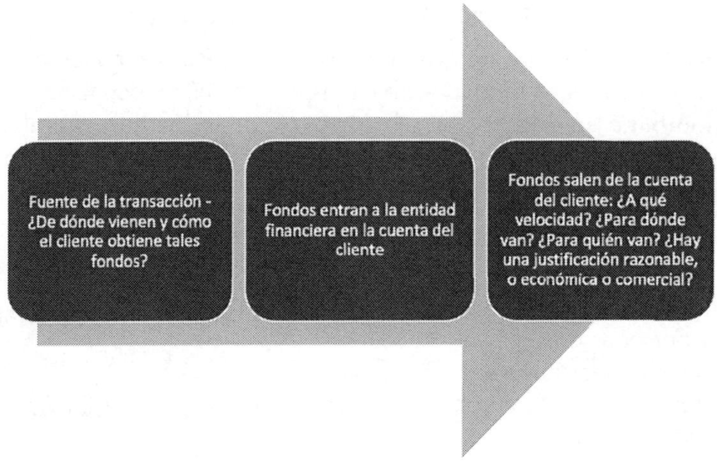

Gráfico 2. Movimiento de dinero B

Movimiento de dinero desde un paraíso fiscal (Islas Caimán o Panamá) hacia la cuenta de un cliente de un banco y el cual es un familiar o un asesor del círculo de confianza de un PEP (legislador, alcalde, director de entidad descentralizada, etc.), el cual luego transfiere tal dinero al servidor público:

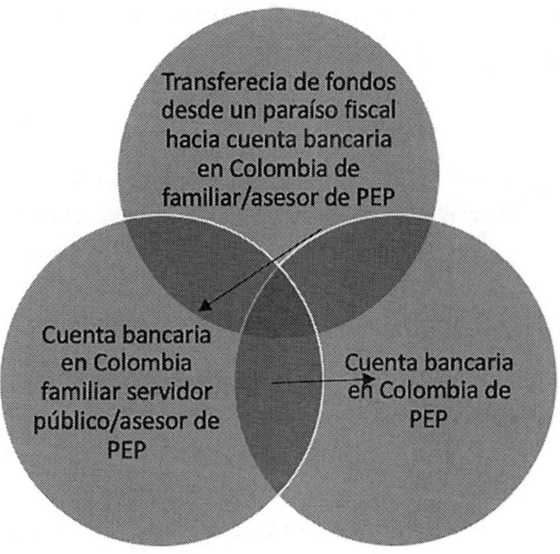

Gráfico 3. Movimiento de dinero C

Transferencias de fondos desde varias cuentas no relacionadas entre sí y abiertas en ciudades ubicadas en diferentes departamentos de Colombia o en diversos países por parte de individuos no relacionados entre sí y hacia una misma cuenta que registra una dirección física o electrónica (*IP address* por sus siglas en inglés):

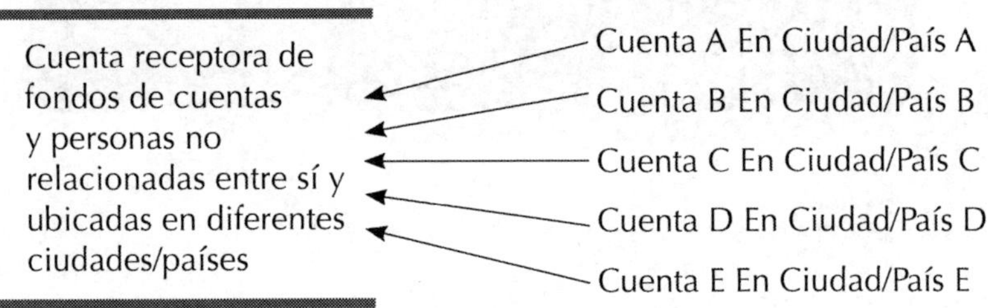

1.2.2. La estructuración es una transacción sospechosa que puede reflejar otras actividades delictivas

Diseñar una transacción para evadir el reporte de actividad sospechosa o el mantenimiento de registros contables se denomina estructuración. La estructuración es posiblemente el método de lavado de activos más comúnmente conocido. Es un delito en muchos países, y debe ser reportado mediante la presentación de un reporte de transacción sospechosa ante las autoridades competentes.[28] En la práctica, el crimen organizado contrata individuos que van de banco en banco depositando efectivo y comprando instrumentos monetarios en cantidades por debajo de los umbrales que generan o activan el requerimiento de reportar la actividad sospechosa ante las autoridades competentes.[29]

1.2.3. Estructuración y narcotráfico

La estructuración está vinculada a la actividad de los narcotraficantes de drogas. Para algunos juristas, la génesis de la estructuración

---

28 Guía de Estudio Certificación CAMS página 20.

29 Ibid.

"radica en el tráfico de drogas".[30] Los expertos "estiman que el peso del efectivo que fluye del comercio ilegal de drogas es diez veces al peso de las drogas compradas; así, por ejemplo, '22 libras de heroína generan 256 libras de dinero en efectivo en la calle, basado en los billetes de US$ 5, USD$ 10 y USD$ 20'. Supongamos por el momento que los traficantes de drogas en la calle obtienen aproximadamente USD$ 57 mil millones en ventas anuales en efectivo en los Estados Unidos. Estas ventas los dejan con un estimado de 13 a 15 millones de libras de billetes pequeños con costra de cocaína. Si un narcotraficante, sin medios de apoyo legítimo como un banco, comprara casas, automóviles u otros artículos de alto costo con bolsas llenas de billetes de USD$ 20 arrugados, atraería la atención de las autoridades competentes y podría presenciar la incautación y confiscación de su efectivo derivado criminalmente. Aquellos que buscan disfrutar de sus ganancias mal habidas, entonces, deben 'lavar' las ganancias en efectivo de sus crímenes sin atraer la atención de las autoridades administrativas y/o judiciales ...

Tal lavado de activos del narcotráfico puede tomar un número infinito de formas. Puede ser muy simple: Por ejemplo, un traficante de drogas puede simplemente intercambiar billetes pequeños por grandes para encubrir la mayor parte de sus ganancias y librar al traficante del dinero potencialmente 'marcado' por la policía u otras autoridades competentes. Sin embargo, el tipo de lavado de activos con el que la comunidad internacional está más preocupada es el llevado a cabo por narcotraficantes de alto nivel, el cual generalmente implica mover el efectivo a través de una serie complejas transacciones bancarias a través de instituciones financieras legítimas y transferencias transfronterizas, antes de que los ingresos se inviertan en activos o se pongan a disposición en cuentas bancarias o de inversiones aparentemente legítimas".[31]

---

30 DAVID LUBAN ET AL., DERECHO PENAL INTERNACIONAL Y TRANSNACIONAL PAGINA 579 (2010).

31 Ibid.

El Gráfico 4 a continuación resume el proceso de lavado de activos a través de la estructuración:

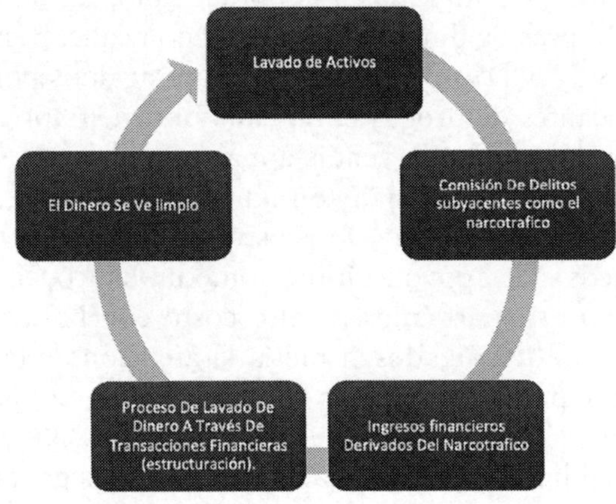

1.3. Definición de lavado de activos a la luz del derecho de los tratados

A nivel internacional los primeros disparos en la guerra contra el lavado de activos se dieron en 1988 cuando, en el contexto específico de la guerra contra las drogas, las Naciones Unidas patrocinaron la adopción de la Convención contra el Tráfico Ilícito de Estupefacientes y Sustancias Sicotrópicas de 1988 o Convención de 1988 sobre el Tráfico Ilícito.[32] Este fue el primer tratado internacional en el que se pidió a los Estados que tipificaran como delito el lavado de activos producto del narcotráfico.[33]

De conformidad con el artículo 3 de la Convención sobre el Tráfico Ilícito de 1988 o Convención de Viena, el lavado de activos es "[b)] i) la conversión o transferencia de activos, con el conocimiento de que esos activos se derivan de cualquier delito o delitos tipificados de conformidad con el literal a) del presente párrafo, o de un acto de participación en esos delitos, con el fin de ocultar o encubrir el origen

---

32 También se conoce como la Convención de Viena de la ONU de 1988.

33 DAVID LUBAN ET AL., DERECHO PENAL INTERNACIONAL Y TRANSNACIONAL (2010).

ilícito de los activos o de ayudar en ocultar o encubrir el origen ilícito de tales activos; (ii) La ocultación o el encubrimiento de la verdadera naturaleza, fuente, ubicación, disposición, movimiento, derechos con respecto a la propiedad o propiedad de tales activos, con el conocimiento de que esos activos se derivan de un delito o delitos tipificados de conformidad con el literal a) del presente párrafo o de un acto de participación en ese delito o delitos;

[c)] Con sujeción a los principios constitucionales y ordenamiento jurídico de cada Estado signatario: i) La adquisición, posesión o utilización de activos, conociendo, que, en el momento de su recepción, dichos activos se derivan de uno o varios delitos tipificados de conformidad con el literal a) del presente párrafo o de un acto de participación en tal delito o delitos".[34]

1.4. El conocimiento como elemento del delito de lavado de activos y la doctrina de la ceguera voluntaria

- **Conocimiento:**

  La "Convención de las Naciones Unidas contra la Delincuencia Organizada Transnacional de 2000, también conocida como la Convención de Palermo, define el lavado de activos como la conversión o transferencia de bienes, a sabiendas de que se derivan de un delito penal, con el fin de ocultar o encubrir su origen ilícito o de ayudar a cualquier persona que esté involucrada en la comisión del delito a evadir las consecuencias jurídicas de sus acciones; la ocultación o encubrimiento de la verdadera naturaleza, fuente, ubicación, disposición, movimiento, derechos con respecto a tales activos conociendo de que se derivan de un delito penal; y la adquisición, posesión o uso de bienes, conociendo en el momento de su recepción de que se derivaron de un delito penal o de la participación en un delito".[35]

  A la luz del lenguaje de la Convención sobre el Tráfico Ilícito de 1988 o Convención de Viena y la Convención de Palermo,

---

34 Convención de Viena de la ONU de 1988.

35 ACAMS ET AL, Guía de estudio EXAMEN DE CERTIFICACIÓN CAMS página 1 (2018).

es concluyente que el conocimiento es "un requisito previo en la definición de lavado de activos...Las 40 Recomendaciones del GAFI sobre Lavado de Activos y Financiamiento del Terrorismo y la Cuarta Directiva de la Unión Europea sobre la Prevención del Uso del Sistema Financiero para fines de Lavado de Activos y Financiamiento del Terrorismo (2015) establecen que la intención y el conocimiento requeridos para probar el delito de lavado de activos incluye el concepto de que tal estado mental puede deducirse de circunstancias fácticas objetivas".[36]

Por ejemplo, en los Estados Unidos, la fiscalía a cargo de la investigación debe probar más allá de toda duda razonable que el acusado sabía que "la transacción... representaba las 'ganancias de alguna forma de actividad ilícita' y el acto culpable estaba diseñado en su totalidad o en parte para ocultar o encubrir la naturaleza, ubicación, fuente o propiedad de las ganancias de una actividad ilícita específica o delito subyacente. Sin embargo, es fundamental tener en cuenta que el acusado no necesita actuar con la intención de ocultar el origen de los fondos derivados de un delito subyacente al lavado de activos. Así, por ejemplo, un corredor de bienes raíces que ayuda a un traficante de drogas a realizar una transacción de bienes raíces conociendo que tal transacción involucra las ganancias de algún tipo de actividad ilegal y conociendo que el narcotraficante tiene la intención de ocultar sus ganancias tal corredor de finca raíz puede ser condenado bajo el elemento cognitivo (conocimiento)" incluso si ese corredor de finca raíz no tiene la intención de ocultar las ganancias derivadas del narcotráfico. Véase Estados Unidos c. Campbell, 977 F.2d 854 (4th Cir.1992).[37]

- La doctrina de la ceguera voluntaria/ignorancia deliberada (*willful blindness* por sus siglas en inglés):

---

36 ACAMS ET AL, Guía de estudio EXAMEN DE CERTIFICACIÓN CAMS página 2 (2018).

37 DAVID LUBAN ET AL., DERECHO PENAL INTERNACIONAL Y TRANSNACIONAL PAGINA página 609 (2010).

La doctrina de la ceguera voluntaria (*willful blindness* por sus siglas en inglés) ha sido entendida "como un sustituto del conocimiento".[38] Esta doctrina en diferentes jurisdicciones cierra la brecha entre la negligencia y el elemento cognitivo (conocimiento), tratando una subcategoría de casos de negligencia como si fueran casos de conocimiento, es decir, aquellos casos en los que el acusado no solo es consciente de un riesgo sustancial de que exista el hecho incriminatorio, sino que también evita deliberadamente la confirmación del hecho incriminatorio.

Varias jurisdicciones alrededor del mundo "utilizan el principio legal de ceguera intencional en casos de lavado de activos para probar el elemento cognitivo (conocimiento). La jurisprudencia define la ceguera deliberada como el acto de evitar deliberadamente el conocimiento de los hechos o la 'indiferencia intencional' y ha sostenido que la ceguera intencional es el equivalente al elemento cognitivo o conocimiento real de la fuente ilegal de los fondos o de las intenciones de un cliente en una transacción de lavado de activos".[39] La práctica judicial en los Estados Unidos, por ejemplo, nos muestra que la doctrina de la ceguera voluntaria se ha utilizado en procesos penales por delitos de cuello blanco litigados en cortes y tribunales federales. *En Turner v Estados Unidos*, la Corte Suprema de ese país "adoptó la definición del elemento cognitivo o conocimiento del Modelo de Código Penal Americano, que reconocía la ignorancia deliberada como sustituto del elemento cognitivo o conocimiento... según el Modelo de Código Penal Americano, la ceguera deliberada requiere el conocimiento de una alta probabilidad de la existencia de un hecho criminal y la ausencia de una creencia real de que el hecho no existe".[40]

Sin embargo, la doctrina legal de ceguera intencional no se originó en procesos penales por lavado de activos litigados en los tribunales de los Estados Unidos. Más bien, esta doctrina llegó

---

38 lawreview-2264-von kaenel.pdf página 1201

39 ACAMS ET AL, Guía de estudio EXAMEN DE CERTIFICACIÓN CAMS (2018).

40 lawreview-2264-von kaenel.pdf páginas 1200 - 1201

a nacer en el contexto de procesos penales por tráfico de drogas litigados en los tribunales de los Estados Unidos. Por ejemplo, en *Estados Unidos v Jewell*, las drogas ilícitas que llevaron a las autoridades a iniciar la acción penal estaban ocultas en un compartimento secreto en un automóvil que era conducido por el acusado (Jewell) desde México hacia los Estados Unidos. El estatuto bajo el cual Jewell fue procesado requiera que el acusado supiera de la presencia de las drogas ilícitas.[41]

Durante el proceso penal contra Jewell, el acusado testificó que el "no sabía que la marihuana estaba situada en el compartimento del carro. Sin embargo, había evidencia de que Jewell conocía el compartimento del carro y tenía conocimiento de hechos que indicaban que ese compartimento contenía marihuana. Además, la evidencia indicó que Jewell evitó deliberadamente el conocimiento actual de que el compartimento del carro que el manejaba contenía marihuana para evitar la responsabilidad penal en caso de que fuera descubierto por las autoridades. La prueba de la ignorancia deliberada de un acusado en procesos penales ante los tribunales de los Estados Unidos puede satisfacer el requisito del elemento cognitivo (conocimiento) en cuanto a la posesión criminal y tráfico de drogas. Por lo tanto, en los casos de tráfico de drogas que involucran a personas que transportan paquetes que contienen drogas ilegales, la jurisprudencia en los Estados Unidos ha determinado que un acusado tiene responsabilidad penal cuando debería saber o debería haber sabido si un paquete contenía drogas ilegales y por no averiguar el contenido del paquete.

Desde entonces, la doctrina de la ceguera voluntaria se ha "expandido a una amplia gama de procesos penales y se usa cada vez más en procesos penales contra los delitos de cuello blanco,"[42] incluidos los procesos penales contra el lavado de activos. En consecuencia, la instrucción dada al jurado acerca de la "ceguera deliberada (también conocida como 'evitación consciente' o 'la instrucción avestruz') se usa a menudo en los

---

41 Ibid.

42 NACDL - Willful Blindness

casos de delitos de cuello blanco en los Estados Unidos[43] como una forma de aliviar la carga de los fiscales de probar el elemento cognitivo o conocimiento. Estas instrucciones varían en contenido, pero el siguiente lenguaje se usa con frecuencia ...

A. El elemento cognitivo (conocimiento) puede satisfacerse mediante inferencias extraídas de las pruebas aportadas al proceso de que un acusado cerró deliberadamente los ojos a lo que de otro modo habría sido obvio para él. Un hallazgo más allá de una duda razonable de un propósito consciente para evitar conocer los hechos permitiría una inferencia de conocimiento ...
B. La ceguera voluntaria puede constituir conocimiento de un hecho sólo si los miembros del jurado concluyen que el individuo a quien se busca atribuir el conocimiento era consciente de una alta probabilidad de que ese hecho existiera...
C. Probar la negligencia o error no es suficiente para declarar al acusado penalmente responsable bajo la doctrina de la intencionalidad o conocimiento...
D. El elemento cognitivo no se establece probando que el acusado tenía una alta probabilidad de la existencia del hecho en cuestión si el acusado realmente había creído que el hecho no había existido".[44]

Del mismo modo, en las jurisdicciones del sistema o derecho continental,[45] como Colombia, se ha equiparado la doctrina de ceguera voluntaria/ignorancia deliberada con la doctrina del dolo eventual y se ha aplicado casos de lavado de activos, como en Suiza.[46] La doctrina de la ceguera deliberada puede reflejar algunas similitudes tanto con la teoría de la negligencia

---

43 El sistema jurídico imperante en los Estados Unidos es el *Common Law* (por sus siglas en inglés) o derecho anglosajón o consuetudinario.

44 DAVID LUBAN ET AL., DERECHO PENAL INTERNACIONAL Y TRANSNACIONAL página 904 (2010).

45 El derecho continental es el sistema jurídico imperante en la mayoría de los países en Europa y América Latina, incluyendo Colombia, cuyo origen data del derecho romano.

46 Ibid.

en la responsabilidad penal, según la cual el acusado sabía (o debería haber sabido) que su acción era probable que causara daño,[47]como con el principio del dolo eventual de responsabilidad penal en aquellos países que siguen el derecho continental en virtud del cual el acusado es consciente del "riesgo de que los elementos objetivos del delito puedan resultar de sus acciones u omisiones, y (b) acepta tal resultado reconciliándose con él o consintiendo en él".[48] Como tal, el "elemento cognitivo puede ser probado por evidencia de su 'ceguera intencional'... Este enfoque es donde el acusado es culpable de su incumplimiento consciente de su deber de conocer los hechos y así evitar la criminalidad".[49]

- ¿Está surgiendo la doctrina de la ceguera deliberada como un estándar global que las autoridades jurisdiccionales deben seguir en los procesos penales por lavado de activos con base en la práctica judicial de los Estados de la comunidad internacional?

La respuesta no está clara. Por un lado, el GAFI declaró que los países deberían garantizar que "el elemento cognitivo necesario para probar el delito de lavado de activos pueda inferirse de circunstancias fácticas objetivas".[50] Para ACAMS, "esto es similar a lo que se conoce en algunos países como 'ceguera deliberada', o evitación deliberada del conocimiento de los hechos".[51] En particular, se afirma que "las Notas Interpretativas a la Recomendación 3 de las Recomendaciones 40 del GAFI de 2012 dicen que los países deben garantizar que la intención y el elemento cognitivo (conocimiento) necesarios para probar el delito de lavado de activos sean consistentes con los estándares establecidos en las Convenciones de Viena y Palermo, incluido el concepto de que tal estado mental puede inferirse de circunstancias fácticas objetivas ... el elemento cognitivo (conocimiento) puede, bajo ciertas circunstancias, incluir la ceguera volun-

47 Ver Modelo de Código Penal Americano.

48 Badar Final and Edited Version 29 May 09 of Dolus Eventualis and the Rome Statuet of the ICC.doc (live.com)

49 *Op. Cit.* 609

50 Recomendaciones del GAFI 2012.pdf (fatf-gafi.org)

51 CAMS_Study_Guide.pdf (aml101.com) páginas 93-94

taria; es decir, 'la evitación deliberada del conocimiento de los hechos', como algunos tribunales han definido el término".[52] Por último, la Segunda Directiva de la Unión Europea[53] "aclaró que el conocimiento de las conductas delictivas puede deducirse de circunstancias fácticas objetivas".[54]

Por otro lado, la doctrina de la ceguera voluntaria está siendo desafiada jurídicamente por La Asociación Nacional de Abogados de Defensa Criminal (NACDL), con sede en Estados Unidos. NACDL argumenta que el uso de la doctrina de la ceguera intencional en los procesos penales es profundamente preocupante porque beneficia consistente y principalmente a la fiscalía u órgano jurisdiccional de investigación ya que las instrucciones al jurado para que apliquen la doctrina de la ceguera intencional al caso concreto generalmente vienen de la mano de pruebas débiles acerca del elemento cognitivo y sin ninguna notificación a la defensa acerca de tal aproximación. Además, esta práctica estimula al jurado a condenar sobre la base de evidencia de mera negligencia o imprudencia.[55]

Además, se ha declarado que el análisis cuidadoso de la doctrina de la ceguera voluntaria "sugiere que la doctrina, aunque justificable en abstracto como una cuestión de principio y política pública, es altamente problemática en la práctica ... los tribunales ofrecen poca orientación sobre cuánta sospecha debe albergar el acusado de que el hecho incriminatorio existió. Además, los tribunales dan explicaciones variadas y a menudo inadecuadas del significado de "evitación consciente"[56] o "evitación deliberada"[57] o "ignorancia deliberada".[58] Por ejemplo,

---

52 CAMS_Study_Guide.pdf (aml101.com) páginas 93-94

53 Directiva 2001/97/CEE.

54 CAMS_Study_Guide.pdf (aml101.com) páginas 93-94

55 NACDL - Willful Blindness

56 DAVID LUBAN ET AL., DERECHO PENAL INTERNACIONAL Y TRANSNACIONAL página 904 (2010).

57 DAVID LUBAN ET AL., DERECHO PENAL INTERNACIONAL Y TRANSNACIONAL página 904 (2010).

58 DAVID LUBAN ET AL., DERECHO PENAL INTERNACIONAL Y TRANSNACIONAL página 904 (2010).

> los tribunales a menudo no resuelven si un simple fracaso en la investigación de los hechos es suficiente ... los tribunales deben reducir significativamente la doctrina o, mejor, suspender su uso hasta que la investigación empírica demuestre que puede implementarse de manera precisa, consistente y justa. En términos más generales, existe una necesidad imperiosa de un estudio más empírico de cómo la gente común y los actores legalmente capacitados entienden términos tales como conocimiento, creencia, imprudencia, ceguera voluntaria y evitación deliberada.[59]

¿Es aplicable la doctrina de la ceguera voluntaria/ignorancia deliberada en el ordenamiento jurídico colombiano a casos de lavado de activos y otros delitos financieros? Se debería aplicar en Colombia a casos de lavado de activos para facilitar la lucha contra el crimen organizado y la criminalidad empresarial y así determinar más eficientemente la responsabilidad penal de sujetos en casos de lavado de activos. De lo contrario, la imputación en casos de lavado de activos seguirá siendo difícil de conformidad con el Código Penal Colombiano vigente. Los jueces en Colombia están llamados a aplicar la doctrina de la ceguera voluntaria/ignorancia deliberada en casos de lavado de activos y otros delitos financieros. Esta práctica judicial colombiana puede contribuir al génesis de una práctica estatal/judicial global y que junto con la práctica estatal/judicial de los Estados Unidos y de otras naciones puede conducir al nacimiento de una norma del derecho internacional consuetudinario que adopte la aplicación de la doctrina de la ceguera voluntaria/ignorancia deliberada a casos de lavado de activos y otros delitos financieros a nivel global.

1.3.2. Pruebas para procesos penales por lavado de activos

Los fiscales que investigan el lavado de activos deben probar, más allá de toda duda razonable, los elementos de este delito en el proceso penal. En los Estados Unidos, por ejemplo, para probar el lavado de activos, la fiscalía debe probar, ya sea por evidencia directa o circunstancial, que el acusado sabía que los activos involucrados fueron par-

---

59 viewcontent.cgi (uci.edu) página 1.

te de las ganancias por la comisión de uno o varios de los delitos subyacentes bajo la ley estatal, federal o extranjera. La evidencia directa, por un lado, es "evidencia que se basa en el conocimiento personal u observación y que, de ser cierta, prueba un hecho sin inferencia ni presunción".[60] La evidencia circunstancial, por otro lado, es evidencia "basada en inferencia y no en el conocimiento u observación personal. Del mismo modo, la evidencia circunstancial se conoce como toda evidencia que no es dada por el testimonio de un testigo ocular.[61]

La evidencia circunstancial es "la mayoría de las veces es la base para establecer los elementos del crimen lavado de las ganancias de actos delictivos".[62] La investigación y juzgamiento por lavado de activos "generalmente se basa en pruebas circunstanciales, mediante las cuales se aducen una serie de pruebas, de las cuales se pueden extraer inferencias y conclusiones para cumplir con el estándar de prueba de que los activos en cuestión tiene un origen criminal... las pruebas circunstanciales por las cuales se puede pedir al jurado que saque inferencias de que los activos constituyen las ganancias de la comisión de un delito subyacente son a menudo las mismas pruebas utilizadas para establecer que el acusado también tenía el elemento cognitivo requerido".[63]

Los tipos de evidencia circunstancial que se pueden aportar en el proceso penal por lavado de activos incluyen:

- Evidencia del cómplice del acusado, que involucra el testimonio del individuo que "causó la 'creación' de las ganancias criminales, ya sea por venta de drogas, fraude u otra forma de actividad criminal".[64]
- "Admisiones del acusado durante un interrogatorio policial...
- Pruebas periciales sobre transacciones financieras complejas...
- Hallazgos de auditoria...

---

60 Diccionario de la Ley de Black.

61 Diccionario de la Ley de Black.

62 Bell R.E. Prueba del origen criminal de los activos en los procesos penales por lavado de dinero. Departamento de Justicia de los Estados Unidos. Oficina de Programas de Justicia.

63 Ibid.

64 Ibid.

- Evidencia que demuestre la improbabilidad de que los activos en cuestión tuvieron un origen legítimo; y demostrar que las transacciones del acusado no tuvieron ni sentido comercial ni financiero,
- La contaminación del dinero en efectivo...
- El embalaje de dinero en efectivo...
- La denominación de los billetes...
- Las interceptaciones de comunicaciones...
- Identidades, direcciones y documentación falsas.
- Reportes de Unidades de Inteligencia Financiera.
- Registros financieros y bancarios, incluida prueba de las transacciones, imágenes de cheques y documentación de operaciones.[65]

2. DELITOS SUBYACENTE MÁS COMUNES ASOCIADOS CON LAS TIPOLOGÍAS DE LAVADO DE ACTIVOS

Según la última edición de la competencia anual del Grupo Egmont[66] llamada *Premio al Mejor Caso Egmont 2014-202*[67] *(Best Egmont Case Award BECA 2014-2020* por sus siglas en inglés), los siguientes delitos subyacentes son algunas de las actividades criminales más comunes asociadas con las tipologías del lavado de activos:

- Soborno y corrupción.
- Ciberdelincuencia y Criptomoneda.
- Narcotráfico.
- Fraude y malversación de fondos;
- Lavado de activos basado en el comercio exterior y lavado de activos a través de terceros;

---

[65] Ibid.

[66] El Grupo Egmont es un organismo unido de 167 Unidades de Inteligencia Financiera (UIF) de jurisdicciones de todo el mundo. Más sobre el Grupo Egmont por venir en los próximos capítulos.

[67] En 2011, el Grupo Egmont creó la iniciativa Best Egmont Case Award (BECA).

- Financiamiento del terrorismo, crimen organizado y trata de personas.

2.1. Soborno y corrupción

La corrupción puede tener lugar tanto en el sector público como en el privado. La corrupción ocurre cuando los actores públicos y privados "hacen un mal uso de sus posiciones de confianza para beneficio personal".[68]

Con respecto a la corrupción pública, se trata de los pagos de sobornos a funcionarios públicos nacionales y extranjeros que son realizados por el sector privado con el objetivo de obtener o retener negocios con el gobierno. Para el GAFI, los funcionarios públicos nacionales y extranjeros pueden agruparse bajo el concepto de personas políticamente expuestas (PEP) al riesgo de corrupción. Comprender el concepto de PEP es clave para abordar el problema de la corrupción pública transfronteriza. A los PEP, por mandato constitucional y/o legal, se les encomiendan funciones públicas destacadas; y como tal, ellos pueden influir en las acciones/decisiones/contratos del gobierno.

Las empresas privadas que hacen negocios con el gobierno encuentran atractivos a los PEP porque los PEP tienen el poder de proporcionar o retener esos negocios al sector privado. El dinero fácil parecen ser el enfoque y los números increíbles. Se estima que la contratación pública se valora en 13 billones de dólares al año. Nuestra investigación encontró que más de $ 10 billones o el 77 % del total es gastado por 17 países. China es el mayor comprador en el mercado con 4,2 billones de dólares. Por el contrario, Estados Unidos gasta menos de la mitad de esto (USD$ 1.8 billones). 14 países gastan entre 100.000 y 1 billón de dólares al año. Estos son Japón, Alemania, India, Francia, reino unido, Indonesia, Canadá, Italia, Corea del Sur, Australia, Brasil, Países Bajos, Rusia y España.[69]

¿Existe alguna clasificación de los PEP? La respuesta es sí. De acuerdo con las *Normas Internacionales sobre la Lucha contra el La-*

---

68 DAVID LUBAN *ET AL.*, DERECHO PENAL INTERNACIONAL Y TRANSNACIONAL página 621 (2010).

69 Spend Network 2021.

vado de Activos y el Financiamiento del Terrorismo y la Proliferación de 2012 emitidas por el GAFI, hay dos tipos de PEP. Los primeros son los PEP extranjeros, los cuales incluyen a los individuos a quienes un país extranjero les han confiado funciones públicas prominentes, como por ejemplo jefes de Estado o de Gobierno; legisladores; políticos de alto rango; altos funcionarios gubernamentales, judiciales o militares; altos ejecutivos de empresas de propiedad estatal e importantes funcionarios de partidos políticos. Los segundos, son los PEP nacionales, los cuales incluye a individuos a quienes se les han confiado a nivel nacional funciones públicas prominentes, como por ejemplo jefes de Estado o de Gobierno; legisladores; políticos de alto rango; altos funcionarios gubernamentales, judiciales o militares; altos ejecutivos de corporaciones estatales, como Ecopetrol, Satena o el Banco Agrario de Colombia, e importantes funcionarios de partidos políticos.[70]

Del mismo modo, el GAFI establece que los requisitos para todos los tipos de PEP también deben aplicarse a los miembros de la familia o asociados cercanos de los PEP. El enfoque del GAFI tiene sentido porque los miembros de la familia o los asociados cercanos de los PEP pueden prestar a los PEP sus cuentas bancarias o de corretaje para facilitar los esquemas de corrupción.

La Tabla 1 a continuación resume los tipos de PEP:

Tabla 2

PEP Extranjeros	PEP Nacionales	Miembros Familia o Asociados de PEP
Jefes de Estado o de Gobierno: presidentes o primeros ministros.	Jefes de Estado o de Gobierno: presidentes o primeros ministros.	También se consideran PEP.

70 CAMS_Study_Guide.pdf (aml101.com) páginas XX y GAFI.

Políticos de alto rango: jefes de partidos políticos, presidente de la cámara, líderes de mayoría y minoría, miembros de legislaturas nacionales, regionales y locales, etc.	Políticos de alto rango: jefes de partidos políticos, presidente de la cámara, líderes de mayoría y minoría, miembros de legislaturas nacionales, regionales y locales, etc.	También se consideran PEP.
Altos funcionarios gubernamentales, judiciales o militares: Miembros del gabinete, embajadores, cónsules, jueces, miembros del Estado Mayor Conjunto dentro de las fuerzas armadas.	Altos funcionarios gubernamentales, judiciales o militares: Miembros del gabinete, embajadores, cónsules, jueces, miembros del Estado Mayor Conjunto dentro de las fuerzas armadas.	También se consideran PEP.
Altos ejecutivos de corporaciones estatales: CEOs en compañías petroleras estatales o en empresas estatales de telecomunicaciones, etc.	Altos ejecutivos de corporaciones estatales: CEOs en compañías petroleras estatales o en empresas estatales de telecomunicaciones, etc.	También se consideran PEP.
Importantes funcionarios de partidos políticos	Importantes funcionarios de partidos políticos	También se consideran PEP.

¿La categorización de PEP del GAFI incluye a altos funcionarios públicos internacionales de organizaciones internacionales,[71]tales como Naciones Unidas o el Fondo Monetario Internacional y jueces de la Corte Internacional de Justicia y la Corte Penal Internacional y otros tribunales internacionales[72] dentro de la clasificación PEP? Aunque no está claro si los funcionarios públicos internacionales de las organizaciones internacionales son PEP bajo la categorización PEP del GAFI, la Convención de las Naciones Unidas contra la Corrupción incluye a funcionarios de una organización internacional pública como parte de los términos de la Convención. La Convención establece que por "'funcionario de una organización internacional pública se deberá entender un funcionario público internacional o cualquier persona autorizada por dicha organización para actuar en nombre de tal organización".[73] Por lo tanto, los funcionarios públicos internacionales de las organizaciones internacionales y los magistrados de la Corte Internacional de Justicia y de la Corte Penal Internacional y otros tribunales internacionales, como la Corte IDH, deben considerarse PEP.

Lo que el GAFI no incluye dentro de su clasificación PEP son aquellos funcionarios gubernamentales de rango medio o personal gubernamental de nivel de entrada, a menos que se consideren miembros de la familia / asociados cercanos a los PEP.

Estudio del caso Odebrecht y la corrupción transnacional:

La corrupción puede implicar el uso indebido del sistema financiero internacional, cuentas bancarias extraterritoriales abiertas en paraísos fiscales y el uso de empresas ficticias para facilitar pagos co-

---

71 Estamos hablando del secretario general de la ONU y sus adjuntos, los jefes de las agencias de la ONU, los altos directivos del Banco Mundial y el Fondo Monetario Internacional (FMI), o los funcionarios internacionales del Banco Interamericano de Desarrollo (BID), o el Banco Africano de Desarrollo o el Banco Asiático de Desarrollo o el Banco Centroamericano de Integración Económica (BCIE) o el Banco de Desarrollo de América Latina (CAF).

72 Corte Interamericana de Derechos Humanos (Corte IDH) o el Tribunal Penal Internacional para la Antigua Yugoslavia, para citar algunos.

73 Artículo 2 literal c de la Convención de las Naciones Unidas contra la Corrupción.

rruptos transnacionales a PEP nacionales, extranjeros o funcionarios de una organización internacional pública. Por ejemplo, el Departamento de Justicia de los Estados Unidos[74]declaró que Odebrecht,[75] en un intento de ocultar sus pagos corruptos y crímenes, utilizó el sistema financiero global, incluido el sistema bancario en los Estados Unidos para encubrir la fuente y el desembolso de los pagos de sobornos pasando los fondos a través de una serie de empresas fantasmas.

El siguiente artículo proporciona al lector los detalles del caso Odebrecht

Juan Carlos Portilla, historia de los sobornos que tiene en jaque a los poderosos de América Latina

Revista Semana (2019)

"El caso Odebrecht, de una u otra manera, logró ser descubierto por autoridades de Estados Unidos, Brasil y Suiza por la aplicación del derecho internacional contemporáneo. Odebrecht ha sido considerado por los Estados Unidos como el caso de corrupción internacional más grave en la historia desde la entrada en vigor (1977) de la Ley FCPA. Analicemos entonces el caso Odebrecht para entender sus causas, modus operandi y lecciones.

Plutarco, filósofo en la época del emperador Claudio, decía que la bebida apaga la sed, la comida el hambre; pero el oro no apaga jamás la avaricia. Odebrecht ilustra la victoria de la avaricia sobre la honestidad. La avaricia, uno de los siete pecados capitales del hombre, fue el eje del mal bajo el cual Odebrecht y sus aliados políticos conspiraron para desfalcar las arcas estatales sin pudor y con sangre, sudor y lágrimas para los contribuyentes en América Latina. Bien expresaba Erich Fromm, autor del libro Hacia Una Sociedad Sana, que la avaricia y la paz se excluyen mutuamente. Odebrecht tiene sus causas en el gobierno de la avaricia, donde el fin justifica los medios.

---

74 Departamento de Justicia de los Estados Unidos 2016.

75 Odebrecht S.A. y Braskem S.A. (una empresa petroquímica brasileña) se declararon culpables y acordaron pagar USD$3.500 millones para resolver el mayor caso de soborno extranjero en la historia desde la promulgación de la FCPA, según el Departamento de Justicia de Estados Unidos.

Odebrecht fue investigada por Estados Unidos bajo la Ley FCPA. Esta permite a Estados Unidos investigar a personas jurídicas extranjeras por actos de corrupción en otras naciones siempre que tales empresas tengan algún vínculo jurídico con Estados Unidos. Odebrecht S.A era una compañía matriz constituida en Brasil. Brasken S.A. era una empresa petroquímica constituida en Brasil y subsidiaria de Odebrecht. Esta controlaba el 50,1 % de Brasken. Petrobras S.A., la gigante petrolera brasileña, controlaba el 36,1 % de Brasken. Brasken emitía un título valor conocido como ADR (sigla en inglés de *American Depositary Receipt*) el cual representaba un depósito en un banco estadounidense de acciones de Brasken, que como vimos anteriormente, era una compañía constituida en Brasil (fuera del territorio estadounidense).

Los ADRs que representaban las acciones de Brasken (controlada por Odebrecht) eran negociados en la Bolsa de Valores de Nueva York. Como tal, Brasken tenía la obligación, a la luz de la Ley Federal de Bolsas y Títulos Valores estadounidense de 1934, de realizar reportes ante la Comisión de Valores estadounidense, quien es la autoridad de inspección vigilancia y control sobre el mercado de valores en ese país. Este vínculo jurídico permitió a las autoridades americanas el ejercicio de jurisdicción sobre Odebrecht. De tal suerte, el FBI y el Departamento de Justicia estadounidense iniciaron una investigación penal.

El Ministerio Público Federal de Brasil y la Oficina del fiscal general de Suiza, se embarcaron en un proceso de cooperación internacional con Estados Unidos en materia judicial y recolección de pruebas que facilitó la investigación. En diciembre 16 de 2016, Odebrecht se declaró culpable ante una Corte Federal del Distrito Este de New York por haber conspirado para violar las disposiciones anticorrupción de la Ley FCPA. De acuerdo con el acuerdo de rebaja de penas firmado por Odebrecht con el Departamento de Justicia estadounidense, Odebrecht acordó pagar a ese país, Brasil y Suiza una multa de al menos US$3,5 billones por haber girado sobornos en diferentes países del planeta entre 2001 y 2016. En América Latina, incluyendo Colombia, los sobornos pagados por Odebrecht alcanzaron la suma de US$725,5 millones.

Las cifras por país del caso Odebrecht son escandalosas. Por ejemplo, en Colombia Odebrecht pago sobornos por US$11 millones y se calcula que obtuvo ganancias por US$50 millones producto de los sobornos. En Brasil, los sobornos llegaron a US$340 millones con ganancias para Odebrecht de US$1,9 billones. Odebrecht inicia la ejecución de su política corporativa sistemática de pagar sobornos por contratos en el 2001. En el 2006, Odebrecht crea el Departamento de Operaciones Estructuradas.

Este tenía como fin pagar sobornos y operaba como una unidad independiente dentro del sistema corporativo Odebrecht. Ellos crearon el sistema Drousys, bajo el cual se efectuaban los pagos totalmente separados de la contabilidad oficial de Odebrecht y por medio del cual se efectuaban las comunicaciones (secretas) utilizando nombres ficticios, correos electrónicos asegurados y contraseñas que permitían la comunicación para el pago de sobornos.

Odebrecht creó también compañías fantasmas en el extranjero: Smith & Nash Engineering y Golac Projects and Construction Corporation, en las Islas Vírgenes Británicas. Igualmente, crea la corporación Arcadex en Belice, otro paraíso fiscal del Caribe. Utilizando estas compañías fantasmas, Odebrecht abre cuentas bancarias en paraísos fiscales del Caribe.

Así las cosas, empiezan a enviar transferencias bancarias desde cuentas que habían abierto en varios bancos de Nueva York hacia las cuentas bancarias establecidas en los paraísos fiscales del Caribe a nombre de tales compañías fantasmas. Desde estas cuentas bancarias con ventajas fiscales, las tres compañías fantasmas (Smith & Nash, Golac Projects y Arcadex) enviaban los sobornos a los diferentes servidores públicos y candidaturas presidenciales para que Odebrecht ganara contratos en América Latina, incluyendo Colombia. Los sobornos pasaban por estas cuentas en el extranjero varias veces antes de llegar a su destino final: un servidor público corrupto o una candidatura presidencial infiltrada por la corrupción. Las transferencias bancarias desde Nueva York hacia los paraísos fiscales empezaron a llamar la atención de las autoridades estadounidenses. En un intento de minimizar las sospechas de las autoridades estadounidenses, Odebrecht compró una sucursal en Antigua de un banco de Austria. Sin embargo, la suerte estaba ya marcada para Odebrecht en los estrados judiciales estadounidenses, brasileños y suizos.

Podemos concluir que, gracias a la aplicación de procedimientos técnicos de auditoria forense a los movimientos de dinero por parte de Odebrecht, fue posible que Unidades de Inteligencia Financiera de las partes involucradas en la investigación detectaran la comisión de delitos financieros por parte de Odebrecht y que en ultimas revelaron el verdadero rostro de este monstruo continental. También concluimos que los paraísos fiscales siguen siendo el centro de gravedad no solo para la evasión fiscal, sino también para la corrupción y lavado de dinero. Esto debido a que los clientes de los bancos establecidos en paraísos fiscales gozan del secreto bancario (paradójicamente creado en Suiza en 1934). De esa manera, los clientes de estos bancos establecidos en paraísos fiscales y sus transacciones permanecen en el anonimato frente a terceros.

> Los miembros de la OEA y demás organizaciones internacionales del Caribe, deben hacer de la cooperación internacional entre las autoridades de supervisión y Unidades de Inteligencia Financiera, una política estatal contra la corrupción y el lavado de dinero sujeta a un monitoreo permanente por parte de organismos como el Fondo Monetario Internacional. Esta práctica estatal con el tiempo puede adquirir el estatus de una norma consuetudinaria del derecho internacional. Precisamente el Grupo de Acción Financiera (GAFI), fundado por el G8 en 1989, recomienda la cooperación internacional como un mecanismo eficaz contra el lavado de activos. Finalmente, esperamos que las autoridades en Colombia encuentren la verdad de aquellos que compartieron cobijas con Odebrecht. Esta verdad tan esquiva hasta ahora en Colombia es necesaria para construir realmente la paz para los colombianos".

El costo de la corrupción dentro del sector público es escandaloso. "El Banco Mundial ha 'estimado de manera conservadora' que el valor de los sobornos pagados por el sector privado al sector público anualmente es de US$ 1 billón. Esta cifra no incluye la malversación de fondos públicos, el robo o mal uso de activos públicos, o los dólares perdidos por nepotismo y otros usos indebidos de un cargo en el gobierno. Así, por ejemplo, no incluye lo que Transparencia Internacional"[76] ha estimado entre US$ 15 y US$ 35 mil millones de dólares que el presidente Suharto malversó en Indonesia y los US $ 5 mil millones que cada uno que los presidentes Marcos, Mobutu y Abacha robaron en Filipinas, Zaire y Nigeria, respectivamente.

Para abordar el problema de la corrupción transfronteriza, la comunidad internacional ha promulgado varias convenciones internacionales a nivel regional y mundial. Por ejemplo, la Organización para la Cooperación y el Desarrollo Económicos (OCDE) adoptó una convención centrada específicamente en el soborno. Algunas convenciones regionales se centran en la corrupción de manera más amplia, como por ejemplo, la Convención Interamericana contra la Corrupción (CIAC) de la Organización de los Estados Americanos (OEA), y la Convención de Derecho Penal del Consejo de Europa sobre Prevención y Lucha contra la Corrupción. La corrupción es un problema global que requiere una solución mundial. El tratado más completo,

---

[76] DAVID LUBAN *ET AL.*, DERECHO PENAL INTERNACIONAL Y TRANSNACIONAL (2010).

la Convención de las Naciones Unidas contra la Corrupción (UNCAC), tiene por objeto proporcionar ese enfoque global.

2.1.1. Definición del derecho de los tratados sobre la corrupción

Antes de embarcarnos en la definición de corrupción bajo el derecho de los tratados, es relevante discutir brevemente el concepto de corrupción activa y privada. Los estudiosos del derecho internacional han indicado que "todas las convenciones cubren a las personas que ofrecen o pagan el soborno ('corrupción activa'), pero menos convenciones apenas requieren la penalización de la solicitud o recepción de sobornos transnacionales ('corrupción pasiva')".[77]

En la tabla 3 se resumen los conceptos de corrupción activa y privada:

Tabla 3

Corrupción Activa	Corrupción Pasiva
Actores o agentes del sector privado que ofrecen o pagan sobornos a los PEP.	PEP que solicitan o reciben sobornos

La definición sobre corrupción a la luz del derecho de los tratados que se discutirá a continuación se establece en la Convención de las Naciones Unidas contra la Corrupción. Además, nos basaremos en la definición de corrupción establecida en la Convención de las Naciones Unidas contra la Delincuencia Organizada.

2.1.2. La convención de las Naciones Unidas contra la corrupción

La Convención de las Naciones Unidas contra la Corrupción fue adoptada por la Asamblea General de las Naciones Unidas el 31 de octubre de 2003, mediante la resolución 58/4. La Convención entró

---

77 DAVID LUBAN ET AL., DERECHO PENAL INTERNACIONAL Y TRANSNACIONAL (2010).

en vigor el 15 de diciembre de 2005, de conformidad con su artículo 68(1). Tiene 140 signatarios y 187 partes al 6 de febrero de 2020.[78]

En el capítulo III, titulado Penalización y Aplicación De La Ley, de la Convención de las Naciones Unidas contra la Corrupción, hay varios tipos de conductas relacionadas con la corrupción que la Convención define como delitos penales. Así, la Convención define el soborno de funcionarios públicos nacionales, el soborno de funcionarios públicos extranjeros y funcionarios de organizaciones internacionales públicas. Del mismo modo, la Convención define la malversación, la apropiación indebida u otra desviación de bienes u fondos por parte de un funcionario público, el tráfico de influencias, el abuso de poder o funciones y el enriquecimiento ilícito. Además, la Convención define la malversación de fondos en el sector público y la malversación de fondos en el sector privado.

2.1.3. Soborno de funcionarios públicos nacionales

De conformidad con el artículo 15 de la Convención de las Naciones Unidas contra la Corrupción,

> Cada Estado Parte adoptará las medidas legislativas y de otra índole que sean necesarias para tipificar como delitos penales, cuando se cometan intencionalmente, las siguientes conductas: a) La promesa, el ofrecimiento o la entrega a un funcionario público, directa o indirectamente, de una ventaja indebida, para el propio funcionario o para otra persona o entidad, para que el funcionario actúe o se abstenga de actuar en el ejercicio de sus funciones oficiales; b) La solicitud o aceptación por un funcionario público, directa o indirectamente, de un beneficio indebido, para el propio funcionario o para otra persona o entidad, a fin de que el funcionario actúe o se abstenga de actuar en el ejercicio de sus funciones oficiales.[79]

[78] Oficina de las Naciones Unidas contra la Droga y el Delito

[79] Véanse los numérales 1 y 2 del artículo 16 de la Convención de las Naciones Unidas contra la Corrupción.

2.1.4. Soborno de funcionarios públicos extranjeros y funcionarios de organizaciones internacionales públicas

De conformidad con el artículo 16 de la Convención de las Naciones Unidas contra la Corrupción,

> cada Estado Parte adoptará las medidas legislativas y de otra índole que sean necesarias para tipificar como delito, cuando se cometa intencionalmente, la promesa, la oferta o la concesión a un funcionario público extranjero o a un funcionario de una organización internacional pública, directa o indirectamente, de una ventaja indebida, para el propio funcionario o para otra persona o entidad, a fin de que el funcionario actúe o se abstenga de actuar en el ejercicio de sus funciones oficiales, con el fin de obtener o conservar negocios u otra ventaja indebida en relación con la realización de negocios internacionales...
>
> Cada Estado Parte considerará la posibilidad de adoptar las medidas legislativas y de otra índole que sean necesarias para tipificar como delito, cuando se cometa intencionalmente, la solicitud o aceptación por un funcionario público extranjero o un funcionario de una organización internacional pública, directa o indirectamente, de un beneficio indebido, para el propio funcionario o cualquier otra persona o entidad, a fin de que el funcionario actúe o se abstenga de actuar en el ejercicio de sus funciones oficiales.[80]

2.1.5. Malversación, apropiación indebida u otro desvío de bienes por parte de un funcionario público

De conformidad con el artículo 17 de la Convención de las Naciones Unidas contra la Corrupción,

> cada Estado Parte adoptará las medidas legislativas y de otra índole que sean necesarias para tipificar como delitos, cuando se cometan intencionalmente, la malversación, la apropiación indebida u otra desviación por un funcionario público en su beneficio o en beneficio de otra persona o entidad, de cualquier propiedad, fondos o valores públicos o privados

---

80 Véanse los numerales 1 y 2 del artículo 16 de la Convención de las Naciones Unidas contra la Corrupción.

o cualquier otra cosa de valor confiada al funcionario público en virtud de su cargo.[81]

2.1.6. Tráfico de influencias

De conformidad con el artículo 18 de la Convención de las Naciones Unidas contra la Corrupción,

> cada Estado Parte considerará la posibilidad de adoptar las medidas legislativas y de otra índole que sean necesarias para tipificar como delitos, cuando se cometan intencionalmente:
>
> a) La promesa, el ofrecimiento o la entrega a un funcionario público o a cualquier otra persona, directa o indirectamente, de un beneficio indebido con el fin de que el funcionario público o la persona abusen de su influencia real o supuesta con miras a obtener una ventaja indebida por parte de la administración pública o autoridad de un Estado Parte de la Convención, una ventaja indebida para el instigador original del acto o para cualquier otra persona;
>
> b) La solicitud o aceptación por un funcionario público o cualquier otra persona, directa o indirectamente, de un beneficio indebido para sí mismo o para otra persona a fin de que el funcionario público o la persona abusen de su influencia real o supuesta con miras a obtener de una administración o autoridad del Estado Parte una ventaja indebida.[82]

2.1.7. Abuso de funciones

De conformidad con el artículo 19 de la Convención de las Naciones Unidas contra la Corrupción,

> cada Estado Parte considerará la posibilidad de adoptar las medidas legislativas y de otra índole que sean necesarias para tipificar como delito, cuando se cometa intencionalmente, el abuso de funciones o cargos, es de-

---

[81] Véase el artículo 17 de la Convención de las Naciones Unidas contra la Corrupción.

[82] Véanse los apartados a) y b) del artículo 18 de la Convención de las Naciones Unidas contra la Corrupción

> cir, la realización o el incumplimiento de un acto, en violación de las leyes, por un funcionario público en el 19 de su desempeño, con el fin de obtener una ventaja indebida para sí mismo o para otra persona o entidad.[83]

2.1.8. Enriquecimiento ilícito

De conformidad con el artículo 20 de la Convención de las Naciones Unidas contra la Corrupción,

> cada Estado Parte considerará la posibilidad de adoptar las medidas legislativas y de otra índole que sean necesarias para tipificar como delito, cuando se cometa intencionalmente, el enriquecimiento ilícito, es decir, un aumento significativo de los activos de un funcionario público que no pueda explicar razonablemente en relación con sus ingresos lícitos.[84]

Consejos para el investigador (público o privado) de enriquecimiento ilícito:

Cuando los funcionarios públicos no pueden explicar razonablemente un aumento significativo en sus activos, podría ser una indicación de corrupción. Un investigador contra el lavado de dinero o un fiscal anticorrupción puede rastrear el rastro del dinero en las cuentas del funcionario público para averiguar si la fuente de fondos de la transacción financiera está sospechosamente relacionada con pagos corruptos. Si diferentes activos (propiedades inmobiliarias, vehículos o embarcaciones) que no sean dinero están involucrados en el esquema de corrupción, podría ser útil realizar una búsqueda de título examinando los registros públicos para determinar quién ha sido el propietario del activo en el pasado hasta el punto en que el título se transfiere al funcionario público.

Si hay acciones que están involucradas en el esquema de corrupción, podría ser útil investigar y saber quién es el accionista que transfiere y quién ha sido el propietario beneficiario y registrado de dichas

---

83 Véase el artículo 19 de la Convención de las Naciones Unidas contra la Corrupción.

84 Véase el artículo 20 de la Convención de las Naciones Unidas contra la Corrupción.

acciones. Al rastrear el rastro de dinero y / o al hacer una búsqueda de título y / o al investigar la transferencia de valores en un período de tiempo, el investigador puede descubrir la conexión entre el funcionario público y las partes privadas involucradas en las transacciones.

2.1.9. Soborno en el sector privado:

De conformidad con el artículo 21 de la Convención de las Naciones Unidas contra la Corrupción,

> cada Estado Parte considerará la posibilidad de adoptar las medidas legislativas y de otra índole que sean necesarias para tipificar como delitos, cuando se cometan intencionalmente en el curso de actividades económicas, financieras o comerciales:
>
> a) La promesa, el ofrecimiento o la concesión, directa o indirectamente, de un beneficio indebido a toda persona que dirija o trabaje, en cualquier calidad, para una entidad del sector privado, para la propia persona o para otra persona, a fin de que, en incumplimiento de sus deberes, actúe o se abstenga de actuar; b) La solicitud o aceptación, directa o indirectamente, de un beneficio indebido por cualquier persona que dirija o trabaje, en cualquier capacidad, para una entidad del sector privado, para la propia persona o para otra persona, con el fin de que, en incumplimiento de sus deberes, actúe o se abstenga de actuar.[85]

2.1.10. Malversación de fondos en el sector privado

De conformidad con el artículo 22 de la Convención de las Naciones Unidas contra la Corrupción, "cada Estado Parte considerará la posibilidad de adoptar las medidas legislativas y de otra índole que sean necesarias para tipificar como delito, cuando se cometa intencionalmente en el curso de actividades económicas, financieras o comerciales, la malversación de fondos por una persona que dirija o trabaje en cualquier capacidad, en una entidad del sector privado de

85 Véase el artículo 21 de la Convención de las Naciones Unidas contra la Corrupción.

cualquier propiedad, fondos o valores privados o cualquier otra cosa de valor que se le confíe en virtud de su posición".[86]

2.1.11. Conocimiento, intención y finalidad

De conformidad con el artículo 28 de la Convención de las Naciones Unidas contra la Corrupción, el conocimiento, la intención o el propósito requeridos como elemento de un delito tipificado de conformidad con la Convención pueden inferirse de circunstancias fácticas objetivas.

2.1.12. La convención de las Naciones Unidas contra la delincuencia organizada

El artículo 8 de la Convención de las Naciones Unidas contra la Delincuencia Organizada tipifica como delito la corrupción también en los siguientes términos:

1. Cada Estado Parte adoptará las medidas legislativas y de otra índole que sean necesarias para tipificar como delitos, cuando se cometan intencionalmente;
   a) La promesa, el ofrecimiento o la concesión a un funcionario público, directa o indirectamente, de un beneficio indebido, para el propio funcionario o para otra persona o entidad, a fin de que el funcionario actúe o se abstenga de actuar en el ejercicio de sus funciones oficiales;
   a) La solicitud o aceptación por un funcionario público, directa o indirectamente, de un beneficio indebido, para el propio funcionario o para otra persona o entidad, a fin de que el funcionario actúe o se abstenga de actuar en el ejercicio de sus funciones oficiales.
2. Cada Estado Parte considerará la posibilidad de adoptar las medidas legislativas y de otra índole que sean necesarias para tipificar como delito las conductas a que se refiere el párrafo 1

---

[86] Véase el artículo 22 de la Convención de las Naciones Unidas contra la Corrupción.

del presente artículo en que esté implicado un funcionario público extranjero o un funcionario público internacional. Asimismo, cada Estado Parte considerará tipificar como delitos otras formas de corrupción.

3. Cada Estado Parte adoptará también las medidas que sean necesarias para tipificar como delito la participación como cómplice en un delito tipificado de conformidad con el presente artículo.

A los efectos del párrafo 1 del presente artículo y del artículo 9 de la presente Convención, se entenderá por "funcionario público" un funcionario público o una persona que preste un servicio público tal como se define en el derecho interno y se aplica en el derecho penal del Estado Parte en el que la persona de que se trate desempeña esa función".[87]

2.1.13 ¿Se está convirtiendo en transnacional la investigación penal contra la corrupción?

El soborno de los PEP, la malversación de fondos, la apropiación indebida o el desvío de fondos por parte de un funcionario público, el abuso de poder y funciones y el enriquecimiento ilícito son delitos que hacen parte del crimen organizado transnacional ya que se están cometiendo a través y más allá de las fronteras hoy en día.

De hecho, la Convención de las Naciones Unidas contra la Delincuencia Organizada Transnacional (Convención de Palermo) tiene como propósito promover la cooperación para prevenir y combatir eficazmente la delincuencia organizada transnacional.

¿Será transnacional y/o también extraterritorial la investigación penal y juzgamiento de la corrupción transnacional?

El caso del vicepresidente de Guinea Ecuatorial, Teodorín Obiang, litigado ante la Corte Internacional de Justicia (CIJ) en el marco del caso *Inmunidades y Procedimientos Penales, Guinea Ecuatorial v Francia,* no sólo es un avance clave para el derecho internacional mo-

---

[87] Véase el artículo 8 de la Convención de las Naciones Unidas contra la Delincuencia Organizada.

derno, sino que también puede arrojar luz sobre la pregunta anterior. De esa manera, en los párrafos que siguen a continuación resumiremos los principales componentes fácticos y jurídicos de la sentencia emitida por la CIJ.

Es importante señalar que los párrafos a continuación abordarán solo los problemas jurídicos relacionados con la inmunidad diplomática de Obiang como Vicepresidente de Guinea Ecuatorial frente al proceso penal llevado en su contra en Francia por su participación en la comisión de delitos subyacentes (malversación de fondos, abuso de poder y corrupción) al delito de lavado de activos y los cuales fueron cometidos en el territorio de Guinea Ecuatorial y por su participación en la comisión del delito de lavado de activos cometido en Francia.

Cabe anotar que el libro abordará la cuestión de la compra por parte de Obiang del edificio ubicado en la calle número 42 de la avenida Foch de París con dinero derivado de los delitos de malversación de fondos y corrupción cometidos por Obiang. Sin embargo, el problema jurídico acerca del estatus diplomático del edificio ubicado en la calle número 42 de la avenida Foch de París no es discutido en detalle en el libro.[88]

2.1.14. El caso Obiang litigado ante la Corte Internacional de Justicia

Inmunidades y procesos penales
(Guinea Ecuatorial v Francia)
Objeciones preliminares
Corte internacional de justicia
junio 6, 2018

I. Antecedentes de hecho:

De acuerdo con la CIJ, a partir de 2007, varias asociaciones y particulares presentaron denuncias ante el Fiscal general de París contra

88 Simplemente el autor en los párrafos siguientes hará un breve comentario acerca del fallo final de la CIJ sobre el estatus diplomático de dicho edificio.

algunos jefes de Estado africanos y miembros de sus familias en relación con denuncias de malversación de fondos públicos en sus países de origen, cuyo producto presuntamente se había invertido (lavado) en Francia.

Una de estas denuncias, presentada el 2 de diciembre de 2008 por la asociación Transparencia Internacional Francia, fue declarada admisible por los tribunales franceses, y se abrió una investigación judicial en relación con el 'manejo indebido de fondos públicos', 'complicidad en el manejo indebido de fondos públicos, complicidad en la apropiación indebida de fondos públicos, lavado de dinero, complicidad en lavado de dinero, uso indebido de activos corporativos, complicidad en el uso indebido de activos corporativos, abuso de confianza, complicidad en la malversación de fondos públicos, lavado de activos, complicidad con el lavado de activos, uso indebido de activos societarios, complicidad en uso indebido de activos societarios, abuso de confianza, complicidad en abuso de confianza y ocultación de cada uno de estos delitos.' El 1º de diciembre de 2010 se asignó a dos jueces de instrucción del Tribunal de Segunda Instancia de Paris para que llevaran a cabo la investigación penal. La investigación penal se centró, en particular, en los métodos utilizados para financiar la adquisición de bienes muebles e inmuebles en Francia por varias personas, incluido el Sr. Teodoro Nguema Obiang Mangue, hijo del presidente de Guinea Ecuatorial, y quien en ese momento era ministro de Agricultura y Silvicultura de Guinea Ecuatorial.

La investigación se refería más concretamente a la forma en que el Sr. Teodoro Nguema Obiang Mangue adquirió varios objetos de considerable valor y un edificio situado en la calle número 42 de la avenida Foch de París. El 28 de septiembre de 2011, los investigadores realizaron una inspección inicial in situ en el edificio de la calle número 42 de la avenida Foch de París y confiscaron vehículos de lujo, los cuales pertenecían al Sr. Teodoro Nguema Obiang Mangue y que estaban estacionados en las instalaciones de dicho edificio. Mientras estuvieron allí, el Embajador de Guinea Ecuatorial y un abogado francés representando a Guinea Ecuatorial llegó para protestar por las operaciones en curso invocando la soberanía de Guinea Ecuatorial.

De acuerdo con la CIJ, el 3 de octubre de 2011, los investigadores incautaron vehículos de lujo adicionales pertenecientes al Sr. Teodoro Nguema Obiang Mangue en los estacionamientos vecinos. El 4 de octubre de 2011, la Embajada de Guinea Ecuatorial en Francia envió una Nota Verbal al Ministerio de Asuntos Exteriores y europeos de Francia en la que indicaba que Guinea Ecuatorial había adquirido previamente el edificio situado en la calle número 42 de la avenida Foch de París, el cual estaba siendo utilizado para su misión diplomática. El 5 de octubre de 2011, los investigadores regresaron al edificio número 42 de la avenida Foch en París, donde observaron la presencia de dos letreros marcados como 'República de Guinea Ecuatorial - Sede de la Embajada, que, según los investigadores, habían sido colocados en la puerta principal del edificio el día anterior. Mediante notas verbales de fecha 11 de octubre de 2011, el Ministerio de Asuntos Exteriores de Francia indicó a la Embajada de Guinea Ecuatorial y a los jueces de instrucción que consideraba que el edificio de la calle número 42 de la avenida Foch de París no formaba parte de las premisas de la misión diplomática de Guinea Ecuatorial en Paris, posición que Francia mantuvo a partir de entonces a pesar de las reiteradas protestas de Guinea Ecuatorial.

Mediante una Nota Verbal de fecha 17 de octubre de 2011, la Embajada de Guinea Ecuatorial informó al Ministerio de Asuntos Exteriores de Francia de que la residencia oficial del delegado Permanente [de Guinea Ecuatorial ante la UNESCO eran las instalaciones de la misión diplomática ubicadas en la calle 40-42 Avenue Foch, 75016, París. Mediante una nota verbal a la Embajada de Guinea Ecuatorial de fecha 31 de octubre de 2011, el Ministerio de Asuntos Exteriores francés reiteró que el edificio en la calle número 42 de la avenida Foch en París no formaba parte de las instalaciones de la misión, nunca han sido reconocidos como tales, y en consecuencia [eran] sujetos a la ley ordinaria.'

De conformidad con la CIJ, del 14 al 23 de febrero de 2012, se llevaron a cabo nuevas requisas dentro del edificio en la calle 42 Avenue Foch en París, durante los cuales se incautaron y retiraron artículos adicionales. Estas acciones fueron impugnadas nuevamente por Guinea Ecuatorial, en particular en una Nota Verbal de fecha 14 de febrero de 2012 invocando la protección en virtud de la Convención de Viena para la residencia oficial del delegado Permanente ante la UNESCO. Mediante una nota verbal de fecha 12 de marzo de 2012, Guinea Ecuatorial afirmó que el local de la avenida Foch, 42 de París se utilizó para el desempeño de las funciones de su misión diplomática en Francia. El Ministerio de Asuntos Exteriores francés respondió el 28 de marzo de 2012, refiriéndose a su 'práctica constante' con respecto al reconocimiento de la condición diplomática de 'las instalaciones de la misión' y reiterando que el edificio ubicado en la calle 42 Avenue Foch en París no podía considerarse parte de la misión diplomática de Guinea Ecuatorial.

Dice la CIJ que un juez de instrucción asignado a la causa determinó, entre otras cosas, que el edificio de la calle 42 avenue Foch de París había sido pagado total o parcialmente con cargo al producto o ganancias criminales de los delitos investigados y que su verdadero propietario era el Sr. Teodoro Nguema Obiang Mangue. En consecuencia, el juez de instrucción ordenó el embargo del edificio (*saisie pénale immobilière*) el 19 de julio de 2012. Esta decisión fue confirmada posteriormente por la Sala de Instrucción del Tribunal de Apelación de París, ante la cual el Sr. Teodoro Nguema Obiang Mangue había interpuesto un recurso. Mediante nota verbal de fecha 27 de julio de 2012, la Embajada de Guinea Ecuatorial en Francia informó al Departamento de Protocolo del Ministerio de Asuntos Exteriores de Francia de que 'a partir del viernes 27 de julio de 2012, las oficinas de la Embajada serian el edificio de la calle número 42 de la avenida Foch, París (distrito 16), edificio que en adelante será utilizado para el desempeño de las funciones de su misión diplomática en Francia.'

Como parte de la investigación, la policía interrogó a varias personas. En particular, trataron de interrogar al Sr. Teodoro Nguema Obiang Mangue en dos ocasiones en 2012. El Sr. Teodoro Nguema Obiang Mangue, que se convirtió en Segundo vicepresidente de Guinea Ecuatorial a cargo de la Defensa y la Seguridad de Guinea Ecuatorial el 21 de mayo de 2012, sostuvo que tenía derecho a la inmunidad diplomática frente a la investigación y se negó a comparecer ante los tribunales franceses. El 13 de julio de 2012 se dictó una orden de detención contra el Sr. Teodoro Nguema Obiang Mangue. El impugnó esta medida ante la Sala de Instrucción del Tribunal de Apelación de París, pero dicho órgano jurisdiccional consideró que no tenía derecho a ninguna forma de inmunidad frente a la investigación penal respecto de los actos presuntamente cometidos por él en Francia a título privado. La Sala de Instrucción del Tribunal de Apelación de París señaló además que el investigado se había negado a comparecer o a responder a las citaciones que se le habían enviado.

Al no poder interrogarlo, las autoridades judiciales francesas, mediante requerimiento de 14 de noviembre de 2013, solicitaron a las autoridades judiciales ecuatoguineanas asistencia judicial recíproca en materia penal, en virtud de la Convención de Palermo, pidiéndoles que transmitieran al Sr. Teodoro Nguema Obiang Mangue una citación de primera comparecencia. Las autoridades judiciales de Guinea Ecuatorial aceptaron la solicitud de asistencia judicial recíproca el 4 de marzo de 2014. Luego ejecutaron esa solicitud. El 18 de marzo de 2014 se celebró una audiencia en Malabo, Guinea Ecuatorial, en la que participaron los jueces de instrucción franceses por videoconferencia. Posteriormente, el Sr. Teodoro Nguema Obiang Mangue fue acusado por el poder judicial francés por tener en París y en el territorio nacional de Francia durante 1997 y hasta octubre de 2011 inversiones derivadas del delito y mantenidas ocultas y por la conversión de ingresos criminales derivados de la comisión de delito graves y delitos menores mediante la adquisición en Paris de una serie de bienes muebles e inmuebles y el pago de una serie de servicios, entre otras actividades.

De acuerdo con la CIJ, el 31 de julio de 2014, el Sr. Teodoro Nguema Obiang Mangue solicitó ante La Sala de Instrucción del Tribunal de Apelación de París la anulación de la resolución de acusación, alegando que tenía derecho a la inmunidad diplomática frente a cualquier investigación judicial en su calidad de vicepresidente Segundo de Guinea Ecuatorial encargado de la Defensa y la Seguridad del Estado de Guinea Ecuatorial. Sin embargo, Tribunal de Apelación desestimó su solicitud mediante sentencia de 11 de agosto de 2015. Luego, el Sr. Teodoro Nguema Obiang Mangue presentó un recurso de Casación ante el Tribunal de Casación de Paris alegando de nuevo que él tenía derecho a la inmunidad diplomática frente a cualquier investigación judicial en su calidad de vicepresidente Segundo de Guinea Ecuatorial y encargado de la Defensa y la Seguridad del Estado de Guinea Ecuatorial. El Tribunal de Casación, mediante sentencia de 15 de diciembre de 2015, desestimó el argumento de que tenía derecho a la inmunidad y confirmó el auto de acusación. De esa manera, se declaró concluida la investigación y, el 23 de mayo de 2016, un Fiscal Anti-Delitos Financieros presentó alegaciones definitivas solicitando, en particular, que el Sr. Teodoro Nguema Obiang Mangue fuera juzgado por el delito de lavado de activos.

Es importante anotar que el 13 de junio de 2016, la República de Guinea Ecuatorial llevó el caso Obiang ante la CIJ con sede en la Haya. Como fundamento para activar jurídicamente la competencia y jurisdicción[89]de la CIJ sobre la demanda contra Francia, Guinea Ecuatorial invocó el Protocolo Facultativo de la Convención de Viena sobre Relaciones Diplomáticas relativo al Arreglo Obligatorio de Controversias (la cual entró en vigor el 24 de abril de 1964) y la Convención de las Naciones Unidas contra la Delincuencia Organizada Transnacional (la cual entró en vigor el 29 de septiembre de 2003). De esa manera, Guinea Ecuatorial incoó ante la CIJ un procedimiento en contra de la República de Francia en relación con un litigio relativo a la inmunidad diplomática contra el proceso penal llevado a cabo por los tribunales franceses en contra del Segundo Vicepresidente de la República de Guinea Ecuatorial (Obiang) encargado de la Defensa y la Seguridad de ese país, y el estatus jurídico y diplomático del edificio de la calle número 42 de la avenida Foch de París que supuestamente era sede la Embajada de Guinea Ecuatorial en Francia.

Por otro lado, recuerda la CIJ, que el 5 de septiembre de 2016, los jueces de instrucción del Tribunal de Segunda Instancia de Paris ordenaron la remisión del caso del Sr. Teodoro Nguema Obiang Mangue —quien, por decreto presidencial de 21 de junio de 2016, había sido nombrado Vicepresidente de Guinea Ecuatorial encargado de la Defensa Nacional y la Seguridad del Estado— para su juzgamiento ante el Tribunal Penal de Paris por presuntos delitos relacionados con el lavado de activos los cuales presuntamente fueron cometidos en Francia entre 1997 y octubre de 2011. El 21 de septiembre de 2016, el Fiscal Anti-Delitos Financieros emitió una citación ordenando al Sr. Teodoro Nguema Obiang Mangue que compareciera ante el Tribunal

[89] En los párrafos a continuación se abordará en detalle el tema de competencia y jurisdicción de la CIJ.

Penal de Paris el 24 de octubre de 2016 para una audiencia sobre los asuntos de fondo relacionados con la acusación.

Como se ha indicado anteriormente, el 13 de junio de 2016, Guinea Ecuatorial demandó a Francia ante la CIJ y luego presentó ante la misma CIJ una solicitud de medidas provisionales el 29 de septiembre de 2016. Mediante auto del 7 de diciembre de 2016, la CIJ concedió las medidas provisionales solicitadas por Guinea Ecuatorial. De esa manera, la CIJ ordenó a Francia, mientras se esperaba una decisión definitiva sobre el caso en los tribunales franceses, que adoptara todas las medidas a su alcance para garantizar que el edificio (ubicado en la calle número 42 de la avenida Foch en París) presentado como sede de la misión diplomática de Guinea Ecuatorial en Francia tuviera un trato equivalente al exigido por el artículo 22 de la Convención de Viena sobre Relaciones Diplomáticas, a fin de garantizar su inviolabilidad.

Sin embargo, en relación con la reclamación de Guinea Ecuatorial relativa a la inmunidad del Sr. Teodoro Nguema Obiang Mangue frente al proceso penal llevado en su contra en Francia, es relevante anotar que la CIJ consideró que, *prima facie*, no existía entre Guinea Ecuatorial y Francia una controversia que pudiera estar comprendida en las disposiciones de la Convención de Palermo. De esa manera, es importante anotar también que la CIJ estableció que no tenía competencia y jurisdicción, *prima facie*, en virtud de la Convención de Palermo para conocer de la solicitud de medidas provisionales presentada por Guinea Ecuatorial sobre la inmunidad diplomática de Obiang.

Por otro lado, el 2 de enero de 2017 se celebró una audiencia dentro del juicio penal contra Obiang ante el Tribunal de Paris, en ausencia del Sr. Teodoro Nguema Obiang Mangue, y quien estuvo representado por su abogado. El presidente del Tribunal de Paris señaló, entre otras cosas, que, de conformidad con las medidas provisionales emitidas por la CIJ el 7 de diciembre de 2016, cualquier medida de decomiso que pudiera dirigirse contra el edificio ubicado en la 42 Avenue Foch en París no podía ejecutarse hasta la conclusión del procedimiento judicial internacional ante la CIJ.

Dice la CIJ que el juicio penal de contra Obiang llevado a cabo ante el Tribunal Penal de Paris tuvo lugar desde el 19 de junio al 6 de julio de 2017. El Tribunal Penal de Paris dictó su sentencia el 27 de octubre de 2017, en la que encontró al Sr. Nguema Obiang Mangue culpable de delitos de lavado de dinero cometidos en Francia entre 1997 y octubre de 2011. Obiang fue condenado a una pena de prisión de tres años y a una multa de 30 millones de euros. El Tribunal de Paris también ordenó la confiscación de todos los bienes incautados durante la investigación judicial y del edificio de la calle 42 Avenue Foch en París. Con respecto a la confiscación de tal edificio, el Tribunal Penal de Paris, remitiéndose a la decisión de la CIJ de 7 de diciembre de 2016, por la cual concedió las medidas provisionales presentadas por Guinea Ecuatorial ante la CIJ, dictaminó que "los procedimientos [pendientes ante la Corte Internacional de Justicia] imposibilitan la ejecución de cualquier medida de decomiso por parte del Estado francés, pero no la imposición de esa pena". Tras dictarse la sentencia, el Sr. Teodoro Nguema Obiang Mangue interpuso un recurso contra su condena ante el Tribunal de Apelación de Paris.

II. Bases de jurisdicción invocadas:

Es importante recordar que la competencia de la CIJ se basa en el consentimiento de las partes en litigio y se limita a la medida en que éstas la acepten. Guinea Ecuatorial invoca dos bases para la competencia de la CIJ. La primera de ellas es la Convención de Palermo, que entró en vigor el 29 de septiembre de 2003, y fue ratificada por Francia el 29 de octubre de 2002 y por Guinea Ecuatorial el 7 de febrero de 2003. La segunda de ellas es el Protocolo Facultativo de la Convención de Viena, que entró en vigor el 24 de abril de 1964, y fue ratificado por Francia el 31 de diciembre de 1970 y al cual se adhirió a Guinea Ecuatorial el 4 de noviembre de 2014. Recuerda la CIJ que ambos Estados también son partes en la Convención de Viena, que entró en vigor el 24 de abril de 1964, y que Francia ratificó el 31 de diciembre de 1970 y a la Guinea Ecuatorial se adhirió el 30 de agosto de 1976.

Dice la CIJ que el artículo 35 de la Convención de Palermo dispone en su parte pertinente que los Estados Parte procurarán resolver las controversias relativas a la interpretación o aplicación de la presente Convención mediante negociaciones. Del mismo modo recuerda la CIJ que toda controversia entre dos o más Estados Parte relativa a la interpretación o aplicación de la presente Convención que no pueda resolverse mediante negociación en un plazo razonable se someterá, a petición de uno de esos Estados Parte, a arbitraje. Recuerda la CIJ que sí, seis meses después de la fecha de la solicitud de arbitraje, esos Estados Parte no pueden llegar a un acuerdo sobre la organización del arbitraje, cualquiera de esos Estados Parte podrá remitir la controversia a la CIJ mediante solicitud de conformidad con el Estatuto de la Corte.

Por otro lado, dice la CIJ, que el artículo I del Protocolo Facultativo de la Convención de Viena dispone lo siguiente:

> "Las controversias que surjan de la interpretación o aplicación de la Convención serán de la jurisdicción obligatoria de la Corte Internacional de Justicia y, en consecuencia, podrán ser sometidas a la Corte mediante una solicitud presentada por cualquiera de las partes en la controversia que sea Parte en el presente Protocolo".[90]

La CIJ recuerda uno de sus fallos,[91]el cual establece que, para poder determinar si una disputa es una controversia relativa a la interpretación o aplicación de un tratado determinado, "no puede limitarse a señalar que una de las Partes sostiene que tal controversia existe y la otra la niega. Debe determinar si las violaciones [alegadas] estén o no comprendidas en las disposiciones del Tratado y si, en consecuencia, el litigio activa jurídicamente la competencia de la CIJ, *ratione materiae,* para conocer y dirimir la controversia".[92]De esa manera, dice la CIJ, que es necesario que la CIJ determine el objeto del litigio.

III. Objeto de la controversia:

Recuerda la CIJ que el párrafo 1 del artículo 40 del Estatuto de la CIJ y el párrafo 1 del artículo 38 del Reglamento de la CIJ exigen que el demandante indique el objeto de la controversia en la demanda. Además, el Reglamento de la CIJ exige que la demanda especifique la naturaleza precisa de la reclamación, junto con una exposición su-

---

90 Artículo I del Protocolo Facultativo de la Convención de Viena

91 Plataformas petrolíferas (República Islámica de Irán v los Estados Unidos de América), objeción preliminar, sentencia, CIJ. Reporte 1996 (II), pág. 810, párrafo 16.

92 Ibid.

cinta de los hechos y motivos en que se basa la reclamación[93]y que el memorial incluya una declaración de los hechos pertinentes.[94]Le corresponde a la propia CIJ determinar el objeto del litigio entre las partes. Al hacerlo, la CIJ examina la demanda, así como los escritos e intervenciones de las partes, prestando especial atención a la formulación del litigio elegida por la parte demandante.[95]

La CIJ recuerda que, Guinea Ecuatorial, en su demanda,[96]alegó que las actuaciones penales contra Obiang por parte de Francia violaron la Convención de Viena sobre Relaciones Diplomáticas, la Convención de Palermo[97] y el derecho internacional. Guinea Ecuatorial además alegó acerca de la inmunidad diplomática debida a Obiang frente a tales investigaciones por su cargo como Segundo vicepresidente de la República de Guinea Ecuatorial, el cual estaba a cargo de la Defensa y la Seguridad de ese país, así como el estatus legal y diplomático del edificio que albergaba a la Embajada de Guinea Ecuatorial en Francia. La CIJ recuerda, que el objeto de la controversia fue así establecido de acuerdo por lo expuesto por Guinea Ecuatorial en su demanda contra Francia.

IV. Pretensiones de Guinea Ecuatorial:

Para empezar, Guinea Ecuatorial incoó las siguientes pretensiones relacionadas con la supuesta violación por parte de Francia de la Convención de Palermo:

En primer lugar, a la presunta violación por parte de Francia de la inmunidad diplomática del Sr. Teodoro Nguema Obiang Mangue, que al momento del litigo ante la CIJ era el segundo vicepresidente de

---

93 Párrafo 2 del artículo 38 del Reglamento de la CIJ.

94 Párrafo 1 del artículo 49 del Reglamento de la CIJ.

95 Véase Obligación de negociar el acceso al Océano Pacífico (Bolivia c. Chile), Objeción preliminar, sentencia, I.C.J. Reports 2015 (II), pág. 602, párrafo 26; Controversia Territorial y Marítima (Nicaragua c. Colombia), Objeciones Preliminares, Sentencia, I.C.J. Reports 2007 (II), pág. 848, párrafo 38

96 Las pretensiones elevadas por Guinea Ecuatorial ante la CIJ se abordarán en detalle en los párrafos siguientes. Recordemos que la demanda contra Francia fue presentada por Guinea Ecuatorial el 13 de junio de 2016.

97 Conocida también como la Convención de las Naciones Unidas contra la Delincuencia Organizada Transnacional.

la República de Guinea Ecuatorial a cargo de la Defensa Nacional y la Seguridad de ese país. En segundo lugar, las pretensiones incluyeron la supuesta extensión excesiva de la jurisdicción penal por parte de Francia sobre los delitos subyacentes (malversación de fondos públicos y corrupción) asociados con el delito de lavado de activos. En tercer lugar, Guinea Ecuatorial sostuvo que, aunque Obiang era el Ministro de Agricultura y Silvicultura de ese país cuando se inició por primera vez un proceso penal contra Obiang ante los tribunales franceses, Obiang ocupó nuevos cargos y nuevas responsabilidades por sus nombramientos como Segundo Vicepresidente de Guinea Ecuatorial a cargo de la Defensa y la Seguridad del Estado el 21 de mayo de 2012 y como Vicepresidente de Guinea Ecuatorial encargado de la Defensa Nacional y la Seguridad del Estado el 21 de junio de 2016. Según Guinea Ecuatorial, la naturaleza de los nuevos cargos que Obiang ocupó exigía que Francia tenía que respetar su inmunidad diplomática personal de conformidad con el derecho internacional consuetudinario, en particular porque se le pidió que viajara al extranjero en nombre de Guinea Ecuatorial para desempeñar eficazmente esas funciones.

De esa manera, recuerda la CIJ, que Guinea Ecuatorial alegó que el desarrollo de un proceso penal contra Obiang en Francia constituyó una violación de la inmunidad personal (*ratione personae*) a la que Obiang tenía derecho en virtud del derecho internacional y que tales procesos penales interfirieron en el ejercicio de sus funciones oficiales como titular de un cargo de alto rango en el gobierno de Guinea Ecuatorial. Recuerda también la CIJ que Guinea Ecuatorial sostuvo que el comportamiento de Francia a este respecto representó una violación de los principios de igualdad soberana e integridad territorial de los Estados y de no intervención en los asuntos internos de otros Estados, a los que se refiere el artículo 4 de la Convención de Palermo,[98]al permitir que sus autoridades jurisdiccionales hayan

---

98 La interpretación de este artículo fue clave para la CIJ al promulgar su fallo en el caso Obiang, el cual abordaremos en los párrafos siguientes. Se lee en el artículo 4 de la Convención de Palermo (Convención de las Naciones Unidas contra la Delincuencia Organizada Transnacional) que "los Estados Partes cumplirán sus obligaciones con arreglo a la presente Convención en consonancia con los principios de igualdad soberana e integridad territorial de los Estados, así como de no intervención en los asuntos internos de otros Estados…Nada de lo dispuesto en

instaurado acciones penales contra su Segundo Vicepresidente por presuntos delitos que, incluso si se hubiesen establecido, quod non, hubiesen caído únicamente dentro de la jurisdicción de las autoridades judiciales de Guinea Ecuatorial.

La CIJ recuerda que Guinea Ecuatorial consideró que los delitos subyacentes en cuestión (malversación de fondos públicos y corrupción) son, por su naturaleza, delitos cuya única víctima sería el Estado de Guinea Ecuatorial, y que, en consecuencia, sólo el Estado de Guinea Ecuatorial, y no Francia, es competente para conocerlos y estar en condiciones de determinar si se han cometido. Guinea Ecuatorial afirmó además que su poder judicial investigó los presuntos delitos subyacentes (malversación de fondos y corrupción) y determinó que no se habían cometido tales delitos en el territorio de Guinea Ecuatorial.

Según Guinea Ecuatorial, recuerda la CIJ, el artículo 4 de la Convención de Palermo exige que toda tipificación de tales delitos subyacentes, los cuales son regulados por la Convención de Palermo, se lleve a cabo de manera compatible con los principios de igualdad soberana y de no intervención en los asuntos internos de otro Estado. En consecuencia, sostuvo Guinea Ecuatorial, que la determinación unilateral de Francia de que los presuntos delitos subyacentes (malversación de fondos públicos y corrupción) al lavado de activos, los cuales presuntamente se cometieron en Guinea Ecuatorial, equivale a una violación de los principios de igualdad soberana y no intervención en los asuntos internos de otro Estado reflejados en el artículo 4 de la Convención de Palermo.

En cuanto a la condición de la titularidad de la propiedad del edificio de la calle 42 Avenue Foch, en París, recuerda la CIJ que Guinea Ecuatorial alegó que el Sr. Teodoro Nguema Obiang Mangue era anteriormente propietario de ese edificio a título privado, habiendo sido desde el 18 de diciembre de 2004 el único accionista de las cinco empresas suizas propietarias del edificio. Es relevante señalar que el hecho que Obiang era el único accionista de las cinco empresas suizas propietarias del edificio de la calle 42 Avenue Foch de París represen-

---

la presente Convención facultará a un Estado Parte para ejercer, en el territorio de otro Estado, jurisdicción o funciones que el derecho interno de ese Estado reserve exclusivamente a sus autoridades".

taba en si una señal de alerta de una posible operación de lavado de activos ya que Suiza es conocido por sus leyes de secreto bancario[99]y ha sido considerado un paraíso fiscal por varios gobiernos pertenecientes a la comunidad internacional[100]y considerado por muchos como un centro bancario internacional receptor de dinero derivado de la corrupción de los países pobres del planeta.[101]Sin embargo, según Guinea Ecuatorial, el edificio pasó a ser propiedad del Estado el 15 de septiembre de 2011, cuando el Sr. Teodoro Nguema Obiang Mangue transfirió todos sus derechos de accionista al Estado de Guinea Ecuatorial.

Además, Guinea Ecuatorial señaló que la transferencia del edificio al Estado de Guinea Ecuatorial fue debidamente registrada ante las autoridades francesas competentes el 17 de octubre de 2011. Guinea Ecuatorial alegó que Francia, al no reconocer el edificio de la calle 42 Avenue Foch de París como propiedad perteneciente al Estado de Guinea Ecuatorial con efectos a partir del 15 de septiembre de 2011, y al no garantizar que ninguna medida coercitiva, como el embargo o la ejecución contra ese edificio, fuera adoptada por autoridades francesas violó las normas internacionales consuetudinarias que rigen las inmunidades de los Estados, sus funcionarios (como Obiang), y los principios a que se refiere el artículo 4 de la Convención de Palermo.

V. Objeciones por parte de Francia a las pretensiones de Guinea Ecuatorial

El 31 de marzo de 2017, Francia presentó objeciones preliminares contra la competencia y jurisdicción de la CIJ para conocer y dirimir el caso Obiang, y contra la admisibilidad de la demanda presentada por Guinea Ecuatorial. De esa manera y mientras la CIJ estudiaba las

---

99 Bajo el secreto bancario, los clientes de los paraísos fiscales y sus transacciones bancarias permanecen anónimas.

100 En el 2021, el presidente de Estados Unidos, Joe Biden, señaló a Suiza como paraíso fiscal en su discurso anual sobre el Estado de la Unión ante el Congreso de los Estados Unidos.

101 De acuerdo a Swissinfo.ch, funcionarios venezolanos han sido sobornados recibiendo pagos desde cuentas bancarias localizadas en Suiza, entre ellos el exministro de Finanzas, Alejandro Andrade, condenado penalmente a cárcel en Estados Unidos tras haber confesado que recibió acerca de 1000 millones de dólares en sobornos.

objeciones preliminares que presentó Francia contra la competencia y jurisdicción de la CIJ para dirimir el caso Obiang, se suspendió el procedimiento para decidir sobre el asunto de fondo del litigio.

La primera objeción preliminar de Francia consistió en argumentar que la CIJ carecía de jurisdicción en virtud de la Convención de Palermo debido a la controversia entre ella y Guinea Ecuatorial, tal como se presentó a la CIJ, no consistió sobre la interpretación o aplicación de dicha convención (en los párrafos siguientes se abordará en detalle los argumentos de Francia basados en su interpretación de la Convención de Palermo). De esa manera, Francia se opuso a la competencia de la CIJ para conocer de las pretensiones y reclamaciones de la demanda de Guinea Ecuatorial en virtud de la Convención de Palermo. En segundo lugar, Francia se opuso a la competencia de la CIJ para conocer sobre la demanda de Guinea Ecuatorial en virtud del Protocolo Facultativo de la Convención de Viena.[102]

De esa manera, la estrategia de Francia consistió en que las alegaciones de Guinea Ecuatorial hablaban de una supuesta violación de principios muy amplios del derecho internacional y que Guinea Ecuatorial intentó vincular artificialmente a las dos Convenciones y que invocó como bases para que la CIJ tomara competencia y jurisdicción sobre la demanda ante la CIJ de Guinea Ecuatorial. Recuerda la CIJ que Francia se opuso además a la competencia y jurisdicción de la CIJ argumentando que las alegaciones de Guinea Ecuatorial tanto en su

102 Francia se opuso a la competencia y jurisdicción de la Corte en virtud del Protocolo Facultativo de la Convención de Viena para examinar la reclamación de Guinea Ecuatorial relativa a la condición diplomática y jurídica del edificio de la calle 42 Avenue Foch en París como sede de su misión diplomática en Francia, sobre la base de que las autoridades francesas nunca reconocieron tal como la sede de la misión diplomática de Guinea Ecuatorial en Francia. Para efectos de los propósitos de este libro, el componente relevante del caso Obiang litigado ante la CIJ que aporta claridad jurídica en la lucha global contra el crimen financiero transnacional no es el problema jurídico relacionado con el estatus diplomático del Edificio de la calle 42 Avenue Foch de París, sino sobre la posibilidad de iniciar procesos penales de tipo transnacional frente a aquellos que cometan delitos transnacionales (como la corrupción y el lavado de activos) tal como sucedió con el proceso penal contra Obiang llevado a cabo por las autoridades judiciales de Francia, que de alguna manera refleja los principios de la Convención de Palermo en la lucha contra la delincuencia organizada transnacional.

demanda como en su memorial fueron mucho más allá del objeto de la controversia.

Dice la CIJ que Francia sostuvo que el litigio iniciado por Guinea Ecuatorial no se refería a la forma en que Francia cumplió sus obligaciones en virtud de la Convención de Palermo, sino que más bien se refería a un problema jurídico distinto, a saber, si el Vicepresidente de Guinea Ecuatorial gozaba de inmunidad diplomática (*ratione personae*) en virtud del derecho internacional consuetudinario y, en caso afirmativo, si Francia ha violado dicha inmunidad incoando un procedimiento penal contra él.

Además, recuerda la CIJ, que, según Francia, la competencia y jurisdicción de la CIJ debe apreciarse dentro de los límites estrictos del objeto del litigio así descritos en la demanda y memorial de Guinea Ecuatorial y delimitados por las convenciones sobre las cuales Guinea Ecuatorial buscó establecer dicha competencia y jurisdicción de la CIJ. Recuerda la CIJ que Francia se opuso además a la competencia y jurisdicción de la CIJ y a la admisibilidad de la demanda alegando que las alegaciones de Guinea Ecuatorial constituyeron un abuso del proceso y un abuso del derecho.

- **Argumentos de Francia en contra de aquellas pretensiones de Guinea Ecuatorial basadas en la convención de Palermo:**

  Recuerda la CIJ en su fallo que los abogados que representaron a Francia plantearon varios argumentos en contra de las pretensiones que Guinea Ecuatorial incluyó en su demanda contra Francia y las cuales fueron basadas en virtud de la Convención de Palermo.

  En primer lugar, Francia afirmó que el propósito de la Convención de Palermo es promover la cooperación para prevenir y combatir la delincuencia organizada transnacional de manera más eficaz. En particular, recuerda la CIJ, que Francia sostuvo que la Convención de Palermo no tiene en modo alguno por objeto organizar de manera general las relaciones jurídicas entre los Estados a la luz de los principios mencionados en su artículo 4 y, en particular, no tiene por objeto crear un sistema de inmunidades ni establecer el estatuto de los bienes pertenecientes a los Estados Parte.

Recuerda la CIJ que Francia sostuvo además que Guinea Ecuatorial al argumentar que el artículo 4 de la Convención de Palermo contenía una obligación independiente de respetar el derecho internacional consuetudinario en general, dicho país confundió indebidamente las obligaciones contraídas en virtud de la Convención de Palermo con la forma en que deben cumplirse, intentando así atribuir a la Convención de Palermo un objeto que no tiene y ampliando artificialmente el alcance del consentimiento otorgado en virtud del artículo 35, párrafo 2, de la misma.

Es importante recordar que el artículo 35 (solución de controversias) párrafo 2 establece la competencia y jurisdicción de la CIJ para la solución de controversias derivadas de la aplicación e interpretación de la Convención de Palermo. Dicho párrafo 2 en su parte más relevante al caso Obiang dice:

> *Si, seis meses después de la fecha de la solicitud de arbitraje, esos Estados Parte no han podido ponerse de acuerdo sobre la organización del arbitraje, cualquiera de esos Estados Parte podrá remitir la controversia a la Corte Internacional de Justicia mediante solicitud conforme al Estatuto de la Corte.*

Recuerda la CIJ que Francia agregó que dado que el demandante (Guinea Ecuatorial) no acusó a Francia de no tipificar como delitos los delitos relacionados con el crimen organizado transnacional (mencionados en la Convención de Palermo) en su legislación interna, ni de no establecer la jurisdicción interna sobre esos delitos, ni de no cooperar judicialmente sobre investigaciones relacionadas con tales delitos, el litigio ante la CIJ no es acerca de la interpretación o aplicación de una obligación a la luz de la Convención de Palermo.

En segundo lugar, recuerda la CIJ, que Francia afirmó que, si bien las obligaciones derivadas de la Convención de Palermo exigen que las leyes nacionales de cada Estado Parte se ajusten a la Convención de Palermo, la aplicación de tal legislación nacional sobre las investigaciones penales que los Estados parte de la Convención de Palermo pueden iniciar sigue estando bajo la soberanía de los Estados Parte de dicha Convención. De la misma manera, recuerda la CIJ, que Francia argumentó de que el hecho de que el proceso penal contra el Sr. Teodoro Nguema Obiang Mangue por el delito de lavado de activos se haya iniciado sobre la base del derecho interno francés no sitúa esos procedimientos en el ámbito de las obligaciones bajo la Convención de Palermo. Francia, sostuvo en particular, que Guinea Ecuatorial no demostró cómo Francia había incumplido sus obligaciones a luz de diversos artículos[103]de la Convención de Palermo citados por Guinea Ecuatorial. En consecuencia, dice la CIJ, que Francia argumentó que las alegaciones de Guinea Ecuatorial no se refieren en modo alguno a la aplicación o interpretación de ninguna de las disposiciones de esa Convención.

En tercer lugar, en respuesta a la afirmación de Guinea Ecuatorial de que Francia ha ido unilateralmente más allá de los límites de su jurisdicción penal al considerar y caracterizar los delitos subyacentes (malversación de fondos y corrupción) asociados con el lavado de activos, Francia afirmó que ha cumplido con su obligación en virtud del artículo 6 de la Convención de Palermo de tipificar como delito el lavado del producto del crimen organizado y de prever sanciones penales para el delito de lavado de activos en el plano nacional francés. Ante la alegación de que Francia había extendido excesivamente su jurisdicción para abarcar los delitos que son de la jurisdicción exclusiva de Guinea Ecuatorial, Francia sostuvo que la Convención no reconoce ninguna exclusividad de jurisdicción de Guinea Ecuatorial.

Dice la CIJ que Francia afirmó también que el artículo 15 de la Convención de Palermo obliga a un Estado Parte a adoptar las medidas que sean necesarias para establecer su jurisdicción sobre los delitos tipificados de conformidad con la Convención de Palermo y sostuvo que de hecho ha cumplido esta obligación (establecida en la Convención de Palermo) en su legislación interna. Francia dijo además que el artículo 15 de la Convención de Palermo se refiere a las medidas que sean necesarias para que un Estado Parte de la Convención pueda establecer su jurisdicción respecto de los delitos tipificados con arreglo a los artículos 5, 6, 8 y 23 de tal Convención y no a las inmunidades diplomáticas de altos funcionarios de gobierno.

---

103 Artículos 3, 4, 6, 11, 12, 14, 15 y 18 de la Convención de Palermo

VI. Consideraciones de la CIJ para emitir su fallo sobre las objeciones preliminares en inmunidades y procesos penales (Guinea Ecuatorial v Francia)

Tras haber celebrado audiencias públicas en febrero de 2018, el 6 de junio de 2018 la CIJ dictó sentencia sobre las excepciones preliminares formuladas por Francia. En su sentencia, la CIJ confirmó la primera objeción preliminar planteada por Francia, según la cual la CIJ carecía de jurisdicción sobre la base del artículo 35 de la Convención de las Naciones Unidas contra la Delincuencia Organizada Transnacional. Francia de esa manera ganaba su primer round contra Guinea Ecuatorial ante la CIJ.

Para llegar a esa determinación, la CIJ acudió de nuevo a su práctica jurisprudencial y por medio de la cual estableció que las disposiciones de la Convención de Palermo deberían interpretarse de buena fe de conformidad con el sentido común y ordinario que debe darse a sus términos en su contexto y a la luz del objeto y fin de la Convención. Para confirmar el significado resultante de ese proceso, o para eliminar la ambigüedad u oscuridad de sus disposiciones normativas, o para evitar un resultado manifiestamente absurdo o irrazonable, la CIJ podría recurrir a los medios complementarios de interpretación que incluyen: Los trabajos preparatorios o *travaux préparatoires*[104]de la Convención y las circunstancias de sus conclusiones.[105]

---

104 Dice la CIJ en su fallo que esta interpretación es confirmada por los *travaux préparatoires* de la Convención de Palermo. El Comité Especial sobre la elaboración de la Convención de Palermo se reunió en el transcurso de trece períodos de sesiones entre enero de 1999 y febrero de 2004 en la elaboración de la Convención y sus Protocolos. El expediente muestra que, durante este proceso, no se hizo referencia a las inmunidades de los Estados y de los funcionarios del Estado en relación con la redacción del artículo 4 de la Convención.

105 Dice la CIJ en su fallo que en las actas de las sesiones preparatorias del Comité Especial (Comité *Ad Hoc*) indican que el problema jurídico sobre de la inmunidad de los Estados y de sus funcionarios se planteó dos veces con respecto a otras disposiciones. En primer lugar, una propuesta de incluir un artículo acerca de las medidas contra actos de corrupción cometidos, entre otras cosas, por funcionarios públicos extranjeros dio lugar a que algunas delegaciones expresaran su preocupación por las inmunidades diplomáticas reconocidas por el derecho internacional a algunos de esos funcionarios. La propuesta sobre tales inmuni-

- **Decisión de la CIJ sobre la supuesta violación por Francia de las normas sobre inmunidades diplomáticas de Obiang:**

  La CIJ argumentó que las normas de inmunidad del Estado y de sus funcionarios derivan del principio de igualdad soberana entre los Estados. El artículo 4 de la convención de Palermo, dice la CIJ, no hace referencia a las normas internacionales consuetudinarias, incluida la inmunidad del Estado, que derivan de la igualdad soberana entre los Estados. En su sentido común y ordinario, el numeral 1 del artículo 4 no impone, a través de su referencia a la igualdad soberana, obligación de los Estados Parte de actuar en una manera compatible con las numerosas normas del derecho internacional que protegen la soberanía en general. Además, ninguna de las disposiciones de la Convención de Palermo se refiere expresamente a las inmunidades de los Estados y de sus altos funcionarios. El numeral 1 del artículo 4 de la Convención de Palermo, señala la CIJ, debe interpretarse también a la luz del objeto y fin de la Convención de Palermo. Ese objeto y fin, enunciado en el artículo 1 de la Convención de Palermo, es la promoción de la cooperación para prevenir y combatir más eficazmente la delincuencia organizada transnacional.

  Entonces, la CIJ sostuvo que el artículo 4 de la Convención de Palermo no incorpora las normas internacionales consuetudinarias relativas a las inmunidades de los Estados y de sus funcionarios. Por lo tanto, el aspecto de la controversia entre las partes relativo a la supuesta inmunidad del vicepresidente de Guinea Ecuatorial no se refiere a la interpretación o aplicación de la Convención de Palermo. Por consiguiente, la CIJ sostuvo que carecía de competencia en relación con este aspecto del litigio.

---

dades diplomáticas no se mantuvo en el texto definitivo de la Convención de Palermo.

- **Decisión de la CIJ acerca de la supuesta ampliación y aplicación extraterritorial excesiva de la jurisdicción penal francesa sobre Obiang:**

  La CIJ abordó el problema jurídico de la supuesta extensión excesiva de la jurisdicción penal por parte de Francia sobre Obiang en relación con los delitos subyacentes (que para el caso Obiang son delitos relacionados con la malversación de fondos públicos y actos de corrupción) al lavado de activos. Es relevante anotar que a CIJ observó que el literal h del artículo 2 de la Convención de Palermo definió el delito subyacente al delito de lavado de activos como todo delito que pueda generar ganancias criminales las cuales son sometidas a un proceso criminal de lavado de activos según lo define en artículo 6 de la Convención de Palermo.

  Entonces razona la CIJ que el numeral 2 del artículo 6 impone una obligación a Los Estados signatarios de la Convención de Palermo tipificar en sus códigos penales el delito de lavado de activos (tal como lo tipifica el párrafo 1 del artículo 6 de la Convención de Palermo) en relación con la más amplia gama de delitos subyacentes (como malversación de fondos o corrupción) al lavado de activos, incluidos aquellos delitos subyacentes cometidos fuera de la jurisdicción del Estado signatario de la Convención de Palermo. La obligación está limitada por la literal c) del numeral segundo del artículo 6 de la Convención de Palermo. En virtud de dicha disposición, dice la CIJ, los delitos subyacentes al lavado de activos (como malversación de fondos y corrupción) cometidos fuera de la jurisdicción de un Estado signatario de la Convención sólo podrán ser considerados delitos subyacentes siempre y cuando se refieran a conductas que constituyan un delito penal con arreglo al derecho interno del Estado donde se produce la conducta. Este comportamiento también debe constituir un delito tipificado en el derecho interno del Estado signatario de la Convención que adopte las medidas con arreglo a su artículo 6, si la conducta se hubiera producido allí.

  La CIJ además observó que el literal c del numeral 2 del artículo 6 de la Convención de Palermo no se refiere al problema jurídico sobre si algún individuo en particular ha cometido un delito subyacente en el extranjero, pero con el problema jurídico previo de que si la presunta conducta criminal ocurrida en el extranjero constituye una conducta penal con arreglo al derecho interno del Estado en la cual ocurrió.

La CIJ además observó que el literal c del párrafo 2 del artículo 6 de la Convención de Palermo no prevé la exclusividad del ejercicio de la jurisdicción penal del Estado en cuyo territorio se cometió tal delito. Corresponde a cada Estado signatario, dice la CIJ en su fallo, adoptar medidas para tipificar como delito los delitos tipificados en la Convención (incluyendo el lavado de activos), de conformidad con el artículo 6, incluida la gama más amplia de delitos subyacentes dentro y fuera de la jurisdicción de ese Estado signatario. Observó además la CIJ que le corresponde también a cada Estado signatario de la Convención de Palermo adoptar las medidas que sean necesarias para establecer su jurisdicción sobre los delitos tipificados en la Convención de conformidad con el artículo 15 de la misma. Ello se ajusta al principio enunciado en el numeral 6 del artículo 15 de la Convención de Palermo, que dispone que, sin perjuicios de las normas del derecho internacional general, la Convención no excluye que un Estado signatario de la misma puede ejercer su jurisdicción penal de conformidad con su derecho interno.

Por estas razones expuestas anteriormente, la CIJ consideró que las presuntas violaciones denunciadas por Guinea Ecuatorial no pueden entrar en el ámbito de aplicación de las disposiciones de la Convención de Palermo, en particular los artículos 6 y 15. La CIJ, en su fallo, determinó que carecía de competencia para conocer sobre este aspecto del litigio relativo a la supuesta extensión excesiva de la jurisdicción penal por parte de Francia sobre Obiang.

- **Aporte del caso Obiang (litigado ante la CIJ) a la lucha global contra el crimen financiero transnacional en general y contra la corrupción en particular:**

A la luz del artículo 59 del Estatuto de la CIJ, las decisiones judiciales de la misma solo obligan a las partes que hicieron parte del litigio en La Haya. Lo anterior se conoce como el efecto relativo de las sentencias de la CIJ. De esa manera, las decisiones de la CIJ, incluyendo el fallo de la CIJ sobre el caso Obiang, no gozan de la fuerza vinculante del precedente judicial o *Stare Decisis,* tan propio del derecho anglosajón, bajo el cual tal precedente forma una fuente formal de derecho que arropada bajo la doctrina judicial crea una solución y unos principios jurídicos vinculantes, al cual deben ajustarse otros órganos judiciales de un determinado país perteneciente al sistema anglosajón. Sin embargo, el fallo de la CIJ sobre el caso Obiang, analizado anteriormente, da luz, siempre y cuando se cumplan las condiciones delineadas por la CIJ, sobre la posibilidad de que en el futuro los procesos penales contra la corrupción, malversación de fondos y lavado de activos sean transnacionales o universales. La práctica estatal de tipo judicial por parte de Francia y otras naciones como Estados Unidos pueden indicar que lo anterior sea una posibilidad.

2.1.15. El derecho internacional consuetudinario y la lucha contra la corrupción

¿Hay indicios de que surja una norma de derecho internacional consuetudinario que establezca la jurisdicción universal sobre los delitos transnacionales, como la corrupción? El siguiente artículo proporciona al lector una indicación de que habría, en el horizonte, una costumbre emergente de jurisdicción universal sobre la corrupción.

Juan Carlos Portilla ¿hay una norma emergente del derecho internacional consuetudinario que establezca la jurisdicción universal sobre los delitos transnacionales sobre la corrupción?

Foro Fletcher de asuntos mundiales, edición en línea. (2020).

"Ahorcamos a los pequeños ladrones y nombramos a los grandes para cargos públicos," decía Esopo. Estas palabras describen el lujoso estilo de vida del vicepresidente de Guinea Ecuatorial, Teodorín Obiang. En 2017, el Banco Mundial estimó que el 76,8 por ciento de la población de Guinea Ecuatorial vivía en la pobreza, mientras que, en el mismo año, un tribunal francés condenó a Obiang por malversar 174 millones de dólares del dinero público de ese país. Guinea Ecuatorial solicitó a la Corte Internacional de Justicia (CIJ) que concediera una solicitud provisional para detener el caso francés contra Obiang por motivos de inmunidad diplomática. La CIJ decidió que carecía de jurisdicción para evitar que Francia procesara penalmente a Obiang. Además de las investigaciones francesas contra políticos africanos, un fiscal federal de los Estados Unidos acusó penalmente ante una corte federal de los Estados Unidos al presidente venezolano Nicolás Maduro de lavado de activos y corrupción, entre otros cargos, en marzo de 2020. El lavado de activos y la corrupción son delitos que actualmente se cometen más allá de las fronteras (delitos transnacionales), y ahora, la investigación y el respectivo proceso penal contra los lavadores de activos y los políticos corruptos también podrían estar convirtiéndose en transnacional. Estas actuaciones jurisdiccionales es un desarrollo importante para el derecho internacional porque el caso Obiang y la acusación penal de Maduro ante el poder judicial de los Estados Unidos podrían ser una indicación de una norma emergente del derecho internacional consuetudinario que podría llegar a establecer la jurisdicción universal sobre delitos transnacionales, como el lavado de activos y la corrupción.

Para entender si la CIJ ha habilitado a los Estados de la comunidad internacional para ejercer jurisdicción extraterritorial sobre los lavadores de activos y la corrupción, es importante abordar los argumentos discutidos en *Guinea Ecuatorial v. Francia* y la falta de precedentes judiciales en las decisiones de la CIJ. Guinea Ecuatorial y Francia firmaron y ratificaron la Convención de las Naciones Unidas contra la Delincuencia Organizada Transnacional de 2000, también conocida como la Convención de Palermo. La aprobación de la Convención de Palermo representó una medida crítica e importante en la guerra contra la delincuencia organizada, incluido el lavado de activos y la corrupción. Esto es crucial porque los políticos corruptos siempre han necesitado lavar sus ganancias criminales provenientes de la corrupción, el cual es un delito subyacente al lavado de activos de conformidad con la Convención de Palermo. Ambos países también aceptaron la jurisdicción de la CIJ en caso de disputas judiciales relacionadas con la Convención. En 2016, Guinea Ecuatorial llevó su disputa judicial a La Haya, acusando a Francia de violar los principios de igualdad soberana y no injerencia en los asuntos internos de otro Estado al procesar penalmente a Obiang por corrupción y lavado de activos. En *Guinea Ecuatorial v Francia,* sin embargo, la CIJ razonó que los Estados parte de la Convención de Palermo están obligados principalmente a introducir las disposiciones de la Convención en su legislación interna. Como ambos países firmaron y ratificaron la Convención de Palermo, la CIJ concluyó que los delitos de la Convención, incluida la corrupción y el lavado de activos, podrían ser delitos penales tanto en Guinea Ecuatorial como en Francia de conformidad con sus legislaciones nacionales.

Obiang malversó fondos públicos en Guinea Ecuatorial y lavó las ganancias criminales en Francia. Según el razonamiento de la CIJ, la Convención de Palermo no otorga a Guinea Ecuatorial la jurisdicción exclusiva para procesar penalmente a Obiang por corrupción y no excluye a Francia de ejercer su jurisdicción sobre él por lavado de activos. Dado que Francia y Guinea Ecuatorial adoptaron legislación para tipificar como delito el lavado de activos, de ello se deduce que el principio de jurisdicción extraterritorial podría operar contra los delitos establecidos en la Convención de Palermo.

Veamos el razonamiento de la CIJ con el siguiente ejemplo: el Estado A y el Estado B son signatarios de la Convención de Palermo. La ratificaron de conformidad con sus constituciones y aprobaron leyes sobre los delitos tipificados en la Convención. Un ciudadano del Estado A cometió el delito de corrupción en el territorio del Estado A. Luego lavó el producto de su corrupción en el Estado B. De ello se deduce que, en este supuesto, el Estado B podría investigar penalmente al ciudadano del Estado A en su territorio por los delitos de corrupción y lavado de activos.

Según el Estatuto de la CIJ, las decisiones de la CIJ no tienen fuerza vinculante sino para las partes involucradas en la disputa. En otras palabras, las opiniones de la CIJ en *Guinea v Francia* no gozan del precedente judicial. Sin embargo, en este caso, la CIJ hizo una interpretación persuasiva de la Convención de Palermo y del principio de jurisdicción extraterritorial sobre el lavado de activos y la corrupción.

Es incierto si la CIJ ha permitido a los Estados de la comunidad internacional ejercer su jurisdicción extraterritorial sobre el lavado de activos y la corrupción. Sin embargo, hay esperanza. En virtud del Estatuto de la CIJ, el derecho internacional consuetudinario surge de la práctica de los Estados aceptada como ley. La condena de Obiang por parte de la jurisdicción penal francesa y las acusaciones penales hechas por los fiscales federales de los Estados Unidos contra Maduro son comportamientos oficiales de los Estados que reflejan una práctica estatal en el campo de los procesos penales de tipo transnacionales por delitos transnacionales. Por lo tanto, el caso Obiang y la acusación penal de Maduro antes el poder judicial de los Estados Unidos da la impresión de que los Estados están navegando hacia la dirección desde donde sopla el derecho internacional".

- **Prácticas corruptas en el extranjero:**

  Existe práctica por parte de los Estados de la comunidad internacional en materia de proveer a sus autoridades competentes el marco legal para investigar y sancionar administrativa y penalmente las prácticas corruptas en el extranjero a través de la promulgación de leyes, decretos, resoluciones y circulares jurídicas. Por ejemplo, Estados Unidos en 1977 promulgo la Ley de Prácticas Corruptas en el Extranjero (*Foreign Corrupt Practices Act*, FCPA, por sus siglas en inglés), bajo la cual fue procesado penalmente Odebrecht en los Estados Unidos. Colombia, a raíz de su ingreso a la OCDE, se vio obligado a expedir por primera vez en su historia el marco legal para investigar administrativa y penalmente prácticas corruptas de nacionales en el extranjero.

  De esa manera, se produjo la expedición de la Ley 1778 de 2016, por la cual se ha previsto la implementación de programas de transparencia y ética empresarial por parte de las personas jurídicas colombianas como mecanismos internos idóneos para sancionar las prácticas corruptas de nacionales en el extranjero. A nivel reglamentario, la Superintendencia de Sociedades expidió la Resolución No. 100-006261, por medio de la cual modificó los criterios para determinar las sociedades que deben adoptar Programas de Transparencia y Ética Empresarial de conformidad con la Ley 1778 de 2016, derogando así las Resoluciones No. 100-002657 de 25 de julio de 2016 y 200-000558 del 19 de julio de 2018.

- **Indicadores de actividad sospechosa de corrupción:**

  Ahora y basándonos en los casos BECA[106] del Grupo Egmont,[107] centrémonos en los indicadores[108] claves que podrían indicar actividad sospechosa de corrupción y soborno y la cual es asociada a las tipologías de lavado de dinero:

  - Transacciones sospechosas en efectivo, como la compra de artículos de alto valor con efectivo, deudas de tarjetas de crédito pagadas en efectivo, grandes depósitos en efectivo realizados en cuentas personales y posteriormente transferidos a cuentas en el extranjero, y pagos realizados principalmente en efectivo a través de un testaferro o intermediarios para ocultar el origen de los recursos y hacer más difícil observar el rastro del dinero y el trabajo de auditoría relacionado con el control al soborno y al lavado activos.

---

106 El galardón o **premio BECA** (*Best Egmont Case Award* por sus siglas en inglés), **creado y otorgado por el Grupo Egmont**, organismo multilateral global que agrupa a las Unidades de Inteligencia Financiera (UIF) del mundo (véase en el siguiente pie de página para leer información adicional acerca del Grupo Egmont), lleva reconociendo durante cinco años consecutivos, los mejores casos analizados por las 147 UIFs que forman parte de la organización. Por ejemplo, la unidad de inteligencia financiera de Colombia fue seleccionada como finalista para obtener el Premio Beca 2015, al mejor caso de inteligencia financiera en el mundo.

107 el Grupo Egmont está formado por las Unidades de Inteligencia Financiera (UIF) de diferentes países del mundo, las cuales son entidades nacionales de la rama ejecutiva del poder público, descentralizadas y en su mayor parte adscritas a los ministerios de hacienda y crédito público. En el caso colombiano, la Unidad de Información y Análisis Financiero –UIAF-, es una unidad administrativa especial, adscrita al Ministerio de Hacienda y Crédito Público de Colombia, y creada mediante la Ley 526 de 1999, modificada por las leyes 1121 de 2006, 1762 de 2015 y enmarcada en la Ley Estatutaria de Inteligencia 1621 de 2013. De acuerdo a la UIAF, las funciones de la entidad son las de intervenir en la economía del Estado mediante actividades de inteligencia financiera, a fin de detectar y prevenir el lavado de activos, la financiación del terrorismo, el contrabando y el fraude aduanero. La UIF también hace parte de la comunidad de inteligencia del Estado colombiano, mediante actividades de inteligencia y contrainteligencia, según lo estipulado en el artículo 3° de la Ley 1621 de 2013. Información adicional sobre el Grupo Egmont se abordará en los capítulos posteriores.

108 Estos indicadores clave se basan en los casos premiados en el concurso BECA del Grupo Egmont.

- Múltiples transacciones financieras para ocultar el rastro y la fuente del dinero proveniente de la corrupción, el uso de cambios de divisas para remitir fondos al extranjero, el uso de múltiples compañías offshore (paraísos fiscales) para hacer más difícil la labor de auditoría y para ocultar la identidad del beneficiario final (generalmente un PEP o sus familiares y/o asociados directos).
- Uso de contratos falsos para justificar la recepción de grandes sumas de dinero.
- Malversación de fondos públicos a través de ONG falsas.
- Funcionarios gubernamentales corruptos que reciben sobornos y/o comisiones por facilitar la transferencia de fondos públicos, como subsidios estatales, a personas o entidades privadas que no hacen parte de los programas estatales de asistencia gubernamental.

2.1.16. Corrupción y el riesgo de delitos financieros de la actividad de los PEPS en América Latina:

El siguiente caso de la Unidad de Inteligencia Financiera del Perú (UIF-Perú) describe la exposición al riesgo de corrupción de una persona políticamente expuesta (PEP) y una tipología de lavado de activos en América del Sur.

Exponiendo al que esta políticamente expuesto
(Perú, UIF-Perú)

Mejores casos de análisis financiero del grupo egmont 2014-2020

Introducción

Un ex alto funcionario de una de las empresas estatales más importantes de Perú era una persona políticamente expuesta (PEP) al momento de los hechos.

El PEP supuestamente recibió sobornos de una empresa transnacional latinoamericana a través de pagos a su cuenta a través de una empresa offshore que había sido creada por el PEP poco más de un mes antes de recibir estos fondos. Los fondos se transfirieron a diferentes cuentas en cuatro países. Estas cuentas pertenecían a la familia inmediata del PEP o a empresas vinculadas a ellas (ACTOS DE CONVERSIÓN Y TRANSFERENCIA). Los fondos se utilizaron para comprar bienes inmuebles (ACTOS DE OCULTACIÓN Y POSESIÓN).

La Investigación:

El caso fue provocado por un informe noticioso de que el PEP había recibido un soborno de una empresa transnacional latinoamericana de aproximadamente USD 1.300.000, a través de una cuenta en el País A…

Para corroborar la información, la Unidad de Inteligencia Financiera del Perú (UIF-Perú) solicitó más información a las Unidades de Inteligencia Financiera (UIF) homólogas de los países A y B. Una vez recibida, la información permitió a FIU-Perú identificar los primeros vínculos entre los involucrados en el caso y el rastro inicial del dinero, detectando que el dinero supuestamente había ido a parar al País B, País C y País D, y que en su mayoría estaba siendo transferido a cuentas pertenecientes a la familia inmediata de PEP y a las compañías offshore de su propiedad. Además, se determinó que Offshore 1, que recibió los sobornos, se había establecido en el país B y que Offshore 3 y Offshore 4 se habían establecido en el país E.

Con la información obtenida del País A, UIF-Perú solicitó información adicional a sus contrapartes en el País B, País C, País D, País E y País F, y a un banco peruano (Banco BL 1), buscando identificar los vínculos entre los involucrados y el destino de los fondos que presuntamente provenían del pago de sobornos. De igual forma, FIU- Perú solicitó información a los principales bancos peruanos y también investigó fuentes de datos públicas y bases de datos internas con el mismo propósito. Esta información identificó la actividad económica y los activos del PEP investigado y sus afiliados, y permitió evaluar la razonabilidad y racionalidad de las transacciones y de los fondos.

El análisis de esta información identificó que el dinero iba principalmente al Perú y se utilizaba para adquirir bienes inmuebles y vehículos. Sin embargo, una propiedad estaba ubicada en el País G, lo que provocó una solicitud a dicho país de información para identificar quién usaba la propiedad e indagar sobre otras propiedades que los involucrados podrían haber tenido en el País G. Además, se determinó que la empresa offshore 3 pertenecía al PEP y a su esposa, y que la empresa offshore 4 pertenecía a un ciudadano uruguayo y su esposa, el primero habiendo trabajado en el mismo sector económico que el PEP... La información obtenida del Banco BL 1 identificó aproximadamente USD 3.980.000 de origen desconocido. Estos fondos fueron transferidos a cuentas locales propiedad de la familia inmediata del PEP y utilizados para adquirir bienes raíces y vehículos a nombre de los miembros de esa familia. Estos fondos también se utilizaron para financiar la campaña de un candidato al Parlamento Andino.

El PEP e Hijo 2 están siendo investigados por lavado de activos por haber recibido USD 1.312.000 en la cuenta ubicada en el País A, que pertenece a la Sociedad Offshore 1 establecida en el País B; tanto el PEP como el Hijo 2 parecen ser beneficiarios reales de esta cuenta. Este dinero fue transferido a diferentes cuentas en el País C, País B y País D, y posteriormente parte del mismo llegó al Perú y fue utilizado para adquirir una propiedad a nombre del Hijo 1 del PEP y su esposa, así como una propiedad a nombre de la persona 5 y su esposa (ambos ciudadanos uruguayos).

Este caso es significativo, en primer lugar, por la sofisticación de las técnicas de lavado de dinero utilizadas. Más importante, sin embargo, es que el caso es parte de investigaciones más amplias que han llevado a un cambio regulatorio en Perú con respecto a la responsabilidad penal de las personas jurídicas (especialmente, en delitos contra la administración pública) y la obligación de los funcionarios públicos de informar al público sobre los beneficiarios reales de sus cuentas.

Ambos cambios buscan reducir los riesgos de corrupción y lavado de activos. Además, el análisis de FIU-Perú fue vital para identificar nuevos vínculos, lo que amplió la investigación en curso por parte de las autoridades peruanas y ayudó a rastrear el flujo de dinero. Además, en coordinación con el Ministerio Público de ese país, la investigación se amplió para incluir a más personas y nuevas fuentes que generaron fondos ilícitos.

ACCIÓN DE LA FIU-PERÚ

Cooperación Interna

FIU-Perú solicitó información a los principales bancos peruanos para identificar las transacciones realizadas por los involucrados o los que actúan en nombre del PEP. Como resultado de las solicitudes, tres de estos bancos finalmente presentaron información y posteriormente informaron transacciones sospechosas a la UIF-Perú. Esta información permitió a FIU-Perú identificar el flujo de dinero en Perú y la parte de los fondos utilizados para adquirir bienes raíces tanto en Perú como en el País G, además de la compra de vehículos.

Tras presentar el informe de inteligencia financiera al Ministerio Público, FIU-Perú tuvo una reunión con el fiscal a cargo de la investigación para vincular a la investigación a cuatro empresas vinculadas al PEP, así como a las fuentes originales del dinero.

Cooperación Internacional:

- La información obtenida de las contrapartes de FIU-Perú en el País A y el País D permitió a FIU-Perú identificar el flujo de dinero, el cual se sospechaba proveniente del pago de sobornos, así como los beneficiarios de dos cuentas bancarias.

- La información de las contrapartes de FIU-Perú en el País B y el País E permitió a FIU-Perú identificar a los accionistas de las compañías offshore involucradas.

- La información proporcionada por el País G permitió a FIU-Perú determinar que el PEP y la familia del PEP no tenían otras propiedades o cuentas en ese país.

- La información proporcionada por el País F permitió a FIU-Perú localizar transferencias de dinero de menor cantidad y realizadas por los ciudadanos uruguayos involucrados.

Evolución del caso:

FIU-Perú emitió dos informes de inteligencia financiera mediante la recopilación, recopilación y análisis de la información recibida.

En el primer informe, las operaciones financieras en el extranjero se identificaron a través de empresas offshore vinculadas al PEP. La información proporcionada por los países involucrados fue crucial para el desarrollo del segundo informe de inteligencia financiera, que permitió a FIU-Perú completar el rastro del dinero y saber qué bancos locales recibieron estos fondos, los beneficiarios finales en Perú, y el destino final de estos fondos.

Adicionalmente, la fluida coordinación con el Ministerio Público (Procuraduría General de la República) permitió extender la investigación a nuevos partidos y otras fuentes de dinero presuntamente de origen ilícito.

El caso demuestra la contribución del trabajo de FIU-Perú en las investigaciones de lavado de activos llevadas a cabo por el Ministerio Público.

Resultado/Contribución Del Caso:

La información fue entregada al Ministerio Público y ha sido incluida en la investigación penal del fiscal contra el PEP y el hijo 2 por lavado de activos. En este caso, el juez ordenó una medida restrictiva contra las principales partes involucradas, lo que prohibió que el PEP y el hijo 2 hubieran huido del país durante 12 meses.

El caso también ayudó a FIU-Perú a identificar debilidades específicas con respecto al sistema de prevención de lavado de activos de una de las entidades financieras obligadas a reportar actividad sospechosa. A su vez, esto llevó a FIU-Perú a fortalecer sus mecanismos de supervisión de los sistemas establecidos para prevenir el lavado de activos por parte de las entidades financieras obligados a reportar actividad sospechosa.

Indicadores valiosos del caso:

- Establecimiento de una sociedad offshore para recibir presuntos sobornos

- Simulación de un contrato privado de compraventa de bienes raíces para justificar la recepción del dinero transferido por la transnacional latinoamericana.

- Desvío de fondos de origen desconocido para financiar la campaña de un candidato al Parlamento Andino, transferencia de fondos de la cuenta de la familia inmediata del PEP en BL 1 a la cuenta de una empresa propiedad del PEP y luego gastos de publicidad para el candidato.

- Transferencia de fondos a cuentas bancarias en su mayoría propiedad de miembros de la familia inmediata del PEP y a otras compañías las cuales estaban bajo sus nombres".

2.2. Ciberdelincuencia y Criptomonedas

La mayoría de las veces, el lavado de activos se ha asociado con el tráfico de drogas y el crimen organizado tradicional. Pero el aumento del uso de las nuevas tecnologías financieras y criptomonedas, "no solo ha simplificado el comercio ilícito en línea, sino que también ha impulsado el fraude cibernético.

Además, las brechas en la regulación y el control por parte del gobierno han llevado a los inversores y delincuentes por igual a ver estos mercados como un refugio potencial para invertir, y como una forma de cometer delitos cibernéticos y evitar la confiscación de activos en caso de intervención de las autoridades competentes encargadas de hacer cumplir la ley".[109]

Es relevante subrayar que el Grupo de Acción Financiera, GAFI, revisó sus estándares en junio de 2019 para mitigar los riesgos que representan los activos virtuales y relacionados con el lavado de activos y el financiamiento del terrorismo. Los proveedores de servicios de activos virtuales ahora deben implementar una gama completa de medidas preventivas contra estos delitos.

2.2.1 Indicadores

- Delitos que involucran múltiples jurisdicciones.
- Utilización de instituciones financieras más pequeñas.
- Debilidades regulatorias.
- Vacaciones legales extendidas que atraen el delito cibernético.
- El estafador generalmente registra un dominio similar a un negocio legítimo para engañar al objetivo.
- Los esquemas de compromiso de correo electrónico comercial generalmente aparecen como si vinieran del director de operaciones, el director ejecutivo o la alta gerencia para transferir fondos a una cuenta bancaria cambiada.
- Los fondos se transfieren a un destinatario en la empresa con el que la víctima nunca ha tratado en el pasado.

---

[109] Véase www.egmontgroup.org página 28

- Las transferencias se inician cerca del final del día o justo antes de los fines de semana o días festivos.
- La cuenta receptora no tiene un historial de haber recibido grandes transferencias de fondos en el pasado.
- La cuenta receptora es una cuenta personal[110].

2.2.1.1. Criptomonedas y fraude transnacional

El siguiente caso de la Unidad de Inteligencia Financiera del país de Kosovo representa un fraude global de criptomonedas multimillonario, el cual involucró lavado de activos y evasión de impuestos. Los países involucrados en el fraude incluyeron Kosovo, Dinamarca, Alemania y Polonia. Los sectores involucrados en el caso incluyeron la banca, los metales preciosos y el comercio de piedras preciosas.

Fraude global multimillonario en criptomonedas sin precedentes

Kosovo, UIF-Kosovo

"**Introducción**:

El caso CUMA es la primera acusación y enjuiciamiento exitoso de lavado de activos independiente en Kosovo que involucra un fraude global de criptomonedas multimillonario, OneCoin. Resultó en la mayor confiscación individual de activos de la historia, por un total de casi 1 millón de euros, que fue confirmada por el tribunal de apelación. Se inició sólo dos meses después de que Kosovo fuera admitido en Egmont y tuvo éxito debido a la cooperación con 17 miembros del Grupo Egmont.

La investigación:

El caso se inició sobre la base de un reporte de actividad sospechosa presentado por un banco. La Unidad de Inteligencia Financiera de Kosovo realizó un análisis cualitativo de las personas y empresas incluidas en el reporte. Después de esto, la cooperación táctica con la entidad informante condujo a una mayor inteligencia que se utilizó para construir un caso contra la compañía y los propietarios.

---

110 Ibid. página 29

A través del reporte de actividad sospechosa, FIU-Kosovo determinó que había tres entidades involucradas: Dos sitios web internacionales y una entidad local, llamada CUMA, que tenía cuatro accionistas: Dos ciudadanos de Kosovo y dos ciudadanos daneses. Ellos fundaron CUMA. La compañía quedó registrada en Kosovo y ofrecía paquetes de tutoriales en línea para invertir en la criptomoneda OneCoin.

Los datos de las bases de datos de la policía, los impuestos y la Agencia de Registro de Empresas no proporcionaron información que vinculara a las personas involucradas con el lavado de activos u otros delitos conexos. Mediante la búsqueda en fuentes públicas, la UIF-Kosovo descubrió que el ciudadano danés tenía deudas con las autoridades fiscales danesas y otras autoridades, así como antecedentes penales. FIU-Dinamarca confirmó esto.

El análisis preliminar de la actividad financiera reveló que OneCoin en ese momento no se consideraba un esquema piramidal, aunque hubo advertencias para los clientes emitidas por algunas autoridades (BaFin en Alemania y de Bulgaria, Italia y el Reino Unido). No obstante, la UIF-Kosovo abrió un caso y lo calificó con un alto riesgo priorizado.

La UIF-Kosovo siguió utilizando fuentes públicas para encontrar más información sobre los sitios web que el propietario de la CUMA proporcionó al banco: onelife.eu y nbh.ea. Esta información y el reporte de actividad sospechosa llevaron a FIU-Kosovo a descubrir la conexión entre OneLifeNetwork Ltd. y OneCoin.

FIU-Kosovo descubrió entonces el perfil de Facebook de uno de los propietarios locales y analizó sus uñas en fotos, que indicaban que era un trabajador manual y probablemente un pintor de casas o un trabajador de la construcción. La UIF-Kosovo, en colaboración con el banco, decidió comprobar si esta persona tiene algún conocimiento relacionado con los paquetes educativos o con los productos de tecnología de la información. Cuando el cliente visitó el banco, el cliente no respondió de manera convincentemente a las preguntas del banco y las técnicas de conocimiento del cliente.

Mientras tanto, la UIF-Kosovo reunió información sobre la empresa matriz y el principal sospechoso, OneLifeNetwork Ltd., y descubrió que estaba registrada en Belice. La autoridad de supervisión financiera de Belice emitió una advertencia de que la empresa no está registrada para comerciar, y cualquier comercio con esta entidad se consideraba un delito.

La UIF-Kosovo solicitó información a 17 dependencias de inteligencia financiera a través de la Egmont Secure Web y determinó que los clientes que compraban los productos estaban siendo defraudados.

Desde abril hasta mediados de julio de 2017, FIU-Kosovo recopiló información bancaria en Kosovo, información aduanera de Kosovo relacionada con las entidades involucradas, 17 respuestas internacionales a través de solicitudes Egmont Secure Web de FIU-Kosovo que confirmaban que CUMA era parte de un fraude global, e información de las autoridades fiscales y aduaneras. Esta información no fue suficiente para convencer a la Fiscalía Especial de emitir una orden de allanamiento.

Para satisfacer los requerimientos del fiscal, Unidad de Inteligencia Financiera de Kosovo elaboró una estrategia basada en el relato de uno de los sospechosos. El 21 de julio, el saldo de esta cuenta era de 907.406 euros. El sospechoso no había declarado ninguna actividad financiera en la cuenta. Si el sospechoso no declaró ninguna actividad financiera antes del 1 de agosto, entonces la entidad estaría cometiendo un delito de fraude fiscal. El 26 de julio, la UIF-Kosovo fue informada de que la entidad sospechosa estaba intentando una transacción financiera a través de la banca electrónica.

La UIF-Kosovo dio permiso para las transacciones bancarias de hasta 5.000 euros y luego fingir que el banco tenía un problema de seguridad cibernética. FIU-Kosovo pidió al banco que se mantuviera en contacto con el sospechoso por correo electrónico y que intentara retrasar hasta el 1 de agosto para que pudiera entrar en vigor el cargo penal por evasión fiscal.

El 28 de julio, FIU-Kosovo recibió información de ese banco de que el sospechoso quería transferir 858.000 euros a una joyería en Dinamarca con la intención de comprar metales preciosos. A través de una mayor cooperación, la Unidad de Inteligencia Financiera de Kosovo dio instrucciones al banco para que pidiera al sospechoso que proporcionara documentos de la joyería y reuniera la mayor cantidad de información posible.

El 31 de julio, el sospechoso solicitó hacer la transacción mientras FIU-Kosovo coordinaba en tiempo real con el banco. El banco pidió al sospechoso una factura para que la transacción continuara; proporcionó una copia de una factura enviada por correo electrónico por el sospechoso danés. Esta factura era la pieza faltante del rompecabezas: el beneficiario efectivo que figuraba en la lista era OneLifeNetwork Ltd. Belice, la entidad que no tenía licencia para comerciar y, según las autoridades de Belice, toda transacción comercial con esa entidad era un delito.

Con esta información, FIU-Kosovo pudo determinar que CUMA estaba siendo utilizada como una compañía fantasma o mula para canalizar dinero a través de una joyería en Dinamarca al propietario beneficiario de OneCoin. En este esquema de lavado de activos, los estafadores movieron fondos de múltiples jurisdicciones que, y ellos habían concluido erróneamente que tales jurisdicciones tenían herramientas de cooperación bilateral deficientes, dado que Kosovo no es miembro de las Naciones Unidas o INTERPOL, ni reconocido por varias jurisdicciones (gobiernos) a nivel global. Los sospechosos equivocaron. Apenas unos meses antes, Kosovo había sido admitido en el Grupo Egmont.

La Unidad de Inteligencia Financiera de Kosovo dictó una orden de congelación de 48 horas sobre la cuenta involucrada en esta actividad. La suma total congelada por orden de la UIF-Kosovo fue de 946.000 euros. La fiscalía dictó una orden de allanamiento y una resolución de acusación, en estrecha cooperación con la Unidad de Inteligencia Financiera de Kosovo, en los que explicaba la naturaleza del delito independiente de lavado de activos y el uso de múltiples jurisdicciones y vehículos corporativos para ocultar el delito.

Acción de UIF de Kosovo:

Tras reunir información a través de las bases de datos de la UIF de Kosovo, un analista de la UIF procedió a verificar las fuentes públicas y realizar verificaciones de antecedentes y descubrió que los dos nacionales no tenían experiencia en tecnología de la información y que los dos extranjeros eran ciudadanos daneses, uno de los cuales tenía una condena previa por evasión de impuestos y posesión ilegal de armas en Dinamarca. A través de una solicitud enviada a través de Egmont Secure Web, se verificó esta información sobre los ciudadanos daneses.

La UIF-Kosovo solicitó información a todos los bancos que operan en Kosovo sobre cualquier transacción realizada por CUMA o las personas involucradas, así como una solicitud a la Administración Tributaria para obtener información sobre la actividad financiera declarada por la empresa.

Un análisis más detallado reveló advertencias de numerosos países sobre OneCoin y OneLifeNetwork. OneCoin se anunció como una criptomoneda y tuvo miles de millones de euros de inversiones de todo el mundo a través de paquetes educativos sobre cómo invertir una vez que la compañía comenzó a vender públicamente su moneda OneCoin.

Aprovechando el auge global de otras criptomonedas conocidas, OneCoin se anunció como una próxima mina de oro de inversión, y apareció en revistas de negocios y conferencias en todo el mundo. OneLife estaba directamente vinculado a OneCoin. Su negocio consistía específicamente en vender paquetes educativos sobre cómo convertirse en un inversor en la criptomoneda OneCoin. CUMA estaba vendiendo paquetes educativos idénticos desarrollados por OneLife con el propósito de invertir en OneCoin. Sin embargo, esta criptomoneda fue un gran fraude global, y Kosovo fue una de las piezas del rompecabezas que se utilizó precisamente debido a que la organización criminal percibía que Kosovo no tenía una política de cooperación bilateral con Estados no reconocidos y porque creían que Kosovo no era miembro de INTERPOL, Naciones Unidas y otros organismos multilaterales.

Evolución del caso:

La Unidad de Inteligencia Financiera de Kosovo coordinó ampliamente con las autoridades fiscales y aduaneras durante el proceso de recopilación de información. Una vez que el caso se presentó al Fiscal Especial y se dictó la orden de congelación de las cuentas bancarias de los sospechosos involucrados en el fraude y lavado de activos, la Unidad de Inteligencia Financiera de Kosovo siguió colaborando con el Fiscal Especial. La Unidad de Inteligencia Financiera de Kosovo desempeñó un papel decisivo en el asesoramiento al Fiscal Especial en la elaboración de la acusación penal que contenía un cargo independiente de lavado de activos, que, por primera vez en la historia de Kosovo, dio lugar a condenas penales dada por los tribunales de Kosovo y los cuales fueron confirmados en apelación.

El caso CUMA resultó en activos confiscados que llegaron a 1 millón de euros los cuales fueron confirmados en apelación dentro el primer caso penal de lavado de activos de Kosovo, el cual involucró un fraude multimillonario global a través de OneCoin, una criptomoneda. Los análisis incluyeron investigaciones a través de fuentes públicas, una excelente cooperación táctica con el sector privado, la fiscalía y las autoridades fiscales y aduaneras, y un intercambio inestimable de información que involucró a 17 miembros del Grupo Egmont pocos meses después de que Kosovo fuera admitido en el Grupo Egmont.

Resultado/Contribución del caso:

Los dos ciudadanos de Kosovo fueron condenados a 2,5 años de libertad condicional, se les confiscó casi 1 millón de euros y se dictaron órdenes de detención contra los dos ciudadanos daneses. Kosovo, por conducto de su Departamento de Cooperación Jurídica Internacional del Ministerio de Justicia, ha sido proactivo en llegar a otros países cuyos ciudadanos son víctimas de este fraude a fin de indemnizar a esas víctimas con los fondos confiscados.

Hasta la fecha, Kosovo ha estado trabajando con Polonia y Dinamarca para compensar a sus ciudadanos que han sido víctimas de este fraude.

Indicadores valiosos del caso:

- Movimiento de fondos a través de múltiples jurisdicciones
- Esquema piramidal sospechoso".[111]

2.3. *Tráfico de drogas*

Sobre la base de los casos BECA/Grupo Egmont,[112] los indicadores clave del delito subyacente del tráfico de drogas asociado con las tipologías de lavado de activos son los siguientes:

- Uso de empresas para proporcionar una cobertura de legalidad
- Contratos públicos con una empresa estatal
- Uso de lazos familiares para ocultar dinero y confundir a los servicios de investigación
- Soborno de funcionarios públicos
- Uso de empresas legales que reciben ganancias del crimen organizado
- Uso de cuentas múltiples para cobrar fondos que luego son transferidos a los mismos beneficiarios extranjeros, entre otros.

---

111 Casos BECA Egmont Group
112 Ver www.egmontgroup.org

2.3.1. Narcotráfico y lavado de activos en América del Sur

El siguiente caso de UIF-Bolivia ilustra los indicadores mencionados anteriormente:

Encubrimiento del narcotráfico y lavado de dinero en contrato estatal en el transporte de combustible

Bolivia, UIF-Bolivia

"Introducción:

La inteligencia financiera pudo identificar vínculos dentro de una organización criminal que utilizó contratos con una organización estatal para facilitar el tráfico internacional de sustancias controladas (marihuana, cocaína) utilizando camiones de combustible. Del mismo modo, se pudo identificar que otros miembros de la familia de miembros de la organización criminal fueron reclutados para apoyar la logística necesaria en la comisión del delito.

El análisis verificó que cierta gente (identificados para efectos del concurso BECA como XX) eran dueños de la Empresa C, y que abrían y administraban cuentas bancarias en moneda local y extranjera en diferentes entidades financieras. Según el informe de inteligencia financiera, estas empresas habían manejado montos en las cuentas X y Y que superaban los depósitos de USD 120 millones. Aproximadamente el 45 % del dinero total administrado podría contabilizarse a través de contratos estatales para el transporte de combustible y derivados; Un 10 % adicional correspondió a transacciones con empresas que solicitaron sus servicios, las cuales eran legales. El saldo del 45 % del dinero tenía una fuente y destino desconocidos. El análisis identificó a los hijos de XX y Y (A, B, C y D) y a las empresas C1, C2, C3, C4 y C5, las cuales habían sido creadas tanto por XX y como por Y, así como por sus hijos, y estaban involucradas en transacciones con la Compañía C y entre sí.

El análisis realizado por FIU-Bolivia, en estrecha coordinación con el Ministerio Público, identificó el TRÁFICO ILÍCITO DE SUSTANCIAS CONTROLADAS como un delito subyacente al lavado de activos y estableció la LEGITIMACIÓN DE GANANCIAS ILÍCITAS como el delito principal.

Acción de UIF:

La UIF-Bolivia recopiló, cotejó y analizó información de INTERPOL, la Dirección General de Tráfico, Aduanas, el ministro de Industria y Comercio, el Banco Central de Bahrein y organizaciones gubernamentales e internacionales como el Grupo Egmont.

FIU-Bolivia buscó información como:

- Registro de bienes inmuebles y vehículos;
- Actividades económicas adicionales inscritas en el Registro de Comercio (FUNDAEMPRESA) o gobiernos departamentales autónomos;
- Impuestos; y
- La UIF-Bolivia recopiló, cotejó y analizó información de INTERPOL, la Dirección General de Tráfico, Aduanas, el ministro de Industria y Comercio, el Banco Central de Bahrein y organizaciones gubernamentales e internacionales como el Grupo Egmont.

FIU-Bolivia buscó información como:

- Registro de bienes inmuebles y vehículos;
- Actividades económicas adicionales inscritas en el Registro de Comercio (FUNDAEMPRESA) o gobiernos departamentales autónomos;
- Impuestos; y
- Migración

Toda la información financiera y patrimonial fue clasificada y analizada para detectar posibles cambios en los patrones transaccionales y concentración de recursos entre los beneficiarios. El análisis se centró en el origen y uso del dinero, en comparación con el perfil socioeconómico y financiero de las personas involucradas, incluidas las relaciones entre los depositantes o beneficiarios de las transacciones realizadas.

Debido a que un total de 14 personas estuvieron involucradas, FIU-Bolivia aplicó una nueva técnica de análisis para dar cuenta de este gran número de personal involucradas. El análisis se centró en tres personas, X, Y y A, y con el análisis del resto de los involucrados en función de los vínculos y transacciones relevantes y los cuales llevaron de vuelta a los tres individuos principales. Esta técnica fue capaz de identificar que los fondos se movían entre los miembros de la familia de A y sus cuentas bancarias personales.

Una vez identificados los indicios de LEGITIMACIÓN DE GANANCIAS ILÍCITAS y completado el análisis financiero y patrimonial, FIU-Bolivia, en cumplimiento de sus facultades reglamentarias y atribuciones legales, siguió los requisitos reglamentarios y envió el informe de inteligencia al Ministerio Público o Fiscalía, órgano encargado de la investigación de los delitos relacionados con el lavado de activos.

EVOLUCIÓN DEL CASO:

El caso implicó un año de investigación antes de que los sospechosos fueran arrestados.

A lo largo de la investigación, el Ministerio Público se coordinó efectivamente con UIF-Bolivia, lo que resultó en el desarrollo de estrategias objetivas, logrando así resultados vitales y oportunos. Del mismo modo, la cooperación interinstitucional internacional fue de vital importancia para la investigación, ya que la información proporcionada por FIU-Argentina ayudó a identificar con precisión los vínculos entre los miembros de la familia.

El caso se encontraba en la etapa de juicio oral dentro del proceso penal boliviano. La coordinación de FIU-Bolivia con la Fiscalía fue importante ya que la información contenida en el Informe de Inteligencia Financiera y de Activos resultó útil para preparar el juicio oral.

RESULTADO/CONTRIBUCIÓN DEL CASO:

El caso identificó una nueva interpretación legal del lavado de activos, originado en actividades ilícitas como el narcotráfico, a través de una empresa dedicada al transporte de combustible. A través de este esquema (transporte de combustible), la familia transportó una cantidad considerable de drogas a través de las fronteras de Bolivia y Argentina específicamente.

Al mismo tiempo, la coordinación con el Ministerio Público permitió identificar oportunamente la actividad ilícita, lo que permitió la detención de los miembros involucrados y la posterior extradición del principal acusado para someterlo a un proceso penal por narcotráfico en Argentina.

Indicadores Valiosos Del Caso:

- Transferencia de fondos significativos a cuentas bancarias de terceros
- Obtención de créditos pagados por adelantado
- Los clientes o familiares tienen antecedentes de ser investigados por tráfico ilícito de drogas
- La empresa de bajos ingresos comienza a generar un ingreso significativo en poco tiempo

2.4. Fraude y malversación de fondos

Según los casos BECA/Egmont, los indicadores clave para el fraude y la malversación de fondos incluyen los siguientes:

- Transferencias de dinero rápidas y sucesivas a otra cuenta poco después del depósito;
- Transferencia de fondos a países conocidos por una regulación opaca del sector financiero o altos niveles de percepción de corrupción sin razón justificable;
- Dificultad para verificar la información de identificación del cliente;
- Estructuración de la propiedad corporativa innecesariamente complicada y propiedad real oculta
- Esquemas que ofrecen retornos de inversión inusualmente grandes;
- Múltiples clientes que envían transferencias internacionales de fondos al mismo beneficiario en el extranjero;
- Múltiples transferencias internacionales de fondos enviadas al mismo beneficiario en un día;
- Transferencias internacionales de fondos de alto valor;
- Transacciones de giro en U, que implican que los fondos se transfieren fuera del país y luego parte de esos fondos se transfieran de nuevo al mismo país de origen;
- Serie de transferencias internacionales de fondos de bajo valor;
- Transferencias de fondos a destinatarios en países donde el receptor no tiene una razón económica o financiera válida para tener una cuenta bancaria;
- Transferencia de fondos a empresas propiedad de familiares o asociados de personas políticamente expuestas.

2.4.1. Fraude y actividad de comercio exterior

El siguiente caso de la Unidad de Inteligencia y Análisis Financiero de Colombia, UIAF, muestra el abuso de las operaciones de comercio exterior por parte de empresa colombianos para llevar actividad criminal relacionada con fraude y lavado de activos.

Fraude Por Abuso De Operaciones De Comercio Exterior
Colombia, UIAF

"Introducción:

La Unidad de Inteligencia Financiera (UIAF) de Colombia, la Unidad de Información y Análisis Financiero (UIAF), en cooperación con dos agencias de inteligencia extranjeras y la fiscalía general de Colombia, identificaron con éxito una red de lavado de activos de narcotráfico y financiamiento del terrorismo que ha estado en funcionamiento durante los últimos 10 años.

La red simuló varias operaciones de comercio exterior, principalmente en los sectores textil y de la construcción.

La investigación:

El caso de lavado de dinero basado en el comercio se desarrolló en tres fases:

Fase I

La UIAF analizó las transacciones financieras de una familia específica que tradicionalmente hacía negocios en el sector textil. Después de realizar múltiples búsquedas en las bases de datos accesibles a la UIAF, se dio prioridad a solicitar información a las autoridades pertinentes. En esta etapa, se recogió, analizó y procesó información de las entidades financieras obligadas a reportar actividad sospechosa, y la UIAF identificó vínculos entre personas y empresas a través de diferentes tipos de transacciones, las cuales incluían: Importaciones y exportaciones, ingresos y gastos de comercio exterior, transacciones en efectivo y la propiedad de empresas, entre otras.

En la etapa de análisis, se establecieron diferencias entre ingresos y gastos de divisas, a través del estado de importaciones declaradas, donde la entrada y salida de comercio exterior no coincidió con los datos reportados, como las importaciones y exportaciones registradas para cada empresa analizada. El análisis mostró que las importaciones y exportaciones registradas fueron significativamente inferiores a los movimientos reales de divisas evidenciados en esas operaciones. Esto indicó que las empresas y personas vinculadas en el caso utilizaron su amplia experiencia en el sector económico para movilizar altas sumas de dinero injustificado a través de sus operaciones comerciales.

También hubo evidencia de un vínculo entre el "narcotráfico" y uno de los directores de la empresa, Andrés Covelli Cadavid, ya que fue extraditado a los Estados Unidos (Ley 390 del 2/11/2011), y autorizada por la Corte Suprema de Justicia de Colombia por TRÁFICO DE DROGAS. Asimismo, la inteligencia de una de las agencias que participó en el desarrollo del caso ayudó a detectar vínculos entre dos de los directores de las empresas con miembros de la Oficina de Envigado, una organización criminal colombiana.

Fase II

La UIAF identificó a las personas que operaban principalmente en el sector de la construcción y que tenían vínculos financieros con personas en la fase I. Se establecieron vínculos corporativos y financieros entre las empresas y las personas involucradas en la fase I. Además de las actividades de comercio exterior identificadas en la fase I, se identificó una migración del dinero al sector de la construcción (específicamente centros comerciales) utilizando un "administrador de fondos fiduciarios".

En el proceso de análisis, los vínculos entre los miembros de la familia y los administradores de fondos fiduciarios se presentaron gráficamente, lo que permitió mapear las transacciones financieras, lo que centró los objetivos del caso y estableció la trazabilidad de la información financiera.

Fase III

Con la información recopilada y analizada, acompañada de documentación que respaldaba el caso y explicaciones a la fiscalía general de la Nación de Colombia e instituciones relevantes en Estados Unidos de América, se desarrolló un proceso de enjuiciamiento simultáneo.

Acción de UIF

El papel de la UIAF en el desarrollo del caso se logró a través de cuatro componentes del ciclo de inteligencia:

1. Métodos de planificación y fuentes de información. La UIAF utilizó datos obtenidos de informes de transacciones sospechosas, inteligencia de agencias de inteligencia extranjeras, retroalimentación entre la fiscalía general de la Nación y la UIAF, e información

de fuentes públicas. Se necesitaron más pruebas para confirmar los vínculos entre los diferentes sujetos involucrados.

2. Métodos específicos de procesamiento y análisis de la información. Se desarrollaron varios grupos de trabajo con diferentes agencias de inteligencia extranjeras, en Colombia y en el extranjero, para el intercambio de información de casos. Además, los analistas de la UIAF exploraron las bases de datos (importaciones y exportaciones, ingresos y gastos de comercio exterior, transacciones en efectivo, información sobre constitución de empresas y accionistas, entre otros). Con bases sólidas, la UIAF desarrolló una hipótesis sobre las operaciones financieras que eran sospechosas y e irregulares, estableciendo vínculos a través de transacciones financieras y comparando el perfil de inteligencia financiera de los reportados por las entidades financieras.

3. Documentación y almacenamiento. La recolección, almacenamiento, producción y difusión de la inteligencia recopilada fue bien documentada y almacenada en archivos magnéticos en un repositorio conocido como el Centro de Protección de Datos (CPD).

4. Difusión. Con un caso sólido y toda la información recopilada y analizada, la UIAF organizó una reunión para difundir la inteligencia a la fiscalía general de la Nación, específicamente a la Unidad de Extinción de Dominio y Lavado de Activos (UNEDLA).

La UIAF presentó el caso con vínculos entre personas y empresas, propiedades, vehículos e información financiera que probaba que se simulaban importaciones y exportaciones de textiles para justificar los ingresos y gastos de divisas, lo que resultaba en lavado de dinero proveniente del producto del narcotráfico. La información y las explicaciones proporcionadas sirvieron como criterio orientador para que las autoridades pertinentes iniciaran el proceso penal de investigación y juicio.

Evolución del caso

La UIAF identificó cinco etapas en la evolución del caso:

1. Recopilación y análisis de información: Los datos recopilados se referían a transacciones, información financiera y vínculos entre los actores y empresas involucradas en el caso.

2. Generación de señales de alerta: Con la colaboración de agencias de inteligencia extranjeras y la fiscalía general de la Nación, la UIAF pudo identificar comportamientos típicos en la operatividad del sector textil colombiano.

3. Vínculos con organizaciones criminales: La UIAF identificó y focalizó la red que prestaba sus servicios para lavar activos.

4. Análisis de impacto del caso: La UIAF cuantificó el impacto económico negativo causado por el caso, que fue tres más alto que el volumen de dinero que fluyó hacia la economía lícita de Colombia.

5. Cierre del caso: Con base en la inteligencia financiera presentada a las autoridades judiciales, fue posible iniciar el proceso judicial simultáneamente en Colombia y en América del Norte.

Resultado/contribución del caso

El monto total del caso se estima, con base en las transacciones cambiarias realizadas con Colombia en el período 2004-2013, que alcanzó los USD 906 millones (COP 1.700 millones), involucrando a 32 empresas y 34 personas. Si esta cantidad no hubiera sido producto de actividades ilícitas, podría haber contribuido a la creación de 210.000 empleos en el país, entre otros impactos positivos en Colombia.

A través de grupos de trabajo que se llevaron a cabo durante la aplicación de todo el ciclo de inteligencia, en el que participaron la fiscalía general de la Nación, agencias de inteligencia extranjeras y la UIAF, fue posible producir retroalimentación entre los participantes, beneficiando así la comprensión general del caso y la corroboración de datos.

La inteligencia que se recopiló cumplió esencialmente su propósito de servir como guía para que los fiscales realizaran su investigación judicial tanto en Colombia como en un país norteamericano. En este último caso, la acusación ya ha comenzado.

Las prácticas de inteligencia aplicadas en este caso para el desmantelamiento de una red de lavado de activos y financiamiento del terrorismo podrían servir de referencia a otras UIF en términos de mecanismos de cooperación e intercambio de información. Como demuestra este caso, estos mecanismos dan resultados. Lo más importante es que ejemplifican el impacto de la inteligencia financiera, así como de la inteligencia económica en general, en las tareas investigativas y judiciales que, en última instancia, deben llevar a cabo las autoridades competentes.

Indicadores valiosos del caso:

- Desajuste de entrada y salida de comercio exterior con los datos reportados;
- Uso indebido de operaciones comerciales (importación y exportación de textiles) para flujos monetarios injustificados;
- Vínculos de los ejecutivos de la empresa con delitos de drogas;
- Vínculos de inteligencia con organizaciones delictivas organizadas;
- Trazabilidad de la información financiera".[113]

2.5. *Lavado de activos en el comercio exterior y lavado de activos de terceros*

Según BECA/Egmont Group, el lavado de activos basado en el comercio exterior es la forma más utilizada de lavado de activos en el mundo, que implica el uso de importaciones y exportaciones y otros tipos de comercio internacional para facilitar el movimiento del dinero transnacional, el cual es el producto del delito. El lavado de activos basado en el comercio exterior también involucra a lavadores de activos profesionales que ofrecen experiencia en técnicas de lavado de activos.

Para BECA/Grupo Egmont, los indicadores de lavado de dinero basados en el comercio incluyen:

- Rápido crecimiento de empresas recién formadas en los mercados existentes;
- Evidencia de pagos en efectivo consistentes y significativos, incluidos aquellos dirigidos a terceros previamente desconocidos;

113 BECA www.egmontgroup.org

- Numerosas transacciones en efectivo por debajo de un umbral de presentación de informes;
- Empresas previamente establecidas especializadas en un sector que inesperadamente pivotan hacia un sector completamente no relacionado;
- Empresas que reciben pagos no justificados e inexplicables de terceros.

2.6. Financiación del terrorismo

Para la Oficina del Alto Comisionado de las Naciones Unidas para los Derechos Humanos, el terrorismo se entiende generalmente como actos de violencia dirigidos contra civiles con fines políticos o ideológicos.[114]Para el grupo Egmont (premios BECA), las organizaciones terroristas "pueden estar involucradas o poseer negocios legítimos, lo que les proporciona una fuente legítima de financiación. Sin embargo, el terrorismo también puede financiarse a través de actividades ilegales y, por lo tanto, puede parecer similar a otras organizaciones criminales...

El financiamiento del terrorismo juega un papel crucial en la preparación e implementación de ataques terroristas, por lo que es fundamental identificar tendencias, métodos e indicadores relacionados con el financiamiento del terrorismo...

Indicadores

- Compra de grandes cantidades de divisas;
- Una cuenta abierta a nombre de una persona jurídica, una fundación o una asociación, que puede estar vinculada a una organización terrorista y muestra un movimiento de dinero por encima del nivel esperado de ingresos;
- Transferencias electrónicas ordenadas en pequeñas cantidades en un aparente esfuerzo por evitar activar los requisitos de identificación o presentación de informes;

---

114 Oficina del Alto Comisionado de las Naciones Unidas para los Derechos Humanos, Derechos Humanos, Terrorismo y Lucha contra el Terrorismo, Nota descriptiva No. 31, 2008. www.ohchr.or/publications/factsheet32es.pdf

- El uso de organizaciones sin fines de lucro para generar y/o transferir fondos".[115]

2.6.1. Financiación del terrorismo en Asia sudoriental:

El siguiente caso de la Unidad de Inteligencia Financiera de Indonesia, conocido como el Centro de Análisis e Informes de Transacciones Financieras de Indonesia (CAITF), describe el uso de sistemas de remesas de dinero y entidades sin fines de lucro para financiar el terrorismo.

El uso de sistemas de envío de dinero y organizaciones sin fines de lucro para financiar el terrorismo

(Centro de análisis e informes de transacciones financieras de Indonesia, CAITF)

"Introducción:

El Centro de Análisis e Informes de Transacciones Financieras de Indonesia (CAITF), que es la Unidad de Inteligencia Financiera de Indonesia, formó un equipo especial para proporcionar una respuesta ágil a los casos de terrorismo y financiación del terrorismo. En colaboración con las autoridades judiciales, este equipo identificó una organización sin fines de lucro que tenía una serie de transacciones que no eran compatibles con su mandato. Una investigación posterior reveló que la NPO también tenía vínculos con algunas partes identificadas como miembros de una red terrorista, y que las transacciones de la NPO incluían fondos enviados o recibidos de países de alto riesgo. Los arrestos resultantes del análisis proactivo del CAITF pueden haber salvado cientos de vidas de ataques terroristas.

La investigación:

En 2015, Indonesia llevó a cabo una Evaluación Nacional del Riesgo de Financiamiento del Terrorismo, la cual encontró que el uso indebido de los fondos de las organizaciones sin fines de lucro (OSFL) se habían convertido en un método de financiamiento del terrorismo.

---

115 www.egmontgroup.org CASOS BECA, página 109.

El 14 de enero del año 2016, Yakarta fue el epicentro de un ataque terrorista con bombas cerca de un centro comercial sobre una calle llamada Thamrin. En respuesta a este incidente, CAIFT) formó un equipo especial para manejar casos de terrorismo y financiamiento del terrorismo. La función de este equipo es proporcionar una respuesta rápida a cualquier caso de terrorismo y apoyar cualquier investigación de terrorismo y financiamiento del terrorismo. Por lo tanto, este equipo intercambia información de manera proactiva con el investigador penal respectivo de un caso de terrorismo. Otra función de este equipo es crear un mapa de las redes de financiación del terrorismo en Indonesia basado en el intercambio de información y en las bases de datos de la CAITF.

Sobre la base del ataque de Yakarta y las conclusiones de la evaluación de riesgos sobre la financiación del terrorismo, el CAITF inició un análisis operacional, especialmente sobre cualquier tema incluido en el mapa de la red de financiación del terrorismo y las organizaciones sin fines de lucro.

CAITF eligió a la Fundación ABC como ejemplo porque realizaba transacciones incompatibles con su propósito; esta organización sin fines de lucro también tenía vínculos con algunas partes identificadas como miembros de la red terrorista. Se encontró una anomalía en los comentarios de transacción de la Fundación ABC como “amor suriah”, “syuhada”, “mujahid” y “la viuda, esposa o hijos de la syuhada”. Además, la fundación ABC estaba siendo promovida en dos sitios web radicales provocativos.

CAITF tuvo conocimiento de un sospechoso debido a varias transacciones de la fundación ABC vinculadas a sus cuentas. El sospechoso tenía cuentas en varios bancos. Estas cuentas recibían depósitos en efectivo relacionados con dinero transferido por parte de individuos y entidades de alto riesgo vinculadas a la financiación del terrorismo. Estas cuentas también mostraban transferencias al propietario de un mostrador de telefonía móvil y compras en un negocio de productos a base de hierbas. La información de Internet encontró una similitud entre el nombre del sospechoso en la base de datos públicas. la cual lo consideraba un radical y un mártir y vinculado a una tienda electrónica para esposas, la cual mostraba retiros de efectivo a través de cajeros automáticos ubicados en áreas que se sabía que estaban conectadas al terrorismo.

Los individuos que recibieron fondos del sospechoso fueron identificados como combatientes terroristas extranjeros, y se sospechaba que los fondos se usaban para comprar dispositivos de comunicación para apoyar al grupo del sospechoso en la coordinación de los ataques terroristas con bombas sobre la calle de Thamrin en enero de 2016. La base de datos que contiene los informes de la instrucción de transferencias internacionales de fondos reveló que el sospechoso recibía y transfería fondos desde y hacia países de alto riesgo. El sospechoso también hacia parte de la red de financiación del terrorismo. Además, CAITF obtuvo información de fuentes públicas de que el sospechoso estaba involucrado con actos de vandalismo ante el Tribunal de Distrito de Bekasi durante las protestas para pedir la liberación del comandante del grupo terrorista Estado Islámico capítulo Indonesia en 2014. Sin embargo, no se solicitó información sobre el sospechoso a la CAITF.

El análisis del caso se inició cuando CAITF optimizó su base de datos para buscar vínculos con organizaciones sin fines de lucro. Una vez que se identificó la Fundación ABC, un analista utilizó una variedad de herramientas analíticas, incluido un examen in situ. El análisis financiero también incluyó fuentes públicas de información, combinadas con la cooperación y coordinación con las autoridades nacionales y extranjeras pertinentes. Después de establecer un grupo de trabajo para mapear la red de financiamiento del terrorismo asociada con este caso, CAITF proporcionó proactivamente la inteligencia a la Policía Nacional de Indonesia.

A nivel de la investigación penal, CAITF identificó al beneficiario real de esos fondos como alias BN, que estaba en la lista de personas designadas como terroristas y se declaró a sí mismo como líder del Estado Islámico en el sudeste asiático. El propósito de las transacciones era enviar a una persona, alias IF (fallecido), a unirse al Estado Islámico en un país del Oriente Medio. Además del dinero que el sospechoso envió a alias BN, el sospechoso también envió dinero a un país del sudeste asiático a través de un servicio de remesas de dinero ubicado en la oficina de correos de Bekasi.

Acción de UIF:

Para rastrear los flujos sospechosos de fondos y otra información relacionada con los indicadores de financiación del terrorismo relacionados con el caso del sospechoso, CAITF utilizó las siguientes fuentes para reunir información:

- El Sistema Integrado de Información al Cliente (SIIC) se administra electrónicamente y se integra en la información específica de los clientes proporcionada al proveedor de servicios financieros. El sistema rastrea el flujo de fondos de los delincuentes que intentan ocultar o disfrazar dinero o el producto del delito en diversos servicios financieros. SIIC puede realizar este análisis de manera más eficiente y efectiva, es más corto y de menor costo.

- Los informes que contienen instrucciones de transferencias hacia y desde el extranjero reportadas al CAITF por bancos y otros proveedores de servicios financieros que realizan servicios internacionales de transferencia de dinero. La ley indonesia contra el lavado de dinero otorga el mandato para implementar esta regulación a partir de 2014 y no hay un umbral en este informe. Sobre la base de datos de IFTI, el analista identificó que HF envió/recibió fondos a/desde jurisdicciones de alto riesgo para el terrorismo.

- La información recolectada en Internet encontró una similitud entre el nombre del sospechoso en la base de datos de ciudadanía o registro civil y la información pública, que lo consideraba un mártir radical.

- La base de datos de ciudadanía o registro civil contiene números de identidad, fecha y lugar de nacimiento, direcciones y nombres de cónyuges e hijos. En el caso del sospechoso, se utilizó la base de datos de ciudadanía o registro civil para confirmar que el sospechoso analizado era la misma persona con el nombre encontrado en los medios de comunicación relacionados con los actos terroristas.

- El examen *in situ* analizó y examinó los informes y la información según lo previsto.

El CAITF también analizó los informes pertinentes sobre transacciones sospechosas (STR) presentados por las instituciones financiera obligadas a reportar como resultado de la exploración de bases de datos relacionadas con el sospechoso y las redes, y trabajó con la retroalimentación de los investigadores penales.

A partir de las verificaciones efectuadas en la base de datos, CAITF encontró al sospechoso y a otras personas involucradas en depósitos en efectivo a la organización sin ánimo de lucro. También recibieron dinero supuestamente para actividades sociales que en realidad se utilizaron para financiar el terrorismo y retirar efectivo en áreas que son ampliamente conocidas por ser zonas rojas para ataques terroristas. En relación con estos hallazgos, PPATK se asoció con las partes interesadas nacionales. CAITF también involucró a otros países en el caso para hacerlos conscientes de la amenaza que representaba el sospechoso y la red terrorista. Los fondos entrantes y salientes parecían estar relacionados con actividades terroristas en las que participaban algunas personas en otras jurisdicciones. Las transacciones internacionales del sospechoso involucraron a tres países, a los cuales CAITF alertó sobre la afiliación del sospechoso con el Estado Islámico para que esos países monitorearan la transacción.

CAITF también intercambió información sobre este caso con Unidades de Inteligencia Financiera relacionadas con el foro del Grupo Consultivo de Inteligencia Financiera. Este foro fue creado para facilitar la coordinación, incluido el intercambio de información entre las UIF en los países del sudeste asiático, Australia y Nueva Zelanda con casos relacionados con el lavado de activos y el financiamiento del terrorismo.

Evolución del caso:

Sobre la base de los informes de inteligencia presentados por el CAITF, la Policía Nacional de Indonesia llevó a cabo una investigación relacionada con el terrorismo y la financiación del terrorismo, con el sospechoso como principal objetivo de la investigación. Después, la Policía Nacional de Indonesia presentó los expedientes a la Oficina del fiscal general de la República de Indonesia para la respectiva investigación penal. El sospechoso fue acusado de terrorismo y financiación del terrorismo y declarado culpable por el Tribunal de Distrito de Yakarta Oriental en diciembre de 2016. El sospechoso fue condenado a seis años de prisión por posesión ilegal de armas.

El tribunal que juzgó al sospechoso confiscó pruebas relacionadas con el cargo de armas ilegales del sospechoso; una bolsa negra que contenía siete armas de fuego de V. Bernardelli Gardone, un revólver Smith & Wesson calibre 32, una pistola de P-3A Kal. 7,65 mm, un cargador que contenía 7 balas GFL Cal. 7,65 mm, cinco cargadores que contenían 18 balas GFL Cal. 7,65 mm, guantes negros, una grabadora de video, gafas de sol y una unidad flash.

Resultado/Contribución del caso:

Esta investigación condujo al arresto de un terrorista que había planeado varios ataques terroristas en Indonesia. La cooperación entre CAITF y la Policía Nacional de Indonesia para iniciar la investigación del sospechoso fue esencial. El análisis de los informes sobre transacciones sospechosas impidió que el sospechoso y los individuos relacionados llevaran a cabo ataques terroristas. Este caso demostró la capacidad de CAITF para identificar y vincular a los sospechosos. Sobre la base de esta información, los sospechosos fueron arrestados y condenados a prisión, posiblemente salvando cientos de vidas.

Indicadores valiosos del caso:

- CAITF pudo hacer un mapa de la red de financiación del terrorismo;

- Transacción de una organización sin ánimo de lucro resultó ser inconsistente con su propósito;

- Vínculos de organizaciones sin fines de lucro con redes y sitios web terroristas;

- Múltiples transacciones en áreas que se sabe que están conectadas con el terrorismo o con países de alto riesgo".[116]

2.7. Crimen organizado

El objetivo principal del crimen organizado es "la ganancia financiera…Además, la delincuencia organizada afecta a todos los Estados, ya sea como países de oferta, tránsito o demanda. Como tal, la delincuencia organizada moderna constituye un desafío global que debe ser enfrentado con una respuesta concertada y global. La globalización y la mejora de la tecnología han contribuido enormemente al crecimiento y la internacionalización de la delincuencia organizada. Las autoridades competentes también están observando un nexo entre el crimen organizado y el financiamiento del terrorismo: Cada una de estas actividades trata de aprovechar las oportunidades que presenta la otra…

Indicadores

- Utilización de bancos extranjeros;
- Uso de moneda extranjera;
- Uso de terceros o testaferros financieros, compañías fantasmas, frentes u otros instrumentos societarios para ocultar la propiedad de activos, negocios o cuentas bancarias de los reales titulares de tales activos;
- Asociaciones delictivas conocidas;

---

[116] Ver Caso BECA

- Depósitos seguidos de transferencias inmediatas a los países donde la organización criminal tiene interés;
- Depósitos de grandes cantidades de efectivo;
- Pagos de billetes de avión por un tercero;
- Grandes retiros de efectivo;
- Interconexión con empresas aparentemente independientes;
- Uso de empleados fantasmas por parte de las empresas;
- Presencia de socios silenciosos;
- Propiedad de activos ocultos.[117]

2.7.1 Trata de personas

Para el Grupo Egmont Group (concurso BECA), "una forma en que los grupos del crimen organizado ganan dinero es quitarle la libertad a una persona. La trata de personas viola uno de los derechos más fundamentales, atacando la dignidad humana en su núcleo... Los ingresos generados por estas actividades han crecido tanto que ahora compiten con las fuentes tradicionales de financiamiento utilizadas por los grupos delictivos organizados, como el narcotráfico. Esta es la razón por la cual los especialistas en antilavado de dinero y financiamiento del terrorismo estudian formas de aprovechar el sistema contra el lavado de dinero para detectar, disuadir, interrumpir e investigar la trata de personas ...

Indicadores:

- Establecimiento de empresas con el supuesto propósito de ofrecer servicios turísticos o de empleo en un país extranjero;
- Transferencias internacionales de dinero utilizando proveedores de servicios monetarios tradicionalmente utilizados para fines de envío de remesas (como Western Unión, Contakt, Money Gram) desde países con un alto riesgo de recibir tráfico ilegal de personas;
- El número de remitentes de remesas es considerablemente mayor que el número de destinatarios;

---

117 Para información adicional ver egmontgroup.org página 109

- Las remesas enviadas se dividen entre diferentes cuentas relacionadas;
- Las transferencias de dinero son inconsistentes con las actividades económicas de los propios remitentes;
- Las personas reciben transferencias de fondos o remesas de remitentes con los que no hay conexión aparente;
- Las empresas registradas como proveedores de servicios de telecomunicaciones o Internet reciben fondos respaldados por facturas con "servicios" no revelados o mal descritos;
- Las compañías offshore legítimas son adquiridas y luego utilizadas para abrir cuentas bancarias para dichas compañías en países diferentes a aquellos en los que las empresas están registradas;
- Uso de sistemas de tarjetas de crédito en línea, como CC Bill, para transferir dinero para abrir cuentas para compañías offshore o cuentas de tarjetas de crédito.

El desarrollo de métodos y estrategias para detectar, desbaratar y prevenir el terrorismo, la delincuencia organizada y la trata de personas, así como el intercambio de información y la cooperación internacional, es clave para combatir el lavado de dinero en su conjunto y salvar a las víctimas de destinos crueles. El papel de las UIF en esta esfera es sumamente valioso, y muchas de ellas han tenido éxito en el manejo de casos de trata de personas.

El papel de las UIF en esta esfera es sumamente valioso, y muchas de ellas han tenido éxito en el manejo de casos de trata de personas".[118]

2.7.2. Trata de personas en América del Sur

El siguiente caso de la Unidad de Inteligencia Financiera de Argentina describe los vínculos entre la trata de personas, la explotación sexual, el crimen organizado y el lavado de dinero. Los sectores involucrados en el caso incluyeron la industria del juego, el transporte

118 Ver Grupo Egmont www.egmontgroup.org página 109.

urbano privado (servicio de taxi de tarifa fija), la administración de clubes de fútbol y la industria hotelera.

Desmantelamiento exitoso de una organización de trata de personas y lavado de dinero
Argentina, UIF-AR

"Introducción:

Una investigación nacional que involucró a varias agencias fue iniciada por la madre de una mujer que fue secuestrada por una red de trata de personas. Después de que los miembros de la organización criminal involucrados fueran absueltos en 2012, la madre se acercó a la Unidad de Inteligencia Financiera (UIF) de Argentina, UIF-AR, con información sobre elementos clave del esquema de lavado de dinero de esta organización.

Este esquema involucró tres vehículos principales que fueron operados por los delincuentes y a través de los cuales se lavaron los fondos: una compañía que administra juegos de azar, una agencia de automóviles con chofer y una compañía de administración de clubes de fútbol. Algunas de las tipologías y transacciones de lavado de dinero realizadas por estas personas involucraban facturas falsas, depósitos en efectivo en cuentas sin antecedentes económicos, premios falsos supuestamente obtenidos a través de juegos de azar y la compra de artículos de lujo.

La Investigación:

El 3 de octubre de 2002, una mujer de 23 años fue secuestrada por una red de trata de personas que operaba en la región norte de Argentina. Esta mujer sigue desaparecida. La investigación penal terminó en 2012 con la absolución de todos los acusados del caso. La madre de la mujer desaparecida reaccionó revelando elementos clave del esquema de lavado de activos de esta organización a la Unidad de Inteligencia Financiera de Argentina (UIFAR). Su revelación inició una investigación nacional que involucró la cooperación entre varias agencias estatales.

En marzo de 2013, la UIFAR recibió una solicitud formal de la fiscalía general de la Nación para obtener asistencia con la investigación en curso sobre la trata de personas. Como parte de esta asistencia, los analistas de la UIFAR brindaron apoyo a otras agencias estatales para realizar varias búsquedas, donde se incautaron documentos claves, armas de fuego y cantidades significativas de dinero en efectivo. Después de que terminaron las búsquedas, varios agentes de la UIFAR y la Patrulla Fronteriza revisaron esta evidencia en una tarea intensiva que duró aproximadamente tres semanas. Al analizar esta nueva información, junto con los informes de actividades sospechosas (SAR) existentes y la información proporcionada por otras agencias, la UIF-AR pudo establecer que esta organización criminal tenía una estrategia triple para lavar el producto del delito: una empresa que realizaba juegos de azar, una empresa que proporciona un servicio de taxi de tarifa fija y una empresa de administración de clubes de fútbol. Con estos hallazgos, seis personas fueron puestas bajo custodia en diciembre de 2013, mientras que varias otras fueron condenadas a prisión.

Los analistas de la UIFAR participaron en varias audiencias y proporcionaron testimonios de testigos. En diciembre de 2017, muchos actores clave de esta organización criminal fueron condenados en un Tribunal Federal. Rubén Eduardo Ale fue condenado por LAVADO DE DINERO, USURA, EXTORSIÓN, APROVECHAMIENTO DE LA EXPLOTACIÓN SEXUAL, NARCOTRÁFICO Y LIDERAR UNA CONSPIRACIÓN. Por estos cargos, Rubén Eduardo Ale Rubén Eduardo Ale fue condenado a 10 años de prisión y multado con 8 millones de ARS.Adolfo Ángel Ale fue condenado por los mismos delitos, recibiendo la misma sentencia y multa. Otros cinco acusados fueron declarados culpables como cómplices, recibiendo sentencias que oscilaban entre 6 y 7 años de prisión. Finalmente, seis acusados fueron condenados por CONSPIRACIÓN PARA DELINQUIR y TRÁFICO DE DROGAS, recibiendo penas de 3 a 4 años de prisión.

Esta sentencia fue apelada ante la Audiencia Nacional de Casación en Materia Penal. Inicialmente, a los acusados clave se les concedió arresto domiciliario mientras esperaban los resultados de la apelación. Pero este arresto domiciliario fue revocado y los acusados fueron trasladados de regreso a una prisión federal mientras esperan el fallo sobre la apelación.

Acción de UIF:

La información inicial presentada a la UIFAR por la madre de la mujer desaparecida en 2012 dio lugar a varios reportes de actividad sospechosa los cuales fueron procesados por analistas de las Unidades de Inteligencia Financiera de las entidades financieras de Argentina y obligadas a reportar actividad sospechosa. Combinando esta información con lo obtenido a través de búsquedas y a través de la colaboración con otras agencias gubernamentales, la UIFAR produjo informes de inteligencia que establecieron una hipótesis de lavado de activos. Los informes mostraron que los miembros de esta organización criminal utilizaron varias empresas para ocultar el producto del delito.

Primero, una compañía que realizaba juegos de azar y apuestas, y a través de la cual se emitían documentos de pago relacionados con premios inexistentes a los accionistas de la empresa (es decir, los propios delincuentes). Esta misma firma ingresó a un programa de amnistía voluntaria de impuestos establecido en 2008 por un total de ARS 3 millones. De hecho, al ingresar a este programa de amnistía tributaria esta firma estaba haciendo una declaración formal a las autoridades fiscales argentinas expresando que poseía 3 millones de pesos argentinos, por los cuales no había pagado impuestos. Impuestos antes. Esta suma, sin embargo, no podía justificarse por la actividad económica de la empresa. En segundo lugar, otra compañía involucrada en el esquema criminal proporcionó un servicio de taxi de tarifa fija. Adquirió muchos activos y recibió muchos depósitos en efectivo en sus cuentas bancarias. Estos depósitos se realizaron sin documentación sobre el origen de los fondos.

En tercer lugar, una compañía llamada GD administraba un club de fútbol local y estaba dirigida por miembros de la organización criminal. Esta firma levantó varias sospechas, incluyendo inconsistencias con respecto a las concesiones comerciales y la venta y compra de jugadores de fútbol. Uno de los socios de GD también administró un hotel en el que había sobrefacturación por los servicios de alojamiento que se proporcionaban al público en general. La firma GD también fue utilizada como una empresa fachada para comprar bienes raíces, joyas y vehículos de lujo.

Evolución del caso:

Este caso comenzó con la información revelada por la madre de una de las víctimas de esta organización criminal. La UIFAR convirtió estos datos en inteligencia y proporcionó a las autoridades judiciales hallazgos que impulsaron la investigación y permitieron que los delincuentes fueran acusados de lavado de activos.

Varios activos fueron identificados durante la investigación, incluyendo autos de lujo, bienes raíces y joyas. Todos estos activos, junto con armas de fuego y grandes sumas de dinero en efectivo, fueron incautados, lo que permitió que millones de pesos argentinos de ganancias ilícitas se aplicaran a una buena causa. Además, las sentencias dictadas especificaron que las multas deberían pagarse con los activos de los actores de la organización criminal hasta el monto total.

Resultado/Contribución del caso:

El presente caso constituye una contribución significativa a la lucha contra la delincuencia organizada, el lavado de dinero y uno de los delitos más atroces y abominables: la trata de personas. Esta investigación no solo condujo a la condena de varios delincuentes y a la incautación de activos por valor de millones de pesos argentinos, sino que también detuvo el desarrollo de una red de tráfico de personas en el norte de Argentina. También vale la pena señalar que la incautación de los activos crea un elemento disuasorio para los futuros lavadores de dinero.

Indicadores valiosos en el caso:

- Varios reportes de actividad sospechosa con respecto a grandes transacciones en efectivo;
- Compra de un gran número de propiedades inmobiliarias y vehículos de motor de lujo por personas con poca o ninguna experiencia económica;
- Grandes sumas de efectivo depositadas en cuentas bancarias para empresas de reciente creación. Los accionistas de las empresas también presentaron sus primeras declaraciones de impuestos al mismo tiempo que se crearon dichas empresas;
- Inconsistencias con respecto a la presentación de impuestos;
- Solicitud de un beneficio de amnistía fiscal: Uno de los delincuentes clave en este caso solicitó un beneficio en un régimen de amnistía fiscal que permitía a los contribuyentes argentinos declarar activos por los que no habían pagado impuestos, mientras que las autoridades argentinas les garantizaban que no serían procesados por evasión fiscal, pero el hecho de que este individuo solicitara este beneficio y especialmente la suma de los fondos declarados generó dudas sobre la fuente económica. De tal riqueza, lo que desencadenó en un análisis con más profundidad llevado a cabo por la UIF de Argentina.[119]

---

119 www.egmontgroup.org página 113

Capítulo 3
EL ROL DE LAS ORGANIZACIONES INTERNACIONALES COMO LEGISLADORES EN LA LUCHA GLOBAL CONTRA EL CRIMEN FINANCIERO TRANSNACIONAL

¿NECESITAN HACER MÁS?

1. INTRODUCCIÓN A LAS ORGANIZACIONES INTERNACIONALES

Existen organizaciones internacionales encargadas de legislar sobre cuestiones relativas a la delincuencia financiera transnacional. Las organizaciones internacionales, como las Naciones Unidas (ONU), la Unión Europea (UE), el Fondo Monetario Internacional (FMI), el Banco Mundial y las Organizaciones de los Estados Americanos (OEA), entre otras, desempeñan un papel relevante en la guerra global contra la delincuencia financiera transnacional. La ONU, la UE y la OEA actúan más como legisladores internacionales o emisores de leyes conocidas como *hard law* (por sus siglas en inglés) en la lucha global contra el crimen financiero transnacional. El FMI y el Banco Mundial actúan más como actores o motores haciendo que sus países miembros cumplan con esta área del derecho internacional.

Además, existen organizaciones internacionales específicas, como el Grupo de Acción Financiera Internacional (GAFI), el Comité de Basilea y la Organización Internacional de la Comisión de Valores (OICV), las cuales son conocidas, según el derecho internacional, como organismos normativos internacionales contra la guerra contra la delincuencia financiera transnacional. Aunque el GAFI cumple una función de cumplimiento a través de su proceso de revisión de jurisdicciones con deficiencias estratégicas contra los delitos financieros, estos organismos normativos internacionales actúan más como legisladores o emisores de normas conocidas como estándares o recomendaciones o conocidas también como *soft law* (por sus siglas en inglés).

El siguiente gráfico muestra las organizaciones internacionales que desempeñan un papel relevante en la lucha global contra la delincuencia financiera transnacional:

Tabla 4. Primer grupo de organizaciones internacionales que luchan contra el crimen financiero transnacional:

Legisladores Internacionales (*Hard Law*)	Organismos normativos internacionales emisores de estándares o recomendaciones (*soft law*).	Actores o motores de cumplimiento	Asistencia técnica contra el lavado de activos y la financiación del terrorismo
• ONU • UE • OEA • OCDE	• GAFI • Comité De Basilea • OICV	• FMI • Banco Mundial • GAFI • INTERPOL	• Organismos regionales similares al GAFI. Ejemplo: Grupo de Acción Financiera de Latinoamérica, GAFILAT • INTERPOL

Ahora, vamos a presentar una definición de organizaciones internacionales al lector. Para el *Black's Law Dictionary* (por sus siglas en inglés), las organizaciones internacionales son "asociaciones intergubernamentales de países, establecidas y operadas de acuerdo con tratados multilaterales, cuyo propósito es lograr los objetivos comunes de esos países".[120] El ex juez de la Corte Internacional de Justicia, Thomas Buergenthal, y el profesor de derecho de la Universidad George Washington, Sean D. Murphy, han definido las organizaciones internacionales como "instituciones establecidas por un tratado, a veces denominado 'carta', que sirve como la 'constitución de la organización ... compuesto por miembros que son Estados u organizaciones internacionales... regulado por el derecho internacional y... dotado de personalidad jurídica y, por lo tanto, generalmente puede celebrar contratos, y puede demandar y ser demandado ante los tribunales nacionales con sujeción a determinadas inmunidades.[121]

2. LA CREACIÓN DE ORGANIZACIONES INTERNACIONALES QUE LUCHAN CONTRA LA DELINCUENCIA FINANCIERA TRANSNACIONAL

Las organizaciones internacionales pueden ser creadas por tratado o carta, como la ONU. El tratado fundacional de la ONU también se conoce como la Carta de la ONU. La ONU ha promulgado convenciones internacionales que tratan sobre asuntos relacionados con la lucha contra los delitos financieros transnacionales. En virtud de la Convención de las Naciones Unidas contra la Delincuencia Organizada Transnacional, que forma parte del marco jurídico internacional en la guerra contra la delincuencia financiera transnacional, cada Estado Parte en ella tipificará como delito el lavado de dinero (blanqueo del producto del delito) e instituirá un régimen de reglamentación y supervisión para que los bancos y las instituciones financieras no bancarias combatan el lavado de activos.

Los Estados ubicados en el hemisferio occidental crearon la OEA a través de un tratado (la Carta de la OEA). La OEA emitió una legislación modelo para sus miembros destinada a hacer frente al lavado de activos. Además, la Comisión Interamericana para el Control del

120 Black's Law Dictionary, página 402.

121 Buergenthal Thomas y Murphy D. Sean, Derecho Internacional Público. Thomson West, cuarta edición, página 42.

Abuso de Drogas (CICAD) sirve como un foro para que los Estados miembros de la OEA discutan y encuentren soluciones al problema de las drogas. Para lograr su misión, la CICAD trabaja en estrecha colaboración con otras agencias internacionales regidas por el derecho internacional, como la Oficina de las Naciones Unidas contra la Droga y el Delito y la Junta Internacional de Fiscalización de Estupefacientes.[122] Asimismo, las organizaciones internacionales son creadas por Convenio Constitutivo[123], como el FMI, el Banco Mundial o el Banco Interamericano de Desarrollo. El FMI y el Banco Mundial han sido actores internacionales influyentes en la formulación de políticas contra el lavado de activos a escala mundial.

Aunque se ha pensado que las organizaciones internacionales son establecidas por tratados internacionales, hay organizaciones internacionales que no se crearon a través de tratados. Por ejemplo, el Grupo de Acción Financiera Internacional (GAFI), que es un organismo internacional de formulación de políticas contra el lavado de activos y financiación del terrorismo y establecido por la Cumbre del Grupo de los 7 oG-7,[124] la cual se celebró en París en 1989, "no se formó como una organización internacional formal. Más bien, el GAFI se creó co-

---

122 www.cicad.oea.org

123 Los artículos de los acuerdos, también conocidos como convenios constitutivos, también se consideran tratados internacionales. Las convenciones internacionales también son tratados. Los Estados son signatarios de artículos de los o convenios constitutivos/tratados/convenciones internacionales. Los Estados deben ratificar los convenios constitutivos, los tratados y las convenciones internacionales con arreglo a sus propios procedimientos constitucionales. De conformidad con la Constitución de los Estados Unidos, dos tercios del Senado de los Estados Unidos deben proporcionar asesoramiento y consentimiento antes de que el Presidente pueda ratificar un tratado. Según la Constitución colombiana, el Congreso colombiano tiene el poder de aprobar o desaprobar un tratado. Si el Congreso colombiano aprueba el tratado mediante la promulgación de una ley aprobatoria que contiene el tratado, la Corte Constitucional colombiana debe examinar la constitucionalidad del tratado y la ley que aprueba el tratado antes de que el Presidente colombiano firme la ley aprobatoria que contiene el tratado.

124 El Grupo de los 7, G-7, es un foro intergubernamental. Los miembros del G-7 son Alemania, Canadá, Estados Unidos de América, Francia, Italia, Japón y Reino Unido. Estos países del G-7 son considerados grandes potencias. en diplomacia y política internacional. Los países del G-7 recopilados por el G-7 representan las economías avanzadas más grandes del mundo.

mo un grupo de trabajo compuesto por gobiernos miembros del G-7 que acordaron financiar el GAFI de forma temporal con objetivos y proyectos específicos (un 'mandato')".[125] El GAFI tiene como objetivo establecer estándares (derecho indicativo) para combatir los delitos financieros transnacionales, como el lavado de dinero y el financiamiento del terrorismo.

Además del GAFI, existen organismos regionales similares al GAFI. Estas organizaciones internacionales de carácter regional conocidas como FSRB (por sus siglas en inglés) tienen una estructura orgánica y "forma y funciones similares a las del GAFI. También se consideran Miembros Asociados del GAFI. Al establecer normas, el GAFI depende de las aportaciones de los FSRB tanto como de sus propios miembros; sin embargo, el GAFI sigue siendo el único organismo normativo". Varios países miembros del GAFI también son miembros de los nueve FSRB, los cuales son los siguientes:

- Grupo de Asia y el Pacífico sobre Lavado de Activos;
- Grupo de Acción Financiera del Caribe (GAFIC);
- El Comité de Expertos del Consejo de Europa sobre la evaluación de las medidas contra el lavado de activos y la financiación del terrorismo (MONEYVAL, anteriormente PC-R-EV);
- Grupo Euroasiático (EAG).
- Grupo de lucha contra el lavado de activos en África oriental y meridional (ESAAMLG);
- Grupo de Acción Financiera de América Latina (GAFILAT), anteriormente conocido como Grupo de Acción Financiera contra el Lavado de Activos en América del Sur;
- Grupo de Acción Intergubernamental contra el Lavado de Activos en África Occidental (GIABA);
- Grupo de Acción Financiera para Oriente Medio y Norte de África (MENAFATF).
- Grupo de Trabajo sobre el lavado de activos en África central (GABAC).

---

125 www.faft-gafi.org/history

Además, hay organizaciones internacionales que se crearon como organización sin fines de lucro en virtud de las legislaciones nacionales. Por ejemplo, en 1987, el Gobierno de Quebec ayudó a incorporar la Organización Internacional de Comisiones de Valores, OICV, como una entidad legal sin fines de lucro bajo un acto privado en Quebec, sancionado por la Asamblea Nacional de Quebec. OICV reúne a los reguladores de valores[126] del mundo y es reconocido como el creador de estándares globales para el sector de valores.[127] El número actual de miembros en OICV ha llegado a 231 (enero de 2022). Como tal, la membresía de OICV regula más del 95 % de los mercados de valores[128] del mundo en más de 130 jurisdicciones; Los reguladores de valores en los mercados emergentes representan el 75 %[129] de su membresía ordinaria.

Además, ha habido entidades gubernamentales diferentes de las ramas tradicionales del poder público (ejecutivo, legislativo y judicial) que han establecido organizaciones internacionales. Por ejemplo, los gobernadores de los bancos centrales de los países del G-10 establecieron, en 1974, el Comité de Supervisión Bancaria de Basilea[130] (CSBB por sus siglas en inglés) o Comité de Basilea. En virtud de la Carta Constitutiva del Comité de Basilea, el Comité de Basilea es el principal organismo normativo mundial (*soft law*) para la regulación prudencial de los bancos y proporciona un foro para la cooperación en materia de supervisión bancaria. El Comité de Basilea también ha publicado principios para prevenir el uso delictivo del sistema bancario con fines criminales tales como el lavado de activos. Los miembros del Comité de Basiliea incluyen agencias gubernamentales con autoridad de supervisión bancaria directa y bancos centrales. De conformidad con la Carta Constitutiva del Comité de Basilea, el Comité de

126 Ejemplos de comisiones de valores incluyen: la Comisión de Bolsa y Valores de los Estados Unidos (SEC), la Superintendencia Financiera de Colombia (SFC), la Comisión Nacional Bancaria y de Valores de México, la Comisión Australiana de Valores e Inversiones o la Comisión Reguladora de Valores de la República Popular de China, por mencionar algunas.

127 www.iosco.org/about.

128 www.iosco.org/about.

129 www.iosco.org/about.

130 www.bis.org/bcbs/charter.htm

Basilea no posee ninguna autoridad supranacional formal, ya que sus decisiones no tienen fuerza jurídica.

Además, ha habido entidades gubernamentales descentralizados, que están bajo el control de la rama ejecutiva del poder público (adscritas a ministerios), que han formado organizaciones internacionales. Por ejemplo, en 1995, una red de 24 entidades del Estado del orden nacional y de inteligencia financiera[131] estableció el Grupo Egmont de Unidades de Inteligencia Financiera. Actualmente, el Grupo Egmont es "un cuerpo unido de 167 Unidades de Inteligencia Financiera (UIF). El Grupo Egmont proporciona una plataforma para el intercambio seguro de conocimientos especializados e inteligencia financiera para combatir el lavado de activos y la financiación del terrorismo".[132]

3. CARACTERÍSTICAS DE LAS ORGANIZACIONES INTERNACIONALES (OI)

Las OI pueden ser actores.[133] También pueden ser un foro para sus Estados miembros. Las OI también pueden ser un recurso valioso para sus miembros estatales. Las organizaciones internacionales son

---

[131] Las Unidades de Inteligencia Financiera son entidades del Estado del orden nacional descentralizadas que pueden estar bajo el control de la rama ejecutiva del poder público o bajo el poder judicial. Por ejemplo, la Unidad de Información y Análisis Financiero, UIAF, es una unidad administrativa especial de la República de Colombia, con personería jurídica, autonomía administrative y financiera, de carácter técnico, adscrita al Ministerio de Hacienda y Crédito Público de Colombia. FinCen es una oficina del Departamento del Tesoro de los Estados Unidos. El secretario del Tesoro de los Estados Unidos nombra al jefe del FinCen, quien, a su vez, informa al Subsecretario del Tesoro sobre temas relacionados con la financiación del terrorismo e Inteligencia Financiera. En El Salvador, la Unidad de Investigación Financiera está adscrita a la fiscalía general de la República de El Salvador. Las Unidades de Inteligencia Financiera obtienen y hacen análisis de informes de transacciones sospechosas y otra información relevante para abordar el lavado de activos, los delitos subyacentes asociados al lavado de activos y el financiamiento del terrorismo. La mayoría de las veces, difunden los resultados del análisis a los fiscales antilavado o anticorrupción para la respectiva investigación penal.

[132] www.egmontgroup.org/en/content/about

[133] Hurd Ian, Organizaciones Internacionales. Páginas 21, 22

actores en la guerra contra la delincuencia financiera transnacional cuando emiten normas de derecho internacional para hacerle frente a la delincuencia financiera transnacional. Las organizaciones internacionales son foros en la guerra contra el crimen financiero transnacional cuando organizan sesiones plenarias a sus Estados miembros para discutir la agenda global para combatir el lavado de activos y el financiamiento del terrorismo. Por último, las organizaciones internacionales pueden proveer asistencia técnica a los países que se embarcan en la lucha contra la delincuencia financiera transnacional.

4. DELEGACIÓN Y ELABORACIÓN DE NORMAS JURÍDICAS POR PARTE DE ORGANIZACIONES INTERNACIONALES PARA COMBATIR LA DELINCUENCIA FINANCIERA TRANSNACIONAL

Las organizaciones internacionales pueden estar explícitamente facultadas para crear derecho internacional a través de un proceso legislativo el cual es delegado a ellas por parte de los Estados miembros.[134] ¿Qué significa este tipo de delegación para el derecho internacional? Los académicos, como Ian Johnstone, afirman que "una definición no citada de delegación internacional es una 'concesión de autoridad por dos o más Estados a un organismo internacional para tomar decisiones o tomar medidas'... La definición amplia tiene la virtud de capturar toda la gama de funciones que realizan los delegados... incluyendo una labor legislativa, o adjudicativa, regulatoria, o de monitoreo y cumplimiento, establecimiento de agenda, investigación y asesoramiento, implementación de políticas y redelegación".[135]

El acto de delegación de los estados a las organizaciones internacionales para crear el derecho internacional para regular la lucha global contra los delitos financieros transnacionales puede ser "explí-

---

134 Johnstone Ian. Elaboración de leyes por organizaciones internacionales. Perspectivas de la teoría IL/IR. Página 266. Perspectivas interdisciplinarias sobre derecho internacional y relaciones internacionales. El estado del arte. Cambridge University Press.

135 Ibid., página 267.

cito, implícito y atenuado".[136] El acto de delegación a organizaciones internacionales para crear derecho internacional puede ser explícito. El acto de delegación explícito se puede explicar bajo la teoría principal-agente, que se asocia principalmente al derecho corporativo y contractual que regula las relaciones entre la alta dirección corporativa (agente) y los accionistas (principales). Sin embargo, la teoría principal-agente se puede aplicar a la relación entre los Estados y las organizaciones internacionales bajo el derecho internacional. Para Johnstone, "el tipo más simple de delegación es cuando un Estado o Estados otorgan explícitamente autoridad a una OI. Este tipo de delegación se presta a un análisis científico social riguroso, por ejemplo, a través de la teoría principal-agencia, porque generalmente es bastante fácil identificar los principales, el agente y los poderes conferidos al agente por los principales".[137]

Gráfico 5. Teoría Principal-Agente:

Estados (principales)

Organizaciones Internacionales (agentes)

Elaboracion De Normas Juridicas Por Parte De Organizaciones Internacionales

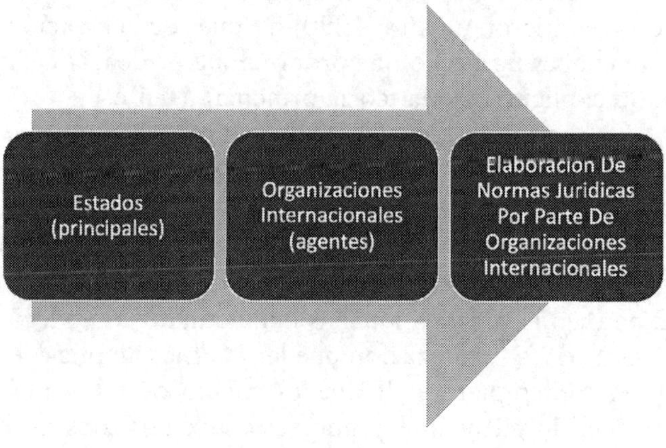

5. EJEMPLO DE DELEGACIÓN EXPLÍCITA

La creación del GAFI es un ejemplo de delegación explícita. En el marco de la Cumbre del G-7 celebrada en París (1989), los jefes de

---

136 Ibid.., página 267

137 Ibid. página 267

Estado y de Gobierno del G-7 y el presidente de la Comisión Europea establecieron el GAFI. Los Estados del G-7 y la Unión Europea a través de la Comisión Europea (actuando como principales) crearon el GAFI (agente) en respuesta a la creciente preocupación por el lavado de activos y la amenaza que el lavado de activos representaba para el sistema bancario internacional.[138] Los principales (Estados del G-7 y la Unión Europea) dieron al agente (GAFI) el siguiente mandato: La "responsabilidad de examinar las técnicas y tendencias de lavado de dinero, revisar las acciones que ya se habían tomado a nivel nacional o internacional y establecer las medidas que debían tomarse para combatir el lavado de activos".[139]

De conformidad con el mandato otorgado por los Estados del G-7 y la Unión Europea, el GAFI, en 1990, "emitió un informe que contenía un conjunto de cuarenta recomendaciones, que tenían la intención de proporcionar un plan de acción integral necesario para luchar contra el lavado de activos".[140] Es apropiado subrayar que las recomendaciones se emitieron un año (1990) después de la creación del GAFI (1989), lo cual es un hecho que proporciona evidencia del modelo de delegación explícita bajo la teoría principal-agente.

Además de la delegación explícita, los académicos han señalado la existencia de una delegación implícita en el ámbito de la diplomacia y el derecho internacional. Johnstone afirma que "más difíciles, pero igual de comunes, son los actos de delegación implícita. A pocas organizaciones internacionales se les da autoridad explícita para legislar, pero en la práctica muchas han actuado como legisladores... Las prácticas de la organización pueden ser más amplias de lo que los fundadores contemplaron o lo que los miembros que se unen más tarde esperarían simplemente leyendo sus convenios constitutivos".[141]

---

138 www.fatf-gafi.org/about/history.
139 www.fatf-gafi.org/about/history.
140 www.fatf-gafi.org/about/history.
141 *Op. Cit.* página 268 (Johnstone).

6. UN CASO DE DELEGACIÓN IMPLÍCITA

Las circunstancias especiales de la historia, como los ataques terroristas del 11 de septiembre de 2001 contra los Estados Unidos, pueden desencadenar la delegación implícita bajo la cual las organizaciones internacionales pueden participar en la elaboración de normas jurídicas para tomar medidas contra los delitos financieros transnacionales, como la financiación del terrorismo. Como señala Johnstone, "¿Se puede suponer razonablemente que, al establecer la ONU, los miembros fundadores pretendían que el Consejo de Seguridad fuera a ¿legislar sobre terrorismo?"[142]

Hay evidencia que demuestran que las organizaciones internacionales han adoptado el enfoque de delegación implícita para participar en actividades legislativas mientras participan en el ruedo de la política internacional. Aunque los fundadores de la ONU no facultaron explícitamente al Consejo de Seguridad para emitir normas jurídicas internacionales obligatorias para prevenir y penalizar el financiamiento del terrorismo, el Consejo de Seguridad de la ONU emitió la Resolución 1373 (2001). A raíz de los ataques terroristas del 11 de septiembre de 2001, el Consejo de Seguridad de la ONU emitió la Resolución 1373 (2001). En virtud de la Resolución 1373, los Estados prevendrán y reprimirán la financiación del terrorismo, tipificarán como delito la provisión o recaudación intencionales, por cualquier medio, directa o indirectamente, de fondos por sus nacionales o en sus territorios con la intención de que los fondos se utilicen, o a sabiendas de que se utilizarán, para llevar a cabo actos terroristas.

Asimismo, el Consejo de Seguridad de la ONU, en 2019, emitió la Resolución 2462 en virtud de la cual insta a los Estados miembros, que aún no lo han hecho, a establecer Unidades de Inteligencia Financiera operativamente independientes y autónomas con miras a fortalecer su marco jurídico para prevenir y contrarrestar el financiamiento del terrorismo, en línea con los estándares o recomendaciones del GAFI.

El tercer tipo de delegación es la delegación atenuada. Para Johnstone, "los teóricos de las relaciones internacionales hablan de las

---

[142] *Op. Cit.* página 268 (Johnstone).

'consecuencias no deseadas' de la delegación… Las organizaciones pueden adquirir sus propias preferencias, separadas de las de los Estados miembros, lo que lleva a la deriva de las políticas, el deslizamiento o la 'reducción'. En términos principal-agente, esto es indeseable desde el punto de vista del principal, algo que debe ser controlado".[143] La autonomía de las organizaciones internacionales "es necesaria y deseable. Se espera que el jefe ejecutivo y las secretarías de algunas organizaciones internacionales actúen de manera independiente, no simplemente como servidores de sus Estados miembros. Por lo tanto, utilizo el término 'atenuado' para transmitir la sensación de que los poderes que se ejercen están a varios pasos del control de los Estados miembros, aunque no necesariamente involuntarios".[144]

7. EJEMPLO DE DELEGACIÓN ATENUADA

Un buen ejemplo de delegación atenuada es el régimen de sanciones de las Naciones Unidas. Los países, actuando por sí mismos, han utilizado sanciones en lugar de la fuerza militar como instrumento de política exterior. Sin embargo, el Consejo de Seguridad de la ONU, un órgano dentro de la estructura de la ONU que es independiente de los Estados miembros de la ONU, también ha utilizado sanciones para restringir el financiamiento del terrorismo, por ejemplo, o para mantener o restaurar la paz y la seguridad internacional. Además de eso, las sanciones de la ONU son administradas por comités de sanciones, que han sido creados por el Consejo de Seguridad de la ONU en virtud del Artículo 29[145] de la Carta de las Naciones Unidas. Los comités de sanciones creados por el Consejo de Seguridad de la ONU son ejemplos de poderes sustraídos al control de los Estados miembros; y, por lo tanto, evidencia de delegación atenuada.

---

143 *Op. Cit.* página 268 (Johnstone).

144 *Op. Cit.* página 268 (Johnstone).

145 De conformidad con el Artículo 29 de la Carta de las Naciones Unidas, el Consejo de Seguridad puede establecer órganos subsidiarios según sea necesario para el desempeño de sus funciones.

8. TIPOS DE NORMAS JURÍDICAS CONTRA LOS DELITOS FINANCIEROS TRANSNACIONALES ELABORADAS A TRAVÉS DE ORGANIZACIONES INTERNACIONALES O CREADAS POR ELLAS

La escuela de pensamiento moderna de derecho internacional parece estar capturando una visión diversa de lo que se considera derecho internacional. Se ha afirmado que la "noción formalista de que el derecho internacional es simplemente un conjunto de reglas de letra dura está obsoleta".[146] Por lo tanto, antes de abordar los tipos de normas jurídicas contra los delitos financieros transnacionales que pueden crear las organizaciones internacionales, es relevante discutir un debate "entre pensadores de derecho natural, positivistas, académicos críticos y otros teóricos legales," que "han allanado el camino para una concepción más pluralista"[147] del derecho internacional.

La concepción más pluralista del derecho internacional de la que habla Johnstone está encapsulada dentro de la frase "ley en 'su variedad infinitiva'."[148] Las fuentes del derecho internacional, de conformidad con el artículo 38 del Estatuto de la Corte Internacional de Justicia, incluyen las convenciones internacionales de carácter general o particular, el derecho internacional consuetudinario y los principios generales del derecho reconocidos por las naciones civilizadas. Las decisiones judiciales y las enseñanzas de publicistas altamente calificados de las diversas naciones son fuentes subsidiarias para la determinación del derecho internacional, en virtud del artículo 38 del Estatuto de la Corte Internacional de Justicia.

Sin embargo, autores, como Álvarez, han dicho que las fuentes establecidas en el artículo 38 del Estatuto de la CIJ ya no capturan plenamente la gama y diversidad de actos e instrumentos que hacen parte del orden jurídico del derecho internacional.[149] Álvarez tiene razón, porque el artículo 38 del Estatuto de la CIJ no incluye reglamentos, directivas, decisiones ejecutivas y otros actos administrativos

---

146 *Op. Cit.* página 269 (Johnstone).
147 *Op. Cit.* página 269 (Johnstone).
148 *Op. Cit.* página 269 (Johnstone).
149 *Op. Cit.* página 269 (Álvarez 2005).

internacionales, así como el derecho indicativo (*soft law* por sus siglas en inglés)[150]o normas no vinculantes de derecho internacional, también conocidas como estándares o recomendaciones. Por lo tanto, el derecho internacional en su variedad infinitiva debe incluir no sólo las fuentes incorporadas en el Artículo 38 del Estatuto de la CIJ, sino también los actos administrativos internacionales y el derecho indicativo descritos anteriormente.

Johnstone[151] presenta los siguientes cinco tipos diferentes de leyes hechas a través de o por organizaciones internacionales:

- Derecho de los tratados.
- Legislación y regulación.
- Decisiones ejecutivas.
- Derecho indicativo y
- Derecho creado por los jueces.

9. DERECHO DE LOS TRATADOS

Los tratados son la forma más conocida de derecho internacional. A pesar de que los Estados son los que hacen los tratados, las organizaciones internacionales desempeñan un papel importante en el proceso de elaboración de tratados. Johnstone argumenta que las organizaciones internacionales se han convertido en foros para la negociación y adopción de tratados... todos los Estados miembros de la OI tienen la oportunidad de participar en el proceso de negociación, y ningún Estado está obligado a menos que firme y ratifique o posteriormente se adhiera al tratado.[152]

Las organizaciones internacionales han servido como foro para que los Estados negocien y elaboren tratados que han establecido normas contra los delitos financieros transnacionales. En las organizaciones internacionales se negociaron los siguientes tratados que contienen disposiciones contra la delincuencia financiera transnacional:

---

150 *Op. Cit.* página 269-270.
151 *Op. Cit.* página 270.
152 *Op. Cit.* página 270.

Tabla 5. Organizaciones internacionales/tratados contra delincuencia financiera transnacional:

Tratado	Disposiciones contra el crimen financiero transnacional	Organización internacional
Convención de las Naciones Unidas contra el tráfico ilícito de estupefacientes y sustancias sicotrópicas de 1988.	Primera convención internacional que tipifica como delito el lavado de activos.	Naciones Unidas.
Convención de 1997 sobre la lucha contra el soborno de funcionarios públicos extranjeros.	Ordena a los Estados parte que han tipificado el soborno de funcionarios públicos nacionales como delito subyacente al lavado de activos que tipifiquen también el soborno de un funcionario público extranjero como un delito subyacente para el lavado de activos, sin tener en cuenta el lugar donde ocurrió el soborno.	Organización para la cooperación y el desarrollo económico (OCDE).

Convención internacional para la represión de la financiación del terrorismo, de 2002	Requiere que los Estados miembros tomen medidas para proteger sus sistemas financieros de ser utilizados indebidamente por personas que planean actividades terroristas.	Naciones Unidas
Convención de las Naciones Unidas contra la delincuencia organizada transnacional de 2003	En virtud de este tratado, el delito de lavado de activos no solo debe aplicarse al producto del tráfico ilícito de drogas, sino que también debe abarcar el producto de todos los delitos graves, como soborno, evasión fiscal, manipulación del mercado de valores, fraude, y demás delitos subyacentes que generen una utilidad criminal. También insta a los Estados a crear un régimen de supervisión y regulación para que los bancos y otras instituciones financieras combatan el lavado de activos. El tratado también exige el establecimiento de Unidades de Inteligencia Financiera (UIF).	Naciones Unidas

Convención de las Naciones Unidas contra la corrupción de 2005	En virtud de este tratado, el delito de blanqueo de dinero no debe aplicarse al producto del tráfico ilícito de drogas, sino que también debe abarcar el producto de todos los delitos graves. También insta a los Estados a crear un régimen de supervisión y regulación para que los bancos y otras instituciones financieras combatan el lavado de dinero. El tratado también exige el establecimiento de Unidades de Inteligencia Financiera (UIF).	Naciones Unidas

10. LEGISLACIÓN, REGLAMENTOS Y DIRECTIVAS

Los académicos han diferenciado la legislación secundaria internacional como reglamentos y directivas, como las de la Unión Europea (UE a continuación), por ejemplo, de la legislación internacional primaria, que incluye principalmente tratados. Johnstone afirma que desde "el punto de vista de la teoría de la delegación, la legislación secundaria hecha por la UE es más secundaria que los tratados (la legislación primaria). La legislación de la Unión Europea viene en forma de reglamentos, directivas y decisiones".[153]

Las regulaciones, directivas y decisiones tienen sus propios matices, que hacen que cada una de esas normas jurídicas sean diferentes entre sí. Johnstone explica las diferencias entre esas normas jurídicas utilizando el régimen de la UE como ejemplo. Afirma que "las regu-

[153] Johnstone página 271.

laciones son directamente vinculantes para los Estados miembros, las decisiones son directamente vinculantes para los Estados o individuos ... y las directivas exigen que las medidas nacionales de aplicación tengan fuerza vinculante en los Estados miembros".[154]

El Consejo de la Unión Europea (el Consejo en adelante) emitió directivas sobre el lavado de activos. Como Johnstone señaló anteriormente, los Estados miembros de la UE requieren legislación nacional y otras medidas para implementar todas las directivas de la UE, incluidas aquellas normas jurídicas sobre antilavado de dinero. Prestamos atención a cada una de las directivas del Consejo acerca del control de lavado de activos.

En 1991, el Consejo emitió la Directiva 91/308/CEE, que fue la primera directiva de la UE emitida para abordar la crisis de lavado de activos dentro de la UE. La Directiva tenía por objeto impedir la utilización del sistema financiero para el lavado de activos. Aunque esta primera directiva redujo los delitos subyacentes al lavado de activos al tráfico de drogas, la directiva alentó a los Estados miembros de la UE a extender los delitos subyacentes a otros delitos diferentes al narcotráfico.[155]

En diciembre de 2001, el Consejo emitió la Directiva 2001/97/CEE, que es la segunda directiva de la UE sobre lavado de activos. En virtud de la segunda Directiva, los delitos subyacentes al lavado de activos se ampliaron para incluir, además del tráfico de drogas, delitos graves, como la corrupción y el fraude contra los intereses de la UE.[156] De conformidad con la segunda directiva, los servicios de envío de dinero y las oficinas de cambio se sometieron a la cobertura y el control de la lucha contra el lavado de activos. La segunda Directiva también definió que el conocimiento de la conducta delictiva puede inferirse de circunstancias fácticas objetivas.[157]

Es importante señalar que la segunda directiva incluía la siguiente definición de lavado de activos:

---

154 *Op. Cit.* página 271.
155 Guía de estudio CAMS página 109
156 *Op. Cit.* página 109.
157 *Op. Cit.* página 109.

> *La conversión o transferencia de bienes a sabiendas de que proceden de una actividad delictiva o de la participación en dicha actividad, con el fin de ocultar o disimular el origen ilícito de los bienes, o ayudar a cualquier persona que esté involucrada en la comisión de la actividad a evadir las consecuencias legales de su acción;*
>
> *Ocultar o enmascarar la naturaleza, fuente, ubicación, disposición, movimiento, derecho con respecto a la titularidad de la propiedad, a sabiendas de que la propiedad se deriva de una actividad delictiva o de un acto de participación en esa actividad;*
>
> *La adquisición, posesión o uso de bienes, a sabiendas, cuando se reciben, que se derivan de una actividad delictiva o de un acto de participación en la actividad.*
>
> *Participación, asociación para cometer, tentativa de comisión y ayuda, instigación, facilitación o asesoramiento en la comisión de cualquiera de las acciones mencionadas.*[158]

La segunda directiva también "amplió los negocios y profesiones que están sujetos a la obligación de la directiva. Algunas personas, incluidos los abogados, cuando participan en el movimiento de dinero para los clientes, están obligadas a informar a las autoridades de cualquier hecho que pueda indicar lavado de activos. Los grupos incluyeron: auditores, contables externos, asesores fiscales, agentes inmobiliarios, notarios y profesionales del derecho... La Segunda Directiva fue un enorme paso adelante porque su aplicabilidad incluía muchos de los centros financieros importantes del mundo. Fue mucho más allá de estándares similares emitidos por otras organizaciones como la ONU e incluso el GAFI.[159]

En 2005, el Consejo emitió la Directiva 2005/60/CE, que fue la tercera Directiva de la UE destinada a prevenir el uso del sistema financiero para el lavado de activos y la financiación del terrorismo. En resumen, la Tercera Directiva incluía las siguientes disposiciones:

- Definió el lavado de dinero y el financiamiento del terrorismo como delitos penales separados.

---

158 Véase el literal c) del artículo 1 de la Segunda Directiva de la Unión Europea.

159 Guía de estudio ACAMS página 110

- Detalló un enfoque basado en el riesgo para el efectuar la debida diligencia sobre cliente y sus actividades.
- Incluía disposiciones para proteger a los empleados que denuncian actividades sospechosas relacionadas con el financiamiento del terrorismo y el lavado de dinero.
- Obligaba a "los Estados miembros a mantener estadísticas sobre el uso y los resultados obtenidos de los informes de transacciones sospechosas, tales como: el número de informes de transacciones sospechosas presentados; el seguimiento dado a esos informes; y el número anual de casos investigados, personas procesadas y condenadas".[160]

Además, la Tercera Directiva estableció normas que obligaban a las entidades financiera que operaban en la UE de identificar a los beneficiarios o dueños o accionistas de sus clientes empresariales como sociedades o compañías comerciales (personas jurídicas). Como tal, las instituciones financieras tenían que identificar y verificar al beneficiario o dueño real, la cual era la persona física que controlaba más del 25 % de una entidad jurídica o sociedad, de todas las cuentas mantenidas por tales personas jurídicas.

La Tercera Directiva se aplicaba a las siguientes personas jurídicas e individuos:

I. Entidades de crédito;
II. Instituciones financieras;
III. Auditores, contables externos y asesores fiscales;
IV. Profesionales del derecho;
V. Proveedores de servicios fiduciarios y empresariales;
VI. Agentes inmobiliarios;
VII. Comerciantes de bienes de alto valor que negocien en efectivo más de 15.000 euros;
VIII. Casinos.[161]

160 *Op. Cit.* página 111.
161 *Op. Cit.* página 111.

Los siguientes aspectos de la Tercera Directiva fueron controvertidos, incluida la inclusión de abogados entre los que tenían que reportar a las autoridades competentes las actividades sospechosas de sus clientes:

La definición de personas políticamente expuestas (PEP). La Tercera Directiva[162]definió los PEP como las personas a las que se han confiado o han sido confiadas funciones públicas prominentes y los miembros de la familia inmediata, o las personas conocidas por ser asociados cercanos a los PEP. Los asociados cercanos deben identificarse solo cuando su relación con un PEP es de conocimiento público o cuando la institución financiera sospecha que existe una relación. Finalmente, dentro del marco jurídico de la Tercera Directiva[163]se estableció que las personas no deberían ser consideradas PEP después de un año de no estar en una posición prominente.[164]

En 2015, el Consejo de Europa emitió la Cuarta Directiva 2015/849 destinada a prevenir el uso del sistema financiero para el lavado de activos y la financiación del terrorismo. En la Cuarta Directiva se han incorporado las siguientes modificaciones:

- El umbral para las entidades obligadas a notificar transacciones sospechosas (es decir, las personas que comercian con bienes o realizan transacciones) disminuyó de 15.000 a 10.000 euros.[165]
- El alcance de las entidades obligadas se amplió de los casinos a todos los proveedores de servicios de juegos de azar.[166]
- La diligencia debida con respecto al cliente se aplicó a las transferencias de fondos superiores a 1.000 euros.[167]
- Nuevas definiciones para: — Relación de corresponsalía. — Los familiares de PEP y las personas conocidas por ser asociados cercanos. — Alta dirección y otros.[168]

---

162 Véase la Segunda Directiva de la Unión Europea
163 Véase la Segunda Directiva de la Unión Europea
164 Véase la Segunda Directiva de la Unión Europea
165 Guía de estudio ACAMS páginas 112 – 113.
166 *Op. Cit.* páginas 112-113.
167 *Op. Cit.* páginas 112-113.
168 *Op. Cit.* páginas 112-113.

- Los delitos fiscales (evasión tributaria) relacionados con los impuestos directos e indirectos se incluyen en la definición amplia de «actividad delictiva» en consonancia con las Recomendaciones revisadas del GAFI.[169]
- Se incluyó una explicación de actividad financiera ocasional o muy limitada.[170]
- La Comisión Europea debe presentar un informe cada dos años sobre los resultados de la evaluación del riesgo acerca del lavado de activos y financiación del terrorismo que afectan al mercado europeo.[171]
- La UE también está a cargo de identificar jurisdicciones de terceros países que tienen deficiencias estratégicas con respecto a al control contra el lavado de activos y financiación del terrorismo, es decir, terceros países de alto riesgo de crimen financiero.[172]
- Se presta especial atención a los PEP. A este respecto, debe aplicarse una diligencia debida reforzada a todos los PEP, independientemente de que la persona sea nacional o de un tercer país. El riesgo que representan estas personas se amplió a 12 meses y las medidas a las que están sujetas también deben aplicarse a sus familiares y a sus familiares conocidos país. El riesgo que representan estas personas se amplió a 12 meses y las medidas a las que están sujetas también deben aplicarse a sus familiares y a sus familiares conocidos y sus conocidos asociados cercanos.[173]
- Para los grupos financieros (y sus sucursales y filiales), esta Directiva establece los criterios para el cumplimiento adecuado en relación con terceros y la diligencia debida con respecto al cliente y sus actividades comerciales.[174]

---

169 *Op. Cit.* páginas 112 – 113.
170 *Op. Cit.* páginas 112-113.
171 *Op. Cit.* páginas 112-113.
172 *Op. Cit.* páginas 112-113.
173 *Op. Cit.* páginas 112-113.
174 *Op. Cit.* páginas 112-113.

- La Cuarta Directiva introdujo nuevos requisitos relativos a la información sobre la titularidad real de los fideicomisos y otras personas jurídicas similares. Con sujeción a las normas de protección de datos, esta información debe conservarse en los registros centrales de cada Estado miembro y ponerse a disposición de las autoridades competentes, las Unidades de Inteligencia Financiera (UIF), las entidades obligadas y cualquier persona con un interés legítimo en la investigación de actividad sospechosa.[175]
- Los datos de las estadísticas pertinentes sobre la eficacia de los sistemas de lucha contra el lavado de activos y financiación del terrorismo se ampliaron para incluir, por ejemplo, el tamaño y la importancia de los sectores o el número de solicitudes transfronterizas de información tramitadas por las Unidades de Inteligencia Financiera de los países miembros de la UE.[176]
- Las entidades obligadas a reportar actividad sospechosa (como instituciones financieras) que forman parte de un grupo financiero están obligadas a aplicar políticas y procedimientos a nivel de grupo, así como a adoptar medidas proporcionadas a sus riesgos. A los delincuentes o sus cómplices, condenados por la comisión de delitos financieros, se les impidió desempeñar funciones de gestión o controlar indirectamente determinadas entidades obligadas a reportar actividad sospechosa.[177]
- Con respecto a las sanciones por incumplimiento de las disposiciones contenidas en la Cuarta Directiva, el conjunto de sanciones y medidas administrativas ahora van desde el nombrar para generar vergüenza hasta la perdida de la licencia. Las sanciones pecuniarias para las personas naturales se fijaron en al menos cinco millones de euros o el 10 % del volumen de negocios anual total de las entidades obligadas a reportar actividad sospechosa.[178]

---

175 *Op. Cit.* páginas 112-113.
176 *Op. Cit.* páginas 112-113.
177 *Op. Cit.* páginas 112-113.
178 *Op. Cit.* páginas 112-113.

- Una sección completa de la Directiva está dedicada a las normas de cooperación entre las Unidades de Inteligencia Financiera (UIF) de los Estados miembros de la UE, las Autoridades Europeas de Supervisión y la Comisión de la UE.[179]
- Dado que se trata de una directiva y no de un reglamento, este acto legislativo otorga cierto margen de discreción a los Estados miembros de la UE sobre la aplicación de las disposiciones de la Cuarta Directiva.[180]
- A nivel nacional, la Cuarta Directiva exige que los Estados miembros lleven a cabo una evaluación de riesgos de lavado de activos y financiación del terrorismo, así como que designen una autoridad responsable. Además, deben garantizar que las entidades obligadas a reportar actividad sospechosa tomen las medidas adecuadas para identificar y evaluar sus propios riesgos. Se proporcionan listas no exhaustivas de riesgos potencialmente bajos y altos como orientación en estas evaluaciones de riesgos y se basan en los siguientes criterios:
    - Factores de riesgo del cliente, como aquellas empresas intensivas en efectivo;
    - Factores de riesgo de producto/servicio, transacción o canal de entrega, como pólizas de seguro de primas bajas frente aquellas de la banca privada;
    - Factores de riesgo geográficos, como Estados miembros frente a países sujetos a sanciones.

En 2021 la Comisión Europea elevo la propuesta de reglamento ante el Parlamento Europeo y el Consejo Europeo para crear la Autoridad de Lucha contra el Blanqueo de Capitales y la Financiación del Terrorismo. El 13 de diciembre de 2023, El Consejo y el Parlamento llegaron a "un acuerdo provisional en torno a la creación de una nueva Autoridad de Lucha contra el Blanqueo de Capitales y la Financiación del Terrorismo (ALBC), elemento central del paquete de medidas contra el blanqueo de capitales, cuyo objetivo es proteger a

---

179 *Op. Cit.* páginas 112-113.
180 *Op. Cit.* páginas 112-113.

los ciudadanos y el sistema financiero de la UE contra el blanqueo de capitales y la financiación del terrorismo...

La ALBC tendrá competencias de supervisión directas e indirectas sobre las entidades obligadas de alto riesgo del sector financiero. Este acuerdo no contempla decisión alguna en cuanto a la ubicación de la sede de la agencia, una cuestión que sigue debatiéndose por separado. La ciudad alemana de Frankfurt será la sede de esta nueva autoridad europea contra el lavado de activos.

Dado el carácter transfronterizo de la delincuencia financiera, la nueva autoridad mejorará la eficiencia del marco de lucha contra el blanqueo de capitales y la financiación del terrorismo estableciendo un mecanismo integrado con los supervisores nacionales para garantizar que las entidades obligadas cumplan las obligaciones relacionadas con la lucha contra el blanqueo de capitales y la financiación del terrorismo en el sector financiero...

Además de las competencias de supervisión, y con el fin de garantizar el cumplimiento, en caso de incumplimiento grave, sistemático o reiterado de requisitos directamente aplicables, la Autoridad impondrá sanciones pecuniarias a las entidades obligadas seleccionadas”.[181]

11. DECISIONES EJECUTIVAS

Los órganos ejecutivos de las organizaciones internacionales han podido adoptar decisiones como normas jurídicas vinculantes con respecto a asuntos relacionados con delitos financieros transnacionales. Los tratadistas han nombrado estas decisiones como “cuasi-legislativas”.[182] Por ejemplo, Johnstone dice que “otra innovación reciente del Consejo de Seguridad son sus resoluciones ‘cuasilegislativas’ sobre el terrorismo y la proliferación de armas de destrucción masiva... Las resoluciones 1373 (2001) y 1540 (2004) son únicas en el sentido de que imponen obligaciones vinculantes a todos los

---

181 Lucha contra el blanqueo de capitales: el Consejo y el Parlamento acuerdan crear una nueva autoridad - Consilium (europa.eu) Acesado el 21 de diciembre de 2023

182 Ver Johnstone Ian, página 273.

Estados en esferas temáticas amplias por un período indefinido. A diferencia de la mayoría de las resoluciones del Consejo de Seguridad, no están vinculadas a un incidente en particular, ni buscan hacer cumplir una decisión contra un Estado en particular. Cualitativamente diferente de la función normal ejecutiva y de gestión de crisis del Consejo, el Consejo de Seguridad no actuó como una rama ejecutiva del gobierno sino como una legislatura. "[183]

Tanto las resoluciones 1373 (2001) como 1540 (2004) incluyen disposiciones contra la delincuencia financiera transnacional. En virtud de la resolución 1373 (2001), todos los Estados deberán congelar sin demora los fondos y otros activos financieros o recursos económicos o las personas que cometan o intenten cometer actos de terrorismo. Además, los Estados deberán prohibir a sus nacionales o a cualquier persona y entidad que se encuentre en su territorio poner fondos, activos financieros o recursos económicos o servicios financieros u otros servicios conexos a disposición, directa o indirectamente, en beneficio de las personas que cometan o intenten cometer o faciliten la comisión de actos terroristas o participen en tales actos de terror. A su vez, la Resolución 1540 (2004) establece que todos los Estados deberán tomar y aplicar medidas eficaces para establecer controles internos a fin de prevenir la proliferación de armas de destrucción masiva. Las medidas, de conformidad con la resolución, incluyen controles sobre el suministro de fondos y servicios (financiación) relacionados con la exportación, el tránsito, el transbordo y la reexportación de armas de destrucción en masa.

Estas resoluciones del Consejo de Seguridad de la ONU son normas jurídicas vinculantes, porque todos los Estados miembros de la ONU deben aceptar y ejecutar las resoluciones del Consejo de Seguridad de la ONU, en virtud del Artículo 25 de la Carta de las Naciones Unidas. Johnstone señala que los Estados miembros de la ONU "delegaron la autoridad legislativa a un órgano ejecutivo compuesto por quince Estados, solo nueve de los cuales deben votar a favor de una resolución, sin veto por parte de uno de los cinco miembros permanentes".[184]

---

[183] Ibid.

[184] Ver Johnstone páginas 272 y 273.

12. DERECHO INDICATIVO (*SOFT LAW* POR SUS SIGLAS EN INGLÉS)

- **¿Están las Organizaciones Internacionales legislando por la puerta trasera?**

Las organizaciones internacionales han emitido derecho vinculante contra los delitos financieros transnacionales que son, como dice Johnstone,[185]formalmente no vinculantes desde el punto de vista jurídico, pero habitualmente obedecidas por los Estados de la comunidad internacional. Este tipo de normas también se conocen como derecho indicativo o *soft law* por sus siglas en inglés. El derecho indicativo ha sido fundamental en la formación del cuerpo normativo que compone la regulación financiera internacional contra los delitos financieros transnacionales. Para Shaffer y Pollack,[186] los Estados no solo han favorecido el modelo de derecho de los tratados (derecho vinculante o imperativo o *hard law* por sus siglas en inglés) al momento de crear derecho internacional, sino que también han adoptado el enfoque de derecho indicativo (*soft law* por sus siglas en inglés), como una opción en el diseño del derecho internacional. Por lo tanto, los Estados han seguido el modelo de derecho indicativo (*soft law* por sus siglas en inglés) al delegar en organizaciones internacionales capacidades legislativas para regular internacionalmente la lucha global contra los delitos financieros transnacionales, como en el caso del GAFI y sus 40 Recomendaciones para combatir el lavado de activos y el financiamiento del terrorismo.

Sin embargo, el debate entre los tratadistas del derecho internacional sobre el derecho indicativo (*soft law* por sus siglas en inglés) ha sido un tema candente. El derecho indicativo (*soft law* por sus siglas en inglés) es una forma de delegación atenuada, ya que los Estados han delegado en ciertas organizaciones

---

185 *Op. Cit.* página 274.

186 *Hard and Soft Law*, Shaffer Gregory y Pollack A. Mark, en Perspectivas Interdisciplinarias Sobre El Derecho Internacional Y Las Organizaciones Internacionales. El Estado Del Arte. Cambridge University Press. Página 197.

internacionales el poder de legislar derecho indicativo (*soft law* por sus siglas en inglés), como es el caso del GAFI (normas sobre el control de lavado de activos), el Comité de Basilea (normas sobre regulación y supervisión bancaria y principios para prevenir el uso criminal del sistema financiero internacional) y OICV (emite principios para promover prácticas sólidas para que los reguladores de valores de los países de la comunidad internacional consideren los marcos regulatorios adecuados al interior de sus territorios la protección de los inversores de valores y para evitar el fraude bursátil y lavado de activos en el sector bursátil internacional y nacional). Johnstone ha llamado a este proceso "legislar por la puerta trasera, si no del todo emboscada".[187]

Además, dicen Shaffer and Pollack,[188]para los abogados internacionalistas, el derecho indicativo (*soft law* por sus siglas en inglés) es un concepto controvertido porque implica lo que un abogado positivista legal exegético negaría: Que existe un consorcio entre los compromisos políticos y legales en el proceso de hacer vinculantes desde el punto de vista jurídico a aquellos estándares (OICV), principios (Comité de Basilea) y recomendaciones (GAFI). Sin embargo, sostienen Shaffer and Pollack,[189]el término, concepto y alcance del derecho indicativo (*soft law* por sus siglas en inglés) está firmemente arraigado en el léxico legislativo del derecho internacional, generando un cuerpo de literatura y de investigación en el campo del derecho internacional y de la teoría de las relaciones internacionales sobre si las normas legales y los estándares, principios y recomendaciones son distintas y de qué manera.

Aunque para los positivistas el concepto del derecho indicativo (*soft law* por sus siglas en inglés) es problemático, los exponentes de la escuela funcionalista del derecho internacional, como señalan Shaffer y Pollack, argumentan que las normas del derecho indicativo (*soft law* por sus siglas en inglés) ofre-

---

[187] *Op. Cit.* página 275.

[188] Sheffer and Pollack página 205.

[189] Ibid.

cen ventajas sobre el derecho de los tratados (derecho imperativo o vinculante o *hard law* por sus siglas en inglés). Algunas de las ventajas, de conformidad por lo expuesto por Shaffer y Pollack,[190] del derecho indicativo (*soft law* por sus siglas en inglés) incluyen las siguientes:

- Los instrumentos jurídicos del derecho indicativo (*soft law* por sus siglas en inglés) proporcionan una mayor flexibilidad para que los Estados puedan hacer frente a la incertidumbre de un problema específico y común para las naciones de la comunidad internacional y aprender con el tiempo a través del intercambio de información y la deliberación en la expedición de estándares, principios y recomendaciones de carácter internacional.
- Los instrumentos jurídicos del derecho indicativo (*soft law* por sus siglas en inglés) permiten a los Estados ser más ambiciosos y participar en una cooperación más profunda de lo que lo harían si tuvieran que preocuparse por la aplicación de los tratados.
- Los instrumentos jurídicos del derecho indicativo (*soft law* por sus siglas en inglés) son más fáciles y menos costosos de negociar.
- Los instrumentos jurídicos del derecho indicativo (*soft law* por sus siglas en inglés) son más eficientes para la de coordinación de esfuerzos en los que la creación de un punto focal en el derecho indicativo (*soft law* por sus siglas en inglés) es suficiente para inducir al cumplimiento.
- Los instrumentos jurídicos de derecho indicativo (*soft law* por sus siglas en inglés) pueden ser propagados por actores que no hacen parte del sector central y generalmente político de los gobiernos de las naciones de la comunidad internacional, incluidos los secretariados internacionales, las agencias administrativas estatales descentralizadas (como la UIAF o la Superintendencia Financiera de Colombia) y que no hacen parte del gobierno central de los Estados, los fun-

190 Shaffer y Pollack, página 204.

cionarios públicos subestatales y los gremios (como Asobancaria de Colombia) y organizaciones no gubernamentales, y pueden usarse para complementar o desplazar la autoridad estatal en la gobernanza transnacional y en la negociación del orden jurídico internacional.[191]

Además, es pertinente subrayar las formas jurídicas del derecho indicativo (*soft law* por sus siglas en inglés). Johnstone[192]dice que el derecho indicativo (*soft law* por sus siglas en inglés) viene en varias formas, incluidas las normas expresadas en lenguaje obligatorio pero contenidas en un instrumento no vinculante (como las resoluciones de la Asamblea General de la ONU) y las normas consagradas en un tratado internacional vinculante, pero en términos vagos e imprecisos. Lo más interesante, desde el punto de vista de la delegación por parte de los Estados a las organizaciones internacionales para crear derecho internacional, son los muchos estándares, principios y recomendaciones adoptadas por las organizaciones internacionales que han recibido tal delegación por parte de los Estados, como lo es el caso del GAFI, OICV y el Comité de Basilea, para citar algunos ejemplos en el marco de la regulación financiera internacional contra el crimen financiero transnacional.

El GAFI,[193] líder a escala global en la promulgación de estándares internacionales (derecho indicativo o *soft law* por sus siglas

---

191 De hecho, fueron entidades descentralizadas e independientes de los Estados los que formaron y crearon, por ejemplo, el Grupo Egmont o la OICV o el Comité de Basilea. En el caso del Grupo Egmont, fueron las Unidades de Inteligencia Financiera (UIF) de los Estados los creadores de dicho grupo. En el caso de la OICV, fueron los órganos encargados de hacer la inspección, vigilancia y control al sector bursátil. Ambas agencias, UIF y los órganos encargados de hacer la inspección, vigilancia y control al sector bursátil, son consideradas entidades descentralizadas adscritas al sector central del poder ejecutivo de un Estado. En el caso del Comité de Basilea, fueron los bancos centrales del Grupo de los 10 los creadores del mismo. En la gran mayoría de las constituciones vigentes del planeta, los bancos centrales son órganos independientes del poder ejecutivo de un Estado en particular.

192 *Op. Cit.* página 274.

193 Como se indicó anteriormente en el libro, los Jefes de Estado o de Gobierno del G-7 y el Presidente de la Comisión Europea establecieron el GAFI para evaluar

en inglés) en la lucha mundial contra el lavado de activos, la financiación del terrorismo y la financiación de la proliferación de armas de destrucción masiva y que tanto las naciones adoptan vía regulación interna y que las autoridades administrativas (órganos de inspección, vigilancia y control) como judiciales de tales naciones siguen y obedecen tales estándares promulgados por el GAFI, es un ejemplo del modelo del derecho indicativo (*soft law* por sus siglas en inglés) que los Estados siguieron al delegar en organizaciones internacionales capacidades legislativas para regular, en este ejemplo en particular, la lucha contra el crimen financiero transnacional. Los objetivos del GAFI[194]son establecer normas y promover la aplicación efectiva de medidas legales, reglamentarias y operativas para combatir el lavado de activos, el financiamiento del terrorismo y otras amenazas conexas a la integridad del sistema financiero internacional.

A través de sus estándares internacionales para combatir el lavado de activos y el financiamiento del terrorismo y la proliferación, las 40 Recomendaciones del GAFI han traído cambios significativos a las formas en que los bancos, firmas de valores y demás entidades financieras y las empresas del sector real obligadas a reportar actividad sospechosa (como los abogados, casinos y agentes de finca raíz) de todo el mundo llevan a cabo sus actividades bancarias, bursátiles, y comercial y operacional. GAFI también ha provocado cambios en las leyes y en las operaciones gubernamentales de las naciones pertenecientes a la comunidad internacional. Las 40 Recomendaciones del GAFI prueban que la opinión de los abogados funcionalistas, que argumentan que los instrumentos (estándares, principios y recomendaciones) del derecho indicativo (*soft law* por sus siglas en inglés) son más eficientes para inducir el cumplimiento del derecho internacional entre los actores estatales y no estatales y en el campo específico del marco regulatorio internacional de la lucha global contra el crimen financiero transnacional.

---

las técnicas y tendencias de lavado de activos... y establecer las medidas necesarias para luchar contra este crimen financiero a escala global.

194 www.fatf-gafi.org/whatwedo (qué hacemos).

- **Las normas internacionales para combatir el lavado de activos y el financiamiento del terrorismo y la proliferación – las 40 recomendaciones del GAFI:**

Como se indicó en secciones anteriores del capítulo, el GAFI, en 1990, emitió sus Cuarenta Recomendaciones, que, según el GAFI,[195] proporcionaron un plan de acción integral necesario para luchar contra el lavado de activos. En el año 2001 se añadió a la misión del GAFI la elaboración de normas en la lucha contra la financiación del terrorismo. La continua evolución de las técnicas del lavado de activos por parte del crimen transnacional llevó al GAFI a revisar exhaustivamente sus 40 Recomendaciones en junio de 2003. En octubre de 2004, el GAFI publicó una Novena Recomendación Especial, fortaleciendo aún más las normas internacionales acordadas para combatir el lavado de activos y el financiamiento del terrorismo: En febrero de 2012, el GAFI completó una revisión exhaustiva de sus estándares y publicó las Recomendaciones revisadas del GAFI. Esta revisión tuvo por objeto fortalecer las salvaguardias mundiales y proteger aún más la integridad del sistema financiero al proporcionar a los gobiernos herramientas más sólidas para tomar medidas contra los delitos financieros. Según el GAFI,[196] esta organización internacional también amplio su radio de acción para hacerle frente a nuevas amenazas, como la financiación de la proliferación de armas de destrucción masiva, e incluyó normas en materia de transparencia en la titularidad de la propiedad societaria o empresarial de los clientes del sector financiero y normas más estrictas en materia de corrupción.

A continuación, presentamos las 40 Recomendaciones del GAFI contra el lavado de activos, financiación del terrorismo y la financiación de la proliferación de armas de destrucción masiva:

---

195 www.fatf-gafi.org/historyofthefatf (historia del GAFI).

196 www.fatf-gafi.org/historyofthefatf (historia del GAFI).

Tabla 6. El cuadro de las 40 recomendaciones del GAFI:

Número de la Recomendación	Objeto de la Recomendación
1 y 2	**Políticas y coordinación lucha contra lavado de activos y financiación del terrorismo**: 1) Evaluar los riesgos y aplicar un enfoque basado en el riesgo. 2). Cooperación y coordinación nacionales.
3 y 4	**Lavado de activos y confiscación**: 3) Delito de lavado de activos. 4). Decomiso, confiscación y medidas provisionales.
5,6,7 y 8	**Financiación del terrorismo y financiación de la proliferación**: 5). Delito de financiación del terrorismo. 6). Sanciones financieras selectivas relacionadas con el terrorismo y la financiación del terrorismo. 7). Sanciones financieras selectivas relacionadas con la proliferación. 8). Organizaciones sin fines de lucro.
9, 10, 11, 12, 13, 14, 15, 16, 17, 18, 19, 20, 21, 22 y 23.	**Medidas preventivas**: 9). Leyes de secreto de instituciones financieras. Diligencia debida del cliente y mantenimiento de registros: 10). Diligencia debida con respecto al cliente. 11). Mantenimiento de registros. Medidas adicionales para clientes y actividades específicas: 12). Personas políticamente expuestas. 13). Banca corresponsal. 14) Servicios de transferencia de dinero o valor. 15). Nuevas tecnologías. 16). Transferencias bancarias. Confianza, controles y grupos financieros: 17). Dependencia de terceros. 18). Controles internos y sucursales y filiales extranjeras. 19). Países de mayor riesgo. Denuncia de transacciones sospechosas: 20). Notificación de transacciones sospechosas. 21) Aviso y confidencialidad. Negocios y profesiones no financieras (NPNF). 22). Diligencia debida con respecto al cliente al interior de los NPNF. 23). Otras medidas al interior de los NPNF.

24 y 25.	**Transparencia en la titularidad real de la propiedad de las personas jurídicas y de otras estructuras jurídicas**: 24). Transparencia y titularidad real de las personas jurídicas (sociedades comerciales). 25). Transparencia y titularidad real de otras estructuras jurídicas (e.g fideicomisos).
26, 27, 28, 29, 30,31,32,33,34 y 35.	**Facultades y responsabilidades de las autoridades competentes y otras medidas institucionales**: Regulación y Supervisión. 26). Regulación y supervisión de las instituciones financieras. 27). Facultades de los supervisores. 28). Regulación y supervisión de los negocios y profesiones no financieros. *Operacional y Aplicación de la Ley.* 29). Unidades de Inteligencia Financiera. 30). Responsabilidades de las autoridades encargadas de hacer cumplir la ley y de investigación. 31). Facultades de las autoridades encargadas de hacer cumplir la ley y de investigación. 32) Empresas que transportan de efectivo: *Requisitos generales*. 33). Estadísticas. 34). Orientación y retroalimentación. Sanciones. 35). Sanciones.
36, 37, 38, 39 y 40	**Cooperación internacional**: 36). Instrumentos internacionales. 37). Asistencia judicial recíproca. 38). Asistencia judicial recíproca: embargo preventivo y decomiso. 39). Extradición. 40). Otras formas de cooperación internacional.

- **Los abogados y su rol en la lucha contra el lavado de activos según el GAFI:**

De acuerdo con ACAMS,[197] las organizaciones internacionales como el GAFI,[198] han impuesto responsabilidades sobre los abogados ya que en el ejercicio profesional del derecho los abogados tienen la capacidad de bloquear o facilitar la entra-

197 Guía de Estudio Certificación CAMS página 48 y siguientes.
198 Y la Unión Europea.

da de dinero criminal en el sistema financiero. En particular, el GAFI,[199] en su informe de tipologías asociadas con el lavado de activos y financiación del terrorismo de 2013, afirmó que las funciones realizadas por los abogados son sensitivas y útiles para el lavado de activos y de paso para la evasión fiscal. Por ejemplo, los abogados pueden prestar servicios jurídicos para constituir "vehículos empresariales u otros esquemas legales complejos, como fideicomisos. Estos esquemas pueden utilizarse para encubrir lazos entre las ganancias ilegítimas y el autor del delito".[200]

También los abogados, bajo esquemas de planificación tributaria, pueden prestar servicios de asesoramiento financiero y fiscal, el cual se puede facilitar la evasión tributaria. De esa manera, el crimen organizado, incluyendo evasores de impuestos, con grandes cantidades de dinero pueden "pasar por particulares que desean reducir su factura fiscal o que buscan un lugar donde invertir sus activos para evitar futuras responsabilidades"[201] tributarias. En el contexto colombiano y bajo el Capítulo X de la Circular Externa 2020-01-680161 de la Superintendencia de Sociedades de Colombia, el sector de servicios jurídicos (firmas de abogados) están obligados a tener un régimen de auto control y gestión del riesgo integral contra el lavado de activos, financiación del terrorismo y contra la financiación de la proliferación de armas de destrucción masiva. Como tal, los servicios jurídicos operando en Colombia tienen la obligación de reportar actividad sospechosa de sus clientes ante la Unidad de Análisis e Inteligencia Financiera del gobierno de Colombia.

Así damos por terminado el estudio del caso GAFI, el cual fue abordado bajo las teorías de delegación explícita en el derecho internacional y bajo el cual los Estados (principales) crean una organización internacional (GAFI) y le delegan al GAFI (agente

---

199 *Op. Cit.*
200 *Op. Cit.*
201 *Op. Cit.*

de los Estados o principales) la facultad de regular la lucha global contra el crimen financiero.

- El caso del comité de Basilea y el grupo Egmont y el papel influyente de los tecnócratas en la diplomacia financiera y en el proceso de elaboración del derecho indicativo (*soft law* por sus siglas en inglés):

Aunque los Estados a través de la rama ejecutiva del poder público (Presidencia y Ministerio de Asuntos Exteriores) siguen siendo los protagonistas en la política internacional, ha habido agencias gubernamentales (diferentes a la Presidencia de la República y Cancillería) dentro del aparato estatal que han desempeñado un papel influyente en la diplomacia financiera y en el proceso de elaboración del derecho indicativo (*soft law* por sus siglas en inglés) o regulación financiera internacional. Las agencias gubernamentales que han desempeñado ese papel incluyen bancos centrales, las agencias encargadas de ejercer la inspección, vigilancia y control sobre el sector bursátil (crearon OICV) y Unidades de Inteligencia Financiera, cuyo interés para meterse en el juego de la política internacional es la protección de sus sistemas financieros contra la delincuencia financiera transnacional. Por ejemplo, en 1974, los gobernadores de los bancos centrales del Grupo de los Diez (G10) establecieron el Comité de Basilea, inicialmente llamado Comité de Regulaciones Bancarias y Prácticas de Supervisión.[202] La Secretaría del Comité de Basilea tiene su sede en Basilea, Suiza, en el Banco de Pagos Internacionales. El Comité de Basilea ha establecido una serie de normas internacionales para la regulación bancaria, que incluyen recomendaciones contra los delitos financieros (que se abordan más adelante).

Otro ejemplo del papel de los tecnócratas en la formación del marco regulatorio financiero internacional para combatir el lavado de dinero y el financiamiento del terrorismo es el Grupo Egmont. En 1995, las Unidades de Inteligencia Financiera, que son organismos gubernamentales descentralizados adscritos

---

202 www.bis.org/bcbs/history.htm (historia del Comité de Basilea en la página web del Banco Internacional de Pagos).

a los Departamentos del Tesoro/Hacienda y que reúnen transacciones sospechosas relacionadas con actividades financieras delictivas para compartir los resultados de su análisis con los organismos encargados de la investigación penal, establecieron el Grupo Egmont.

Primero estudiemos al Comité de Basilea.

12.1. *El comité de Basilea y su lucha contra la delincuencia financiera transnacional mediante la promulgación de principios o derecho indicativo (soft law por sus siglas en inglés)*

No se esperaba que el Comité de Basilea se involucrara en la elaboración de leyes internacionales (derecho indicativo o *soft law* por sus siglas en inglés) para proteger a las instituciones financieras del lavado de activos, el fraude y otros delitos financieros. Además, como señala ACAMS,[203]los supervisores bancarios generalmente no son responsables de adelantar la investigación penal del lavado de activos en sus países. Sin embargo, el escándalo del Banco de Crédito y Comercio Internacional (BCCI) y otros escándalos bancarios globales, como el caso italiano de la Banca Nazionale del Lavoro, instaron a los reguladores bancarios de los países más ricos del mundo a llegar a un acuerdo sobre ciertos principios para evitar el uso del sector bancario internacional para actividades delictivas.[204]

Aunque los principios para la prevención del uso delictivo de las instituciones financieras con fines de lavado de activos no se consideran leyes vinculantes (*hard law* por sus siglas en inglés) y nunca se incorporaron a ningún tratado internacional y, como tales (los principios), no son vinculantes para los Estados, estos principios han tenido alcance mundial y han sido obedecidos por la mayoría de las naciones que pertenecen a la comunidad internacional.

El conjunto de principios o derecho indicativo (*soft law* por sus siglas en inglés) que ha emitido el Comité de Basilea para prevenir el

---

203 Guía de estudio de ACAMS página 102.

204 Para mayor información léase Guía de estudio de ACAMS página 102 y siguientes.

uso criminal de los sistemas financieros de las naciones de la comunidad internacional son los siguientes:

- 1988: Prevención de la utilización delictiva del sistema bancario con fines de lavado de activos.
- 1997: Principios básicos para una supervisión bancaria eficaz. El Comité de Basilea lo actualizó en 2012.
- 1999: Metodología de los Principios Básicos.
- 2001: Diligencia debida de los clientes de las entidades bancarias.
- 2005: Cumplimiento y la función de cumplimiento en los bancos.
- 2009: Debida diligencia y transparencia en relación con los mensajes de pagos de cobertura relacionados con transferencias electrónicas transfronterizas.
- 2011: Principios para la buena gestión del riesgo operacional.
- 2012: La función de auditoría interna en los bancos.
- 2014: Principios para la eficacia de los colegios de supervisores.
- 2015: Guía general para la apertura de cuentas.
- 2015: Principios de gobierno corporativo para Bancos.
- 2016: Gestión racional de los riesgos relacionados con el lavado de activos y la financiación del terrorismo.
- 2021: Supervisión de criptomonedas para la lucha contra el lavado de activos.

Discutamos, en nuestro criterio, las normas/principios (*soft law* por sus siglas en inglés) más relevantes emitidos por el Comité de Basilea para combatir la delincuencia financiera transnacional.

12.1.1. Prevención de la utilización del sistema bancario con fines delictivos para el lavado de activos

El 28 de diciembre de 1988, el Comité de Basilea[205] emitió una declaración (La Declaración) general de principios éticos alentando a la administración de los bancos a establecer procedimientos eficaces para garantizar que todas las personas que realizan negocios con sus instituciones estén debidamente identificadas; que se desalienten las transacciones que no parecen legítimas; y que se logre una cooperación eficaz y permanente con las autoridades competentes encargados de hacer cumplir la ley en los territorios y jurisdicciones donde tales instituciones financiera operan. La declaración general se denominó *Prevención Del Uso Delictivo Del Sistema Bancario Para El Lavado De Activos*. La Declaración establece los principios, su propósito, los estándares de identificación del cliente, el cumplimiento de las leyes, la cooperación con las autoridades competentes en la supervisión bancaria y aquellas encargadas de realizar la investigación penal y la adhesión a la declaración por parte de los bancos.

- **Finalidad:**

  Según La Declaración,[206] los bancos y otras instituciones financieras pueden ser utilizados involuntariamente como intermediarios para la transferencia o depósito de dinero derivado de actividades delictivas. La intención detrás de tales transacciones es a menudo ocultar la propiedad real de los fondos. El uso del sistema financiero de esta manera es de interés directo para las autoridades estatales y otros organismos encargados de hacer cumplir la ley; lo anterior también fue motivo de preocupación para los supervisores bancarios y las gerencias de los bancos, ya que la confianza pública en los bancos puede verse socavada por su asociación con delincuentes.

  Esta Declaración de Principios[207] también tuvo por objeto esbozar algunas políticas y procedimientos básicos que la adminis-

---

[205] Ver www.bis.org/publ/bcbs.
[206] Ibid.
[207] Ibid.

tración de los bancos debe velar por que existan al interior de sus instituciones con miras a ayudar a reprimir el blanqueo de dinero a través del sistema bancario, nacional e internacional. Por lo tanto, la Declaración se propuso reforzar las mejores prácticas existentes entre los bancos y, específicamente, fomentar la vigilancia contra el uso delictivo del sistema de pagos, la implementación por parte de los bancos de salvaguardias preventivas efectivas y la cooperación con las entidades estatales pertinentes.

- **Identificación del cliente:**

Con miras a garantizar que el sistema financiero no se utilice como canal de fondos delictivos, los bancos deben, según La Declaración,[208] realizar esfuerzos razonables para determinar la verdadera identidad de todos los clientes que soliciten los servicios de la institución. Se debe tener especial cuidado en identificar la propiedad de todas las cuentas y las que utilizan instalaciones de custodia de bienes y documentos. Según La Declaración,[209]todos los bancos deben instituir procedimientos eficaces para obtener la identificación de nuevos clientes, ya que debe ser una política explícita que no se realicen transacciones comerciales significativas con clientes que no proporcionen evidencia de su identidad.

- **Cumplimiento de las leyes:**

De acuerdo con La Declaración,[210] la administración de los bancos debe garantizar que los negocios se lleven a cabo de conformidad con altos estándares éticos y que se cumplan las leyes y regulaciones relacionadas con las transacciones financieras. Por lo que se refiere a las transacciones realizadas por cuenta de clientes, se acepta que los bancos pueden no tener medios para saber si la transacción se deriva de una actividad delictiva o forma parte de ella. Del mismo modo, dice La Declaración,[211] en un contexto internacional puede ser difícil garantizar que las

---

208 Ibid.
209 Ibid.
210 Ibid.
211 Ibid.

transacciones transfronterizas en nombre de los clientes cumplan con las regulaciones de otro país. No obstante, los bancos no deben proponerse ofrecer servicios o prestar asistencia activa en transacciones que tengan buenas razones para suponer que están asociadas con actividades de lavado de activos.

- **Cooperación con las autoridades de supervisión y con aquellas encargadas de hacer cumplir la ley:**

De acuerdo con La Declaración,[212] los bancos deben cooperar plenamente con las autoridades judiciales y policiales nacionales y demás entidades estatales de inspección, vigilancia y control en la medida en que lo permitan las normativas locales específicas relativas a la confidencialidad del cliente. Se debe tener cuidado para evitar proporcionar apoyo o asistencia a los clientes que buscan engañar a las autoridades administrativas, judiciales y de policía mediante el suministro de información alterada, incompleta o engañosa.

De acuerdo con La Declaración,[213] cuando los bancos tengan conocimiento de hechos que lleven a la presunción razonable de que el dinero depositado procede de actividades delictivas o de que las transacciones realizadas tienen en sí mismas un propósito delictivo, deben adoptarse medidas apropiadas, compatibles con la ley, por ejemplo, para denegar la asistencia, romper las relaciones con el cliente y cerrar o congelar cuentas.

De acuerdo con La Declaración,[214] todos los bancos deben adoptar formalmente políticas coherentes con los principios establecidos en la presente Declaración y deben garantizar que todos los miembros de su personal en cuestión, dondequiera que se encuentren, estén informados de la política del banco a este respecto.

Debe prestarse atención a la capacitación del personal en las cuestiones abarcadas por la Declaración. Para promover la

---

212 Ibid.
213 Ibid.
214 Ibid.

adhesión a estos principios, los bancos deben aplicar procedimientos específicos para la identificación de los clientes y para conservar los registros internos de las transacciones. Dice La Declaración,[215] que si es necesario ampliar las disposiciones relativas a la auditoría interna a fin de establecer un medio eficaz de comprobación del cumplimiento general de la Declaración.

12.2. Conozca a su cliente, diligencia debida del cliente, guía para la apertura de cuentas, financiamiento del terrorismo y el comité de Basilea

12.2.1. Principios básicos para una supervisión bancaria eficaz:

En 1997, el Comité de Basilea publicó un documento de política denominado *Principios Básicos Para Una Supervisión Bancaria Eficaz* (Principios Básicos). De conformidad con los Principios Básicos,[216] los bancos deben con políticas, prácticas y procedimientos adecuados, incluidas normas estrictas de *conozca a su cliente* que promuevan altos estándares éticos y profesionales en el sector financiero y eviten que el banco sea utilizado, intencional o intencionalmente, por elementos delictivos.[217]

12.2.2. Guía debida diligencia del cliente para los bancos:

De acuerdo con el modelo de enfoque basado en el riesgo, la diligencia debida del cliente puede simplificarse o mejorarse. Por un lado, y sobre la base de las mejores prácticas de diligencia debida del cliente, las jurisdicciones (naciones) pueden permitir una diligencia debida simplificada del cliente para situaciones donde el cliente representa un menor riesgo. Por otra parte, los bancos deben aplicar una diligencia debida reforzada en los casos en que existan situaciones en donde el cliente es clasificado como de mayor riesgo.

---

215 Ibid.

216 www.bis.org/bcbs85 (www.bip/cbsp85).

217 También consultar Guía de estudio de ACAMS página 103.

Bajo la guía, los procedimientos de conocer al cliente del sistema financiero son relevantes para la solidez de los bancos. Bajo la guía, estos programas ayudan a proteger la reputación de los bancos y la integridad de los sistemas bancarios al reducir la probabilidad de que los bancos se conviertan en un vehículo para los delitos financieros. De conformidad con la guía, la insuficiencia o ausencia de estándares de conocer al cliente puede someter a los bancos a riesgos reputacionales, legales y de concentración. La guía establece los siguientes elementos esenciales para los estándares de conocer al cliente:

1). Política de aceptación del cliente.

2). Identificación del cliente.

3). Monitoreo continuo de las cuentas de alto riesgo; y

4). Gestión de riesgos.

Según la Guía,[218] los bancos no solo deben establecer la identidad de sus clientes, sino que también deben monitorear la actividad de la cuenta para determinar aquellas transacciones que no se ajustan a las transacciones normales o esperadas para ese cliente o tipo de cuenta. Conocer al cliente, dice la Guía,[219] debe ser características centrales de los procedimientos de gestión y control de riesgos de los bancos, y complementarse con revisiones periódicas de cumplimiento y de auditoría interna. La intensidad de los programas conocer al cliente más allá de estos elementos esenciales debe adaptarse al grado de riesgo.

Del mismo modo, la Guía estableció medidas obligatorias de diligencia debida mejorada (EDD) en el caso de cuentas de mayor riesgo y clientes de patrimonio alto; por lo tanto, las cuentas bancarias privadas estaban obligadas a tener políticas de conocer al cliente. En febrero de 2003, el Grupo de Trabajo Sobre Banca Transfronteriza del Comité de Basilea preparó las directrices para la apertura de cuentas y la identificación de clientes (Las Directrices).

Según Las Directrices, los bancos deben asegurarse de tener un programa efectivo de identificación de clientes. En octubre de 2004, el Comité de Basilea publicó otra publicación importante sobre conocer al cliente del sector financiero: *Gestión de Riesgos Y Conocer El*

---

218 www.bis.org/bcbs85 (www.bip/cbsp85).

219 www.bis.org/bcbs85 (www.bip/cbsp85).

Cliente como complemento de su *Guía Debida Diligencia Del Cliente Para Los Bancos.*[220]

El documento de octubre de 2004 examina los elementos críticos para la gestión eficaz del riesgo de conocer al cliente del sector financiero en todo un grupo bancario y aborda la necesidad de que los bancos adopten un enfoque global y apliquen los elementos necesarios para un programa de conocer al cliente sólido tanto al banco matriz o a la oficina central como a todas sus sucursales y subsidiarias. De acuerdo con ACAMS,[221] estos elementos consisten en la gestión de riesgos, las políticas de aceptación e identificación del cliente y el monitoreo continuo de las cuentas de mayor riesgo.

12.2.3. El cumplimiento y la función de cumplimiento en los bancos:

En 2005, el Comité de Basilea promulgó un documento de política llamado *El Cumplimiento Y La Función De Cumplimiento En Los Bancos*, en el que el Comité de Basilea publicó principios sobre los riesgos por no cumplir con las normas de Basilea[222] que protegen al sector financiero del crimen organizado y la función de cumplimiento en los bancos.

Para el Comité de Basilea, el cumplimiento de la ley comienza en la alta dirección de los bancos. Los miembros de la junta directiva y la alta gerencia deben dirigir un banco bajo altos estándares de honestidad e integridad. *El Cumplimiento Y La Función Del Cumplimiento En Los Bancos*[223] establece una definición de riesgo de cumplimiento.

El riesgo de cumplimiento se define como el riesgo de sanciones legales o reglamentarias, pérdidas reflejadas en los estados finan-

---

220 Publicado en octubre de 2001.

221 Consultar Guía de estudio de ACAMS página 106.

222 Las cuales son incorporadas en los marcos regulatorios de los países de la comunidad internacional por voluntad política propia o por acciones de otras entidades multilaterales u organizaciones internacional como el FMI a través de su cláusula de condicionalidad y a través de las consultas reguladas por el Artículo IV del Convenio Constitutivo del FMI

223 www.bis.org/bcbs85 (www.bip/cbsp85).

cieros de las entidades bancarias o pérdida de reputación que un banco puede sufrir debido a su incumplimiento de las leyes, regulaciones, reglas, estándares de organizaciones autorreguladoras del sector financiero y códigos de conducta aplicables a sus actividades bancarias.

Del mismo modo, *El Cumplimiento Y La Función Del Cumplimiento En Los Bancos*[224] establece responsabilidades sobre la junta directiva, como su responsabilidad de supervisar la gestión del riesgo de cumplimiento del banco, su poder para aprobar la política de cumplimiento de un banco, incluido un documento formal que establezca una función de cumplimiento permanente y efectiva, y su responsabilidad de evaluar el grado en que el banco está gestionando su riesgo de cumplimiento de manera efectiva.

Además, *El Cumplimiento Y La Función Del Cumplimiento En Los Bancos*[225] ha establecido que la alta dirección de un banco es responsable de la gestión eficaz del riesgo de cumplimiento del banco. En cuanto a los principios de la función de cumplimiento, en *El Cumplimiento Y La Función De Cumplimiento En Los Bancos*,[226] el Comité de Basilea declaró que la función de cumplimiento del banco debería ser independiente.

El Comité de Basilea estableció que el concepto de independencia a efectos del cumplimiento comprende cuatro elementos conexos, que son los siguientes:

1. La función de cumplimiento debe tener un estatus formal dentro del banco.
2. Debe haber un oficial de cumplimiento del grupo o un jefe de cumplimiento con la responsabilidad general de coordinar la gestión del riesgo de cumplimiento del banco.
3. El personal encargado del cumplimiento, incluido el jefe de cumplimiento, no debería ocupar un puesto en el que pueda haber un conflicto de intereses entre sus obligaciones de velar

---

224 www.bis.org/bcbs85 (www.bip/cbsp85.

225 www.bis.org/bcbs85 (www.bip/cbsp85.

226 www.bis.org/bcbs85 (www.bip/cbsp85.

de que el banco tenga y ejecute una política efectiva y transparente de cumplimiento.

4. Por último, el personal de la función de cumplimiento debe tener acceso a la información y al personal necesarios para llevar a cabo sus responsabilidades.

12.2.4. La función de auditoría interna en los bancos

En junio de 2012, el Comité de Basilea publicó un documento de política llamado *La Función De Auditoría Interna En Los Bancos* (La Función De Auditoria) en virtud del cual el Comité de Basilea evaluó la eficacia de la función de auditoría interna en los bancos.

Los bancos deben tener una función de auditoría interna con suficiente autoridad, estatura, independencia, recursos y acceso a la junta directiva, estableció La Función de Auditoría.

Además, La función De Auditoria establece que los auditores internos independientes, competentes y calificados son vitales para un buen gobierno corporativo. También estableció principios relacionados con la función de auditoría interna en los bancos.

Uno de los principios establece que una función eficaz de auditoría interna proporciona garantías de independencia a la junta directiva y a la alta dirección sobre la calidad y eficacia de los sistemas y procesos de control interno, gestión de riesgos y gobernanza de un banco.

La Función De Auditoría Interna en los bancos es que los supervisores (en el caso colombiano la Superintendencia Financiera) deben tener comunicación regular con los auditores internos del banco para discutir las áreas de riesgo identificadas por ambas partes, comprender las medidas de mitigación de riesgos tomadas por el banco y comprender las debilidades identificadas y monitorear las respuestas del banco a las debilidades identificadas en el proceso.

12.3. Guía general para la apertura de cuentas:

De acuerdo con la *Guía General Para La Apertura De Cuentas* para los individuos, los bancos deben recopilar la siguiente información:

- Nombre legal (nombre y apellido).

- Dirección permanente completa.
- Nacionalidad.
- Número de identificación personal oficial (gobierno).
- Fecha y lugar de nacimiento.
- Ocupación, cargo público ocupado.
- Ingresos.
- Uso esperado de la cuenta: monto, número, tipo, propósito y frecuencia de las transacciones esperadas.
- Productos o servicios financieros solicitados por el cliente.

En virtud de la *Guía General Para La Apertura De Cuentas*, se debe prestar especial atención a los clientes que se consideran de mayor riesgo, como las personas expuestas políticamente (PEP). Según la *Guía General Para La Apertura De Cuentas*, si el marco regulatorio local permite la apertura de cuentas no presenciales, los bancos deben considerar los riesgos específicos asociados con este método. En consecuencia, los bancos deben establecer que el cliente existe y que la persona con la que trata el banco es ese cliente.

Según la *Guía General Para La Apertura De Cuentas*, los bancos deben recopilar la siguiente información al abrir cuentas para entidades legales, independientemente de si son sociedades anónimas, sociedades colectivas, sociedades de responsabilidad limitada, sociedades en comandita simple, sociedades por acciones simplificadas, entre otras:[227]

- Nombre, forma jurídica, estado y prueba de constitución de la persona jurídica.
- Dirección permanente del lugar principal de la actividad de la persona jurídica.
- Número de identificación oficial (número de registro de la empresa o número de identificación fiscal).
- Dirección postal y registrada de personas jurídicas.

---

227 Las sociedades comerciales descritos en este párrafo son tomadas en el entorno jurídico colombiano ya que cada país tiene sus propios códigos de comercio o leyes que regulan la formación y composición societaria de cada persona jurídica.

- La identidad de las personas que tienen autoridad para operar la cuenta y que controlan la entidad legal a través de la propiedad u otros medios.
- La identidad de los titulares reales de la propiedad accionaria de la persona jurídica.
- Facultades que regulan y vinculan a la persona jurídica.
- Naturaleza y finalidad de las actividades de la persona jurídica y su legitimidad.
- Uso esperado de la cuenta, monto, número, tipo, propósito y frecuencia de las transacciones esperadas.

Según la *Guía General Para La Apertura De Cuentas*, los bancos deben verificar la identidad del cliente utilizando fuentes, datos e información confiables e independientes. El proceso de verificación debe ser proporcional a la evaluación del riesgo vinculado al cliente.

En cuanto a los acuerdos legales, como el fideicomiso para necesidades especiales o el fideicomiso irrevocable o el fideicomiso revocable o un fideicomiso testamentario, los bancos deben recopilar, en virtud de la *Guía General Para La Apertura De Cuentas*, la siguiente información:

- Nombre de la disposición jurídica y prueba de existencia.
- Dirección y país de establecimiento.
- Naturaleza, propósito y objetos del acuerdo legal.
- Nombres del fideicomitente, fideicomisario(s), el protector, los beneficiarios del fideicomiso y cualquier otra persona que ejerza el control efectivo final sobre el fideicomiso, que puede incluir una cadena de control.[228]

---

[228] Importante conocer los individuos o entidades que ejerzan el control efectivo final sobre el fideicomiso que puede incluir una cadena de personas y personas jurídicas para ocultar el verdadero dueño de los recursos que pueden tener un origen criminal.

12.3.1. Manejo de los riesgos relacionados con el lavado de activos y la financiación del terrorismo:

El Comité de Basilea, en febrero de 2016, publicó la *Manejo De Los Riesgos Relacionados Con El Lavado De Activos Y La Financiación Del Terrorismo* (Manejo De Los Riesgos). En virtud del Manejo De Los Riesgos,[229] los bancos deben incluir los riesgos de lavado de activos y financiación del terrorismo en sus políticas de gestión de riesgos, que deben incluir políticas y procedimientos de supervisión sobre el manejo y gestión de estos riesgos. En consecuencia, los bancos deben evaluar y comprender los riesgos de delitos financieros antes mencionados.

Al realizar una evaluación integral del riesgo para evaluar los riesgos del crimen financiero, un banco debe considerar todos los factores de riesgo inherentes y residuales relevantes a nivel de país, sectorial, banco y relación comercial, entre otros, a fin de determinar su perfil de riesgo y el nivel apropiado de mitigación que se aplicará.

Un banco debe desarrollar una comprensión profunda del riesgo inherente del crimen financiero presente en su base de clientes, productos, canales de entrega y servicios ofrecidos (incluidos los productos en desarrollo o por lanzar) y las jurisdicciones (naciones) dentro de las cuales él o sus clientes hacen negocios. Cualquier riesgo residual resultante debe gestionarse en consonancia con el perfil de riesgo del banco establecido a través de su evaluación de riesgos. Esta evaluación y comprensión deben poder demostrarse según lo requiera el supervisor del banco y sea aceptable para él/ella.[230]

En el marco del Manejo De Los Riesgos,[231]los bancos deben contar con mecanismos de gobierno corporativo En particular, las juntas directivas de los bancos deben aprobar y supervisar las políticas de riesgo, gestión de riesgos y cumplimiento, en la medida en que sean relevantes en el contexto del riesgo del crimen financiero.

Las evaluaciones de riesgos del crimen financiero deben comunicarse a la junta directiva de manera oportuna, completa, comprensible y precisa para que esté bien equipada para tomar decisiones informadas.

---

229 www.bis.org/bcbs/publ/d353.pdf (banco internacional de pagos/cbsb/publ.

230 www.bis.org/bcbs/publ/d353.pdf (banco internacional de pagos/cbsb/publ.

231 www.bis.org/bcbs/publ/d353.pdf (banco internacional de pagos/cbsb/publ.

Además, la junta directiva del banco de manera explícita debe asignar las responsabilidades efectivas en el manejo del riesgo del crimen financiero teniendo en cuenta la estructura de gobierno del banco para garantizar que las políticas y procedimientos del banco se gestionen de manera efectiva.

Bajo el Manejo De Los Riesgos,[232] la junta directiva y la alta gerencia del banco deben nombrar a un director de cumplimiento contra el lavado de activos y financiación del terrorismo debidamente calificado para que tenga la responsabilidad general de la función contra tales crímenes financiero con la estatura y la autoridad necesaria dentro del banco de modo que las cuestiones planteadas por este alto funcionario reciban la atención necesaria de la junta, la alta gerencia y las líneas de negocios.

Además, la política del Manejo De Los Riesgos,[233] estableció las tres líneas de defensa que los bancos adoptaron para combatir los delitos financieros.

Las tres líneas de defensa se explican a continuación en el cuadro de la siguiente página:

Gráfico 6. El modelo de tres líneas de defensa bajo las directrices del comité de Basilea:

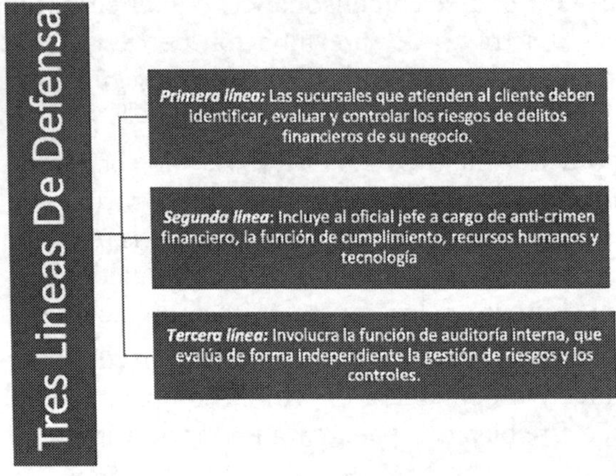

232 www.bis.org/bcbs/publ/d353.pdf (banco internacional de pagos/cbsb/publ.

233 www.bis.org/bcbs/publ/d353.pdf (banco internacional de pagos/cbsb/publ.

Bajo la política del Manejo De Los Riesgos,[234] los bancos no deben abrir cuentas para clientes que soliciten el anonimato o proporcionen un nombre ficticio. Las cuentas numeradas también deben estar sujetas a procedimientos de diligencia debida del cliente. Además, la política del Manejo De Los Riesgos establece normas de supervisión continua para los bancos.

Todos los bancos deben contar con sistemas para detectar transacciones inusuales o sospechosas. De conformidad con las directrices del Manejo De Los Riesgos,[235] si se detecta actividad sospechosa, los bancos deben notificarla a las Unidades de Inteligencia Financiera (UIF) de las jurisdicciones (naciones) donde operan. Las directrices del Manejo De Los Riesgos también establecen normas que los bancos deben tener para la congelación de activos y la lucha contra la financiación del terrorismo.

Según las directrices del Manejo De Los Riesgos,[236] un banco debe ser capaz de identificar y hacer cumplir las decisiones de congelación de fondos tomadas por la autoridad competente y, de lo contrario, no debe tratar con ninguna entidad o individuo designado (por ejemplo, terroristas u organizaciones terroristas) de conformidad con la legislación nacional pertinente y las resoluciones del Consejo de Seguridad de las Naciones Unidas.

La política del Manejo De Los Riesgos[237] también establece directrices para una gestión sólida del riesgo del crimen financiero cuando un banco opera en otras jurisdicciones (naciones); y entraña la consideración de los requisitos jurídicos del país anfitrión para tales fines. Las directrices del Manejo De Los Riesgos también establecieron un proceso global para gestionar los riesgos de los clientes, que implicó el establecimiento y la gestión de un proceso para coordinar y aplicar políticas y procedimientos en todo el grupo, implementando así una línea de base consistente para gestionar el riesgo del banco en todas sus actividades, negocios y operaciones internacionales.[238]

---

234 www.bis.org/bcbs/publ/d353.pdf (banco internacional de pagos/cbsb/publ.'

235 www.bis.org/bcbs/publ/d353.pdf (banco internacional de pagos/cbsb/publ.'

236 www.bis.org/bcbs/publ/d353.pdf (banco internacional de pagos/cbsb/publ.

237 www.bis.org/bcbs/publ/d353.pdf (banco internacional de pagos/cbsb/publ.

238 www.bis.org/bcbs/publ/d353.pdf (banco internacional de pagos/cbsb/publ.

Los grupos bancarios pueden dedicarse a otras actividades financieras distintas de las operaciones de captación de depósitos y actividades de colocación (préstamos). Tales actividades incluyen operaciones bursátiles y de valores y negocios de seguros.

Dado que la aplicación de los controles de gestión de riesgos de los crímenes financieros en grupos financieros mixtos plantea problemas adicionales y complementarios que no están presentes para las instituciones depositarias, en el marco de la política de Manejo De Riesgos y relacionados con el lavado de activos y la financiación del terrorismo, los grupos mixtos deben tener la capacidad de supervisar y compartir información sobre la identidad de su clientela y sus transacciones en todo el grupo y estar alerta a los clientes que pueden utilizar sus servicios en banca, préstamos, valores y/o seguros.

13. EL COMITÉ DE BASILEA Y LOS RIESGOS DE DELITOS FINANCIEROS ASOCIADOS A LAS CRIPTOMONEDAS

13.1. Supervisión de criptoactivos para anti-lavado de activos

Para el Comité de Basilea,[239] las criptomonedas brindan a sus usuarios el potencial de hacer que los pagos y las transferencias sean más eficientes. Sin embargo, el Comité de Basilea ha subrayado que algunas de las características de la criptomoneda pueden aumentar los riesgos de delitos financieros, como el lavado de dinero y el financiamiento del terrorismo.

Los nuevos actores del mercado, como los emisores de criptomonedas (no se sabe quiénes son), los intercambios y los proveedores de billeteras virtuales, también plantean un riesgo de delitos financieros.

Por ejemplo, en 2019, alrededor del 1,1 % de todas las transacciones de criptomonedas (por un valor de alrededor de USD 11 mil millones) fueron ilícitas... otra empresa descubrió al mirar solo a Bitcoin que en 2020 las transacciones con Bitcoin asociadas con actividades criminales alcanzaron USD 3.5 mil millones. La misma fuente

---

239 www.bis.org/bcbs/publ/d353.pdf (banco internacional de pagos/cbsb/publ.

también estima que un tercio de los Bitcoins enviado a través de las fronteras (internacional) va a través de plataformas de intercambio de criptomonedas con controles de diligencia debida del cliente obviamente débiles.[240]

El Comité de Basilea[241]ha declarado que los datos mencionados anteriormente indican la magnitud de la amenaza de delitos financieros de las criptomonedas. En consecuencia, el Comité de Basilea ha señalado que la velocidad de las transacciones, el alcance global y el potencial para un mayor anonimato y ofuscación u ocultación de los flujos de transacciones y contrapartes hacen que las criptomonedas sean adecuadas para la actividad delictiva.

Además, dice el Comité de Basilea, algunas transacciones pueden tener lugar sin la participación de intermediarios financieros, en cuyo caso ninguna institución financiera regulada puede aplicar necesariamente medidas preventivas contra el crimen financiero, como la debida diligencia del cliente, el mantenimiento de registros y la notificación de transacciones sospechosas a las autoridades competentes. Hay algunas criptomonedas y proveedores de servicios relacionados con ellas que incorporan específicamente tecnología diseñada para evitar la transparencia, como criptomonedas de anonimato mejorada.

Además, el Comité de Basilea[242] ha declarado que la escala y el nivel del uso ilícito de las criptomonedas es significativa, destacando la importancia de la regulación y supervisión contra el lavado de activos y financiación del terrorismo, así como la aplicación de la ley, en esta área.

Aunque el GAFI publicó, en 2014, un informe que presenta un marco para comprender y abordar los delitos financieros asociados a las criptomonedas o activos virtuales y mientras se avanza en la adopción de los estándares del GAFI a nivel nacional entre los miembros del GAFI, el Comité de Basilea ha declarado que la implementación de prácticas de supervisión efectivas sobre las criptomonedas se está quedando atrás.

---

240 www.bid.org/fsi/publ/insights31.pdf.

241 www.bis.org/bcbs/publ/d353.pdf (banco internacional de pagos/cbsb/publ.

242 www.bis.org/bcbs/publ/d353.pdf (banco internacional de pagos/cbsb/publ.

Finalmente, el Comité de Basilea ha declarado que el tratamiento regulatorio para la criptomoneda depende de los riesgos planteados tanto por el tipo de criptomoneda como por la actividad[243] en la que participan las firmas que hacen negocios con criptomonedas.

Con base en los principios del Comité de Basilea, los elementos de un programa de cumplimiento contra el lavado de activos y financiación del terrorismo que toda entidad obligada a reportar actividad sospechosa ante las autoridades competentes de las jurisdicciones (naciones o territorios) donde operen deben ser:

1. Sistemas de políticas, procedimientos y controles internos contra el lavado de activos y financiación del terrorismo.
2. Designar un oficial de cumplimiento.
3. Programas continuos de capacitación a todo el personal de la entidad en materia de lavado de activos y financiación del terrorismo.
4. Contratar una auditoría independiente que evalúe el programa de cumplimiento contra el lavado de activos y financiación del terrorismo, y
5. Programas de gobierno corporativo en materia de lucha contra el crimen financiero transnacional.

14. OTRAS ORGANIZACIONES INTERNACIONALES QUE JUEGAN UN PAPEL RELEVANTE EN LA GUERRA CONTRA EL CRIMEN FINANCIERO TRANSNACIONAL

Hay otras organizaciones globales, incluidos grupos internacionales formados por bancos, que juegan un papel relevante en la guerra contra el crimen financiero transnacional. Por ejemplo, esas organizaciones facilitan el intercambio de información y cooperan con otras organizaciones internacionales, autoridades nacionales, instituciones

[243] Una criptomoneda puede ser usada como medio de pago o como inversión bursátil (como las acciones o bonos) o como un producto básico o mercancías (commodity por sus siglas en inglés).

policiales y financieras para identificar, gestionar y mitigar los delitos financieros en todo el mundo.

Entre esas organizaciones figuran el Grupo Egmont, la Organización Internacional de Policía Criminal (Interpol), el Comité de Expertos en Evaluación de Medidas contra el Blanqueo de Dinero y la Financiación del Terrorismo (MONEYVAL en adelante) y el Grupo Wolfsberg. Ver el gráfico en la página a continuación.

Gráfico 7. Segundo grupo de organizaciones que luchan contra el crimen financiero transnacional:

14.1. El grupo Egmont de unidades de inteligencia financiera

El Grupo Egmont es una organización global que facilita e impulsa el intercambio de información, conocimiento y cooperación entre sus miembros, que son Unidades de Inteligencia Financiera (UIF a continuación). Por lo tanto, el Grupo Egmont está formado por UIF, que son agencias gubernamentales (en el caso de Colombia es una unidad administrativa especial adscrita al Ministerio de Hacienda y Crédito Público) nacionales dentro de la rama ejecutora del poder publicó o en algunos casos, como es el caso de El Salvador en América Central, dentro de la fiscalía general de un determinado país.

Como dicho anteriormente, las UIF están dentro del aparato del gobierno nacional y suelen estar adscritas a los departamentos del tesoro o ministerios de hacienda. Ejemplos de UIF que son miembros del Grupo Egmont incluyen la Red de Control de Delitos Financieros de los Estados Unidos. (FinCen), la Unidad de Inteligencia Financiera de México (UIF-México), el Consejo Brasileño de Control de Actividades Financieras (COAF), la Oficina Francesa de Procesamiento y Acción de Inteligencia contra las Redes Financieras Ilícitas (TRACFIN), la Unidad de Inteligencia Financiera del Reino Unido (NCA), la Oficina de Notificación de Transacciones Sospechosas de Singapur (STRO) o el Centro de Inteligencia Financiera de Japón (JAFIC) y la Oficina de Inteligencia Financiera de China (GIF) y la Unidad Conjunta de Inteligencia Financiera (JFIU) de Hong Kong (China).

De acuerdo con el Egmont Group,[244] las UIF están obligadas por los estándares internacionales a intercambiar información y participar en la cooperación internacional. En consecuencia, el Grupo Egmont[245] reconoce que el intercambio de inteligencia financiera es de suma importancia y se ha convertido en la piedra angular de los esfuerzos internacionales en la lucha contra el crimen financiero.

Como organización global, el Grupo Egmont[246] comprende varios grupos que supervisan y / o contribuyen a sus operaciones principales y el objetivo general de fortalecer los mecanismos de intercambio de información entre sus miembros para combatir el lavado de dinero, el financiamiento del terrorismo y los delitos subyacentes al lavado de activos. Estos diversos grupos incluyen:

- **Jefes de unidades de inteligencia financiera**: El principal órgano de gobierno del Grupo Egmont.
- **Comité Egmont**: Es el mecanismo de consulta y coordinación para la HoFIU y los Grupos de Trabajo. También representa al Grupo Egmont en foros internacionales y supervisa el trabajo de la Secretaría del Grupo Egmont.

---

244 www.egmontgroup.org.

245 www.egmontgroup.org.

246 www.egmontgroup.org.

- **Grupos de trabajo:** Están compuestos por el Grupo de Trabajo de Intercambio de Información (IEWG), el Grupo de Trabajo de Apoyo a la Membresía y Cumplimiento (MSCWG), el Grupo de Trabajo de Políticas y Procedimientos y el Grupo de Trabajo de Asistencia Técnica y Capacitación.
- **Grupos Regionales:** Los grupos regionales ayudan al Grupo Egmont a lograr sus objetivos de desarrollo, cooperación e intercambio de conocimientos especializados a nivel regional.
- **Secretaría del grupo Egmont:** Proporciona apoyo estratégico, técnico y administrativo a la HoFIU, la CE, los Grupos de Trabajo y los Grupos Regionales.
- **Centro Egmont de excelencia y liderazgo de UIF:** Ayuda a las UIF a esforzarse por alcanzar la excelencia y el liderazgo. Grupos regionales: Los grupos regionales ayudan al Grupo Egmont a lograr sus objetivos de desarrollo, cooperación e intercambio de conocimientos especializados a nivel regional.[247]

14.2. Interpol

Interpol es una organización intergubernamental con 195 países miembros en todo el mundo, que desempeña un papel relevante en la lucha contra la delincuencia financiera transnacional. Para Interpol,[248] la delincuencia financiera transnacional ha crecido exponencialmente en los últimos años, socavando los sistemas financieros mundiales, impidiendo el crecimiento económico y causando enormes pérdidas a empresas e individuos en todo el mundo. Según Interpol,[249] los delincuentes están aprovechando los procesos de globalización y digitalización para cometer delitos financieros con eficiencia y sofisticación. Ejemplos de lo anterior incluyen fraude telefónico, phishing, fraude de no entrega, fraude de inversión y fraude con tarjetas de pago. Para la Interpol, la delincuencia financiera transnacional es un problema importante no sólo para la comunidad encargada de hacer cumplir la

247 www.egmontgroup.org/about/organization-and-structure.

248 www.interpol.int/crimes/financial-crime/ourrole.

249 www.interpol.int/crimes/financial-crime/ourrole.

ley, sino también para las instituciones financieras, el sector privado y otras partes interesadas internacionales.

En consecuencia, Interpol[250] ha establecido su Centro de Delitos Financieros y Lucha contra la Corrupción (CDFLC) debido a la necesidad de contar con una respuesta internacional coordinada a la globalización de los delitos financieros. El objetivo del CDFLC es trabajar en estrecha colaboración con las partes interesadas pertinentes, como el GAFI, los organismos regionales similares al GAFI (como el GAFILAT), el Grupo Egmont de UIF, las instituciones policiales y financieras, para fortalecer los esfuerzos internacionales para combatir la delincuencia financiera transnacional.

14.3. MONEYVAL

El Comité de Expertos en Evaluación de Medidas contra el Lavado de Dinero (MONEYVAL en adelante). En septiembre de 1997, MONEYVAL fue establecido por el Comité de ministros del Consejo de Europa para llevar a cabo ejercicios de autoevaluación y evaluación mutua de las medidas contra el crimen financiero transnacional vigentes en los Estados miembros del Consejo de Europa y que no eran miembros del GAFI. MONEYVAL se convirtió en miembro asociado del GAFI en 2006. El 13 de octubre de 2010, el Comité de ministros europeo adoptó la Resolución CM/Res (2010)12 sobre el Estatuto Constitutivo de MONEYVAL. El estatuto elevó a MONEYVAL a un mecanismo de monitoreo independiente dentro del Consejo de Europa que responde directamente ante el Comité de ministros. El Estatuto MONEYVAL fue modificado nuevamente en 2013 por la Resolución CM/ Res (2013)13.

Los miembros de MONEYVAL incluyen: Albania, Andorra, Armenia, Azerbaiyán, Bosnia y Herzegovina, Bulgaria, Croacia, Chipre, República Checa, Estonia, Gibraltar, Georgia, Guernsey*, Hungría, Santa Sede o Estado Vaticano (desde abril de 2011), Isla de Man, Israel (desde enero de 2006), Jersey, Letonia, Liechtenstein, Lituania, Malta, Moldavia, Mónaco, Montenegro, Polonia, Rumania, Federación de Rusia (también miembro del GAFI desde 2003), San Marino,

250 www.interpol.int/crimes/financial-crime/ourrole.

Serbia, República Eslovaca, Eslovenia, la ex República Yugoslavia, Macedonia y Ucrania.[251]

14.4. El Grupo Wolfsberg

Para ACAMS,[252] el Grupo Wolfsberg es una asociación de 13 bancos globales[253] que tiene como objetivo desarrollar estándares y orientación de la industria de servicios financieros relacionados con las políticas de Conozca a su cliente, Antilavado de dinero y Financiamiento del terrorismo. El Grupo Wolfsberg, que no tiene poderes y facultadas coercitivas para forzar a los Estados e instituciones financieras, emitió las directrices para gestionar los propios riesgos de sus miembros, para ayudar a tomar decisiones acertadas sobre los clientes y para proteger sus operaciones del abuso criminal. De acuerdo a ACAMS,[254] el Grupo se reunió por primera vez en 2000 en el Castillo de Wolfsberg en Suiza, acompañado por representantes de Transparencia Internacional, para redactar directrices contra el lavado de dinero para la banca privada que fue un ataque sin precedentes del sector privado contra el lavado de ganancias de la corrupción. Los Principios Wolfsberg contra el lavado de activos para la banca privada se publicaron en octubre de 2000 y se revisaron en mayo de 2002 y de nuevo en junio de 2012.

Estos principios recomiendan controles para la banca privada que van desde lo básico, como la identificación del cliente, hasta una diligencia debida mejorada, como un mayor escrutinio de las personas que tienen o han tenido posiciones de confianza pública, como los denominados PEPs. Los bancos publicaron los principios con Transparencia Internacional dijeron que los principios dificultarían que las personas corruptas depositen sus ganancias mal habidas en el sistema bancario mundial. Los principios establecen que los bancos deben es-

---

251 Guía de estudio de ACAMS, páginas 117-118.

252 Guía de estudio de ACAMS, páginas 123-124.

253 El Grupo Wolfsberg incluye bancos como ABN AMRO, el Banco Santander, el Banco de Tokio-Mitsubishi, Barclays, CITIGROUP, CrediSwisse, Deutsche Bank, Goldman Sachs, HSBC, JP Morgan Chase, Société Générale, UBS y Bank of América, entre otros.

254 Guía de estudio de ACAMS, páginas 123-124.

forzarse por aceptar solo a aquellos clientes cuya fuente de riqueza y fondos pueda establecerse razonablemente como legítima.

Ellos destacan la necesidad de identificar al beneficiario efectivo de los fondos «para todas las cuentas» cuando esa persona es otra persona que no es el cliente, e instan a los banqueros privados a realizar la debida diligencia con respecto a los «administradores de dinero e intermediarios similares» para determinar que los intermediarios tienen un proceso de diligencia debida «satisfactorio» para sus clientes o una obligación reglamentaria de llevar a cabo dicha diligencia debida. Los principios recomiendan que al menos una persona que no sea el banquero privado debe aprobar todos los nuevos clientes y cuentas.[255]

[255] Guía de estudio de ACAMS, páginas 123-124.

Capítulo 4

EL RÉGIMEN JURÍDICO INTERNACIONAL DE SANCIONES ECONÓMICAS, LA DELINCUENCIA FINANCIERA TRANSNACIONAL Y LA DIPLOMACIA

1. ESTADOS, SANCIONES ECONÓMICAS Y POLÍTICA EXTERIOR

En el nuevo milenio, las sanciones económicas son la herramienta de política exterior más aceptada y utilizada para que los Estados promuevan sus intereses en el juego de la política internacional. Para el Consejo de Relaciones Exteriores, las sanciones económicas son la herramienta de elección para responder a los principales desafíos geopolíticos, como el terrorismo y los conflictos.[256] En el pasado, los Estados utilizaban la fuerza para resolver disputas internacionales. Como tal, el uso de la fuerza fue la herramienta más aceptada para la diplomacia. Sin embargo, los Estados, pertenecientes a la comunidad internacional comenzaron a usar sanciones económicas más que la fuerza militar en sus relaciones internacionales con otras naciones.

Las sanciones económicas[257] buscan cambiar la política internacional a través de castigos o restricciones que un país o grupos de países, organizaciones internacionales o bloques económicos imponen a otro país. Las sanciones económicas pueden adoptar la forma de restricción de actividades financieras, barreras comerciales o restriccio-

---

256 ¿Qué son las sanciones económicas? | Consejo de Relaciones Exteriores (cfr.org).

257 Brasil introdujo sanciones económicas contra Estados Unidos en 2010. Brasil afirmó que el gobierno de los Estados Unidos violó las reglas de la Organización Mundial del Comercio ya que el gobierno de los Estados Unidos pagó a los productores de algodón por sus productos.

nes de visado. Para el Consejo de Relaciones Exteriores, las sanciones económicas se definen como la suspensión temporal o definitiva de las relaciones comerciales y financieras habituales con el país sancionado con fines de política exterior y de seguridad.[258] Las sanciones económicas se han convertido en la herramienta más aceptada para la diplomacia en la medida en que las sanciones económicas se consideran actualmente un "arma nuclear financiera". Se ha declarado que las potencias imperialistas usan 'armas nucleares financieras' contra Rusia,"[259] por cometer un crimen de agresión contra Ucrania.[260]

Los Estados también pueden imponer a otros Estados prohibiciones de viaje, congelación de activos y embargos de armas. Los Estados pueden usar sanciones para la resolución de conflictos, como las que se usan contra Rusia por invadir Ucrania. Los Estados también pueden utilizar las sanciones para la promoción de la democracia y los derechos humanos. Además, los Estados pueden utilizar sanciones para combatir la delincuencia financiera transnacional.

Como tal, los Estados pueden usar sanciones para fines antiterroristas, antinarcóticos y contra el lavado de dinero, y para la no proliferación, y para contrarrestar el delito cibernético. Los Estados también pueden imponer sanciones económicas a actores no estatales, como grupos terroristas y cárteles de la droga. Por lo tanto, las sanciones se han convertido en una de las herramientas más usadas por los gobiernos para responder a los desafíos de su política exterior.[261]

Se ha dicho que las sanciones económicas pueden perjudicar a personas inocentes, mientras que los líderes no se ven afectados.[262] Como tal, la comunidad internacional ideó el régimen de sanciones inteligentes.[263] Desde los ataques terroristas de al-Qaeda en los Estados Unidos el 11 de septiembre de 2001, ha habido un claro cambio hacia

---

258 www.marketbusinessnews.com/financial-glossary/economic-sanctions.

259 Las potencias imperialistas usan "arma nuclear financiera" contra Rusia - World Socialist Web Site (wsws.org).

260 Rusia invadió Ucrania el 24 de febrero de 2022.

261 ¿Qué son las sanciones económicas? | Consejo de Relaciones Exteriores (cfr.org).

262 Véase www.marketbusinessnews.com/financial-glossary/economic-sanctions.

263 Las sanciones inteligentes pueden incluir medidas de congelación de activos para los líderes, restricciones de capital, prohibiciones de viaje y reducciones de ayuda extranjera.

sanciones inteligentes. Se trata de sanciones selectivas que en teoría no perjudican a ciudadanos inocentes.[264]

Gráfico 8. Las sanciones económicas se agrupan en los siguientes tipos:[265]

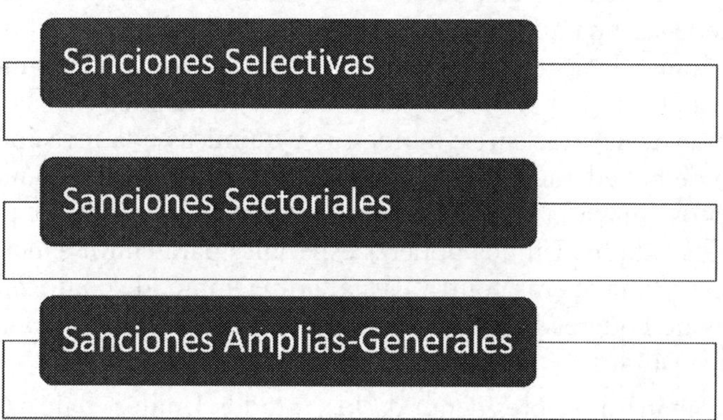

Si bien las sanciones selectivas están dirigidas a personas específicamente nombradas, como los líderes políticos de una nación determinada, o líderes terroristas, o a los capos de la droga o los proliferadores de armas de destrucción masiva, las sanciones sectoriales están dirigidas a sectores importantes de la economía de un país para prohibir un subconjunto muy específico de transacciones financieras y de comercio exterior dentro de esos sectores para impedir el crecimiento económico futuro[266] y así forzar a dichos países a cumplir con el derecho internacional, como con las normas del GAFI contra el lavado de activos y financiación del terrorismo.

1.1. La práctica de sanciones económicas en los Estados Unidos

Para el Consejo de Relaciones Exteriores,[267] el gobierno de los Estados Unidos utiliza las sanciones económicas y financieras como armas de su política exterior más que cualquier otro país del planeta.

---

264 Study_Guide_CAMS6.pdf página 177.

265 Véase ACAMS Guía De Estudio página 177.

266 Ibid.

267 ¿Qué son las sanciones económicas? | Consejo de Relaciones Exteriores (cfr.org).

La política de sanciones de los Estados Unidos puede originarse en el poder ejecutivo o legislativo de ese país. Por ejemplo, los presidentes de los Estados Unidos típicamente inician el proceso emitiendo una orden ejecutiva o acto administrativo, que declara una emergencia nacional en respuesta a una amenaza extranjera inusual y extraordinaria (puede ser una amenaza a la paz y el orden internacional o una amenaza contra la seguridad de los Estados Unidos). Un ejemplo de la amenaza contra la paz y seguridad internacional puede ser la proliferación de armas nucleares, biológicas y químicas o la invasión del Gobierno de la Federación de Rusia sobre el territorio de Ucrania.[268] Estos hechos contra la paz y seguridad internacional otorga al presidente de los Estados Unidos poderes especiales para emitir sanciones económicas y financieras contra Rusia, por ejemplo, de conformidad con la Ley de Poderes Económicos y de Emergencia Internacional de los Estados Unidos.[269]

De esa manera, el presidente de los Estados Unidos, bajo la Ley de Poderes Económicos y de Emergencia Internacional de los Estados Unidos, puede regular el comercio con respecto a esa amenaza contra la paz y seguridad nacional o internacional por un período de un año, a menos que sea prorrogado por el presidente o terminado por una resolución conjunta del Congreso de los Estados Unidos. Además, el Congreso de los Estados Unidos puede aprobar legislación que imponga nuevas sanciones o modifique las existentes, lo que ha hecho en muchos casos. Las ramas ejecutiva y legislativa del poder público en los Estados Unidos se han enfrentado (lo que en Colombia se conoce popularmente como choque de trenes) en torno al régimen de sanciones de los Estados Unidos. Por ejemplo, en julio de 2017, el Congreso de los Estados Unidos aprobó y el presidente Donald J. Trump firmó y sancionó a regañadientes un proyecto de ley que imponía nuevas sanciones a Rusia por supuestamente interferir en las elecciones presidenciales de ese país. El proyecto de ley, que polémicamente puso

---

268 Bajo el derecho internacional, el acto de guerra de Rusia frente a Ucrania es un delito de agresión que puede ser castigado bajo el derecho internacional no solo con sanciones económicas sino penalmente.

269 Véase ¿Qué son las sanciones económicas? | Consejo de Relaciones Exteriores (cfr.org).

límites a la capacidad de Trump para levantar las sanciones a Rusia, fue aprobado con mayorías en el Congreso de los Estados Unidos.[270]

La Oficina de Control de Activos Extranjeros (OFAC) del Departamento del Tesoro de los Estados Unidos administra y aplica sanciones económicas y comerciales basadas en los objetivos de política exterior y seguridad nacional de los Estados Unidos contra países y regímenes extranjeros específicos, terroristas, narcotraficantes internacionales, y sobre aquellos individuos involucrados en actividades relacionadas con la proliferación de armas de destrucción masiva y otras amenazas a la seguridad nacional, la política exterior o la economía de los Estados Unidos.[271]Como parte de sus esfuerzos para asegurar que se garantice el cumplimiento (por parte de las entidades financieras obligadas a reportar actividad sospechosa) de las sanciones impuestas por los Estados Unidos, la oficina OFAC publica la Lista Nacional De Personal Especialmente Designadas bajo la cual la oficina OFAC enumera a individuos y compañías de propiedad o controladas por, o actuando para o en nombre de, países específicos e individuos, grupos y entidades, como terroristas y narcotraficantes designados bajo programas que no son específicos de cada país.[272] Además, la oficina OFAC administra una serie de diferentes programas de sanciones. Las sanciones pueden ser amplias o selectivas, utilizando, por ejemplo, el bloqueo de activos e imponiendo restricciones comerciales con tales países, entidades e individuos para lograr los objetivos de política exterior y seguridad nacional de los Estados Unidos.[273]

Los programas de sanciones vigentes y las cuales son administrados por la oficina OFAC incluyen los siguientes (actualizaciones al 26 de mayo de 2022):

---

270 Véase ¿Qué son las sanciones económicas? | Consejo de Relaciones Exteriores (cfr.org).

271 Para información adicional puede leer los datos de la Oficina de Control de Activos Extranjeros - Programas de Sanciones e Información | Departamento del Tesoro de los Estados Unidos.

272 Ver información de la Oficina de Control de Activos Extranjeros - Programas de Sanciones e Información | Departamento del Tesoro de los Estados Unidos.

273 Ver datos e información de la Oficina de Control de Activos Extranjeros - Programas de Sanciones e Información | Departamento del Tesoro de los Estados Unidos.

1) Sanciones relacionadas con Afganistán.
2) Sanciones relacionadas con los Balcanes.
3) Sanciones a Bielorrusia.
4) Sanciones relacionadas con Birmania.
5) Sanciones de la República Centroafricana.
6) Sanciones a las empresas militares chinas.
7) Contrarrestar a los adversarios de Estados Unidos a través de sanciones relacionadas con la Ley de Sanciones.
8) Sanciones contra el narcotráfico.
9) Sanciones contra el terrorismo.
10) Sanciones a Cuba.
11) Sanciones relacionadas con el ciberespacio.
12) Sanciones relacionadas con la República Democrática del Congo.
13) Sanciones relacionadas con Etiopía.
14) Interferencia extranjera en los procesos electorales de los Estados Unidos.
15) Sanciones globales de Magnitsky.
16) Sanciones relacionadas con Hong Kong.
17) Sanciones contra Irán.
18) Sanciones relacionadas con el Iraq.
19) Sanciones relacionadas con el Líbano.
20) Sanciones a Libia.
21) Sanciones relacionadas con Malí.
22) Sanciones relacionadas con Nicaragua.
23) Sanciones contra la no proliferación.
24) Sanciones a Corea del Norte.
25) Controles del comercio de diamantes en bruto.
26) Sanciones rusas por actividades extranjeras perjudiciales.
27) Sanciones a Somalia.
28) Sanciones contra Sudán y Darfur.

29) Sanciones relacionadas con Sudán del Sur.
30) Sanciones a Siria.
31) Sanciones relacionadas con Siria.
32) Organizaciones delictivas transnacionales.
33) Sanciones relacionadas con Ucrania y Rusia.
34) Sanciones relacionadas con Venezuela.
35) Sanciones relacionadas con el Yemen.
36) Sanciones de Zimbabue.[274]

2. COLOMBIA, GRUPO DE LIMA, SANCIONES Y VENEZUELA

En la reunión del Grupo de Lima, establecido el 8 de agosto de 2017 tras la Declaración de Lima[275] y el cual tiene como objetivo buscar una solución pacífica a la denominada crisis de Venezuela, a principios del año 2019, varios gobiernos de América Latina acordaron elaborar listas sancionatorias de personas naturales y jurídicas relacionadas con el llamado régimen venezolano de Nicolas Maduro. Así las cosas, las instituciones financieras de tales países, incluido Colombia, no deberán realizar operaciones bancarias con tales personas y entidades allegadas al presidente venezolano, Nicolás Maduro.

Después Colombia, en reunión del Grupo de Lima del 23 de julio de 2019 en Buenos Aires (Argentina), planteó la imposición de nuevas

---

[274] Ver información de la Oficina de Control de Activos Extranjeros - Programas de Sanciones e Información | Departamento del Tesoro de los Estados Unidos.

[275] Las naciones que suscribieron la Declaración de Lima incluyeron Argentina, Brasil, Canadá, Chile, Colombia, Costa Rica, Guatemala, Honduras, México, Panamá, Paraguay, y Perú. Otras naciones, como Guyana, Haití, Santa Lucia y Bolivia se sumaron tiempo después. Naciones como Barbados, Estados Unidos, Granada y Jamaica no solo asistieron a la cumbre diplomática, sino que respaldaron la Declaración de Lima. Organizaciones internacionales como la Organización de Estados Americanos (OEA) y la Unión Europea avalaron la Declaración de Lima.

sanciones focalizadas a las personas allegadas al presidente venezolano, Nicolás Maduro.[276]

Las instituciones financieras (que pueden incluir bancos y otros establecimientos de crédito, firmas de valores, corredores de bolsa, aseguradoras, corporaciones financieras, entre otras) de tales países pertenecientes al Grupo de Lima que hagan negocios y transacciones financieras con las personas naturales y jurídicas de las listas anunciadas por el Grupo de Lima se pueden exponer a sanciones administrativas por parte de las autoridades de inspección, vigilancia y control[277] y las cuales podrían incluir multas, suspensión y/o perdida de la licencia para operar en el sector financiero de tales países.

3. LA ONU Y SU AUTORIDAD LEGAL PARA IMPONER SANCIONES ECONÓMICAS

Las organizaciones internacionales, como la ONU, también pueden imponer sanciones económicas a los Estados y actores no estatales cuando violan el orden jurídico internacional. Para la ONU, el uso de sanciones obligatorias tiene como objetivo ejercer presión sobre un Estado o entidad para que cumpla con los objetivos establecidos por el Consejo de Seguridad sin recurrir al uso de la fuerza. Así pues, las sanciones ofrecen al Consejo de Seguridad un instrumento importante para hacer cumplir sus decisiones y más importante para reestablecer la paz y la seguridad internacional cuando estas han sido quebrantadas. El carácter universal de las Naciones Unidas lo han convertido en un órgano apropiado para establecer sanciones económicas y supervisar esas medidas.[278] El Consejo de Seguridad de la ONU ha recurrido a sanciones, las cuales son obligatorias de conformidad con la Carta de Naciones Unidos, como una herramienta de política exterior cuando la paz mundial se ha visto amenazada y

---

276 Grupo de Lima busca sanciones contra gobierno de Nicolás Maduro - Venezuela - Internacional - ELTIEMPO.COM.

277 En el caso colombiano es la Superintendencia Financiera.

278 Véase Subdivisión de Órganos Subsidiarios | Consejo de Seguridad de las Naciones Unidas.

los esfuerzos diplomáticos por parte de sus miembros u otros actores internacionales para reestablecerla han fracasado.

Las sanciones impuestas por el Consejo de Seguridad de las Naciones Unidas han incluido sanciones económicas y comerciales integrales y/o medidas más específicas, como embargos de armas, prohibiciones de viaje, restricciones financieras o diplomáticas.[279]

Por lo tanto, el Consejo de Seguridad de la ONU, como principal órgano (al interior de la ONU) de gestión para manejar las crisis relacionadas con conflictos internacionales puede responder a las amenazas globales contra la paz y seguridad internacional a través de las sanciones para cortar los lazos económicos de sus miembros con aquellos grupos estatales y no estatales que amenazan la paz y seguridad internacional.[280]

Es apropiado señalar que el Consejo de Seguridad de la ONU ha impuesto sanciones integrales desde la era de la Guerra Fría hasta la era de las sanciones selectivas que surgieron a partir de 1991.[281] La autoridad legal para que el Consejo de Seguridad de la ONU imponga sanciones proviene de la Carta de la ONU. De conformidad con el Artículo 41 del Capítulo VII de la Carta de las Naciones Unidas, el Consejo de Seguridad de las Naciones Unidas puede adoptar medidas coercitivas que no impliquen el uso de la fuerza. Si bien el artículo 41 no menciona específicamente la palabra sanciones, enumera las sanciones específicas que deben adoptarse y, al mismo tiempo, deja claro que la lista no es exhaustiva.[282]

El Artículo 41 de las Cartas de las Naciones Unidas dice lo siguiente:

> *El Consejo de Seguridad podrá decidir qué medidas que no entrañen el uso de la fuerza armada deberán emplearse para dar efecto a sus decisiones, y podrá pedir a los Miembros de las Naciones Unidas que apliquen esas medidas. Estas pueden incluir la interrupción total o parcial de las relaciones económicas y de ferrocarril, mar, aire, correos, telégrafos, radio y otros medios de comunicación, y la ruptura de relaciones diplomáticas.*[283]

---

[279] Véase Subdivisión de Órganos Subsidiarios | Consejo de Seguridad de las Naciones Unidas.

[280] ¿Qué son las sanciones económicas? | Consejo de Relaciones Exteriores (cfr.org).

[281] SCR-SRR-sanctions-p5d4.indd (securitycouncilreport.org).

[282] SCR-SRR-sanctions-p5d4.indd (securitycouncilreport.org).

[283] Artículo 41 de la Carta de Naciones Unidas.

El artículo 41 no delinea en qué situaciones pueden aplicarse sanciones, y simplemente proporciona directrices o el marco jurídico sobre los tipos de medidas que pueden implementarse, mientras que la autoridad para la toma de decisiones reside centralmente dentro del Consejo de Seguridad de Naciones Unidas. El artículo 41 dota de flexibilidad al Consejo de Seguridad de Naciones Unidas con respecto a la aplicación de las medidas, que puede incluir sanciones económicas, para hacerle frente a las amenazas contra la paz y la seguridad internacional. Por ejemplo, el Consejo de Seguridad de la ONU impuso sanciones contra Irak sólo cuatro días después de la invasión de Kuwait por Saddam Hussein en agosto de 1990.El Consejo de Seguridad no autorizó el uso de la fuerza militar hasta meses después del ataque.[284]

El Consejo de Seguridad de la ONU ha creado órganos subsidiarios como Comités y Paneles/Grupos de Expertos para apoyar o implementar las sanciones que el Consejo de Seguridad de la ONU ha emitido. El Consejo de Seguridad de la ONU ha establecido estos Comités y Paneles/Grupos de Expertos para las siguientes regiones:

- África.
- Américas.
- Asia.
- Europa.
- Oriente Medio y
- Otros comités que apoyan las medidas (léase sanciones) obligatorias.

El Consejo de Seguridad de la ONU ha creado otros comités para apoyar su régimen de sanciones y medidas obligatorias. Por ejemplo, el Consejo de Seguridad de la ONU emitió la resolución 1373 del 28 de septiembre de 2002 en virtud de la cual creó el Comité contra el Terrorismo (CTC). El Comité contra el Terrorismo supervisa la aplicación de la resolución 1373, en la que se pide a los países que aplicaran una amplia gama de medidas de lucha contra el terrorismo

---

284 Véase ¿Qué son las sanciones económicas? | Consejo de Relaciones Exteriores (cfr.org).

tras los ataques terroristas del 11 de septiembre de 2001 en los Estados Unidos. Asimismo, el Consejo de Seguridad de las Naciones Unidas estableció la Dirección Ejecutiva del Comité contra el Terrorismo (CTED) para llevar a cabo las decisiones políticas del CTC, realizar evaluaciones de cada Estado Miembro y facilitar la asistencia técnica contra el terrorismo a los países miembros.[285]

3.1. Regímenes jurídicos vigentes de sanciones del consejo de seguridad de Naciones Unidas

El Consejo de Seguridad de la ONU ha utilizado sus poderes del Artículo 41 en virtud de la Carta de las Naciones Unidas para imponer sanciones desde que estableció por primera vez un régimen de sanciones obligatorias en Rhodesia del Sur en la resolución 232 (1966). Actualmente están en vigor 15 regímenes jurídicos de sanciones, y el régimen jurídico de sanciones contra Somalia el cual se remonta a las resoluciones 733 (año 1992) y 751 (año 1992), mientras que el régimen jurídico de sanciones contra Yemen establecido en la resolución 2140 (año 2014) es el más reciente.[286]

Todos los regímenes jurídicos de sanciones vigentes de la ONU utilizan una o más medidas para señalar, restringir o coaccionar y están dirigidos Estados (naciones), entidades o individuos para que cambien su comportamiento. Con frecuencia se utilizan diferentes medidas (sanciones): En la actualidad, los embargos de armas (12), la congelación de activos (14) y la prohibición de viajar (14) forman parte de casi todos los regímenes vigentes de sanciones de las Naciones Unidas. Además del tipo (s) y el alcance de las medidas adoptadas, la solidez de las sanciones también está determinados por la arquitectura institucional que verifica el cumplimiento del régimen jurídico de sanciones. Un régimen jurídico de sanciones independiente es institucionalmente más débil que un régimen de sanciones con un Comité, que a su vez es más débil que uno con un Comité y un panel/grupo de expertos o grupo de vigilancia sobre las sanciones.[287]

---

285 Sanciones y otros comités I Consejo de Seguridad de las Naciones Unidas.

286 Sanctions Insert.indd (securitycouncilreport.org).

287 Sanctions Insert.indd (securitycouncilreport.org).

De conformidad con el Artículo 41 de la Carta de las Naciones Unidas, el Consejo de Seguridad de las Naciones Unidas ha adoptado las siguientes sanciones (medidas) económicas:

- Embargos de armas.
- Congelación de activos.
- Embargos de carbón vegetal.
- Embargos de diamantes.
- Sanciones diplomáticas.
- Sanciones económicas.
- Remisión judicial.
- Las sanciones contra la no proliferación.
- Prohibiciones de viaje, y
- Embargos en la industria de producción de madera.[288]

Tabla 7. Países (ordenados por región):

Región	Country (s):
África	• Angola • República Centroafricana • Côte d'Ivoire • República Democrática del Congo • Eritrea/Etiopía • Guinea-Bissau • Liberia • Libia • Malí • Ruanda • Sierra Leona • Somalia • Sudáfrica • Rodesia del Sur

288 Sanctions Insert.indd (securitycouncilreport.org).

	• Sudán • Sudán del Sur
Américas	• Haiti
Asia	• República Popular Democrática de Corea
Europa	• Antigua Yugoslavia
Oriente Medio	• Irán • Iraq/Kuwait • Líbano • Yemen

Y sobre los siguientes grupos terroristas internacionales:

- Al-Qaida y
- Talibán.[289]

3.2. *Consejo de seguridad de Naciones Unidas, sanciones y el conflicto internacional entre Rusia y Ucrania*

A la luz de la Carta de Naciones Unidas, el Consejo de Seguridad de la ONU, tiene la responsabilidad primordial del mantenimiento de la paz y la seguridad internacionales. A pesar de que naciones como Estados Unidos, miembro permanente del Consejo de Seguridad de la ONU, y Albania han propuesto un proyecto de resolución al interior del Consejo de Seguridad de Naciones Unidas para detener el conflicto entre Rusia y Ucrania y para defender la Carta de Naciones Unidas y apoyar la soberanía de Ucrania, desde el inicio del conflicto internacional entre Rusia y Ucrania el Consejo de Seguridad de Naciones Unidas no ha adoptado sanciones económicas o la autorización del uso de la fuerza militar a una nación o grupo de naciones para terminar la guerra entre Rusia y Ucrania.

289 Sanctions Insert.indd (securitycouncilreport.org).

De acuerdo a Naciones Unidas[290] y la luz del proyecto de resolución, los 15 miembros del Consejo habrían deplorado, en los términos más enérgicos, la agresión de la Federación de Rusia sobre Ucrania por constituir una violación del párrafo 4 del Artículo 2 de la Carta de las Naciones Unidas, la cual impone a los Estados miembros de Naciones Unidas, una obligación de abstenerse de recurrir a la amenaza o al uso de la fuerza contra la integridad territorial o la independencia política de cualquier Estado.

Sin embargo, el Consejo de Seguridad no adoptó el proyecto de resolución presentada por Estados Unidos y Albania para poner fin a la crisis de Ucrania. ¿Cuál ha sido el obstáculo legal que ha impedido al Consejo de Seguridad de Naciones Unidas adoptar un proyecto de resolución para poner fin a la crisis en Ucrania?

La respuesta es que cualquiera de las cinco naciones, China, Francia, Rusia, el Reino Unido y los Estados Unidos, que son miembros permanentes del Consejo de Seguridad de Naciones Unidas, tienen el poder de vetar los proyectos de resoluciones que son sometidos a consideración del Consejo de Seguridad de Naciones Unidas. Ese poder de veto está consagrado en la Carta de la ONU, y fue una prerrogativa que se les otorgo debido a su papel clave para terminar la Segunda Guerra Mundial y en el establecimiento de las Naciones Unidas.

Así las cosas, el Consejo de Seguridad de Naciones Unidas no va a imponer sanciones económicas sobre Rusia por su acto de agresión sobre Ucrania, el cual ha violado el derecho internacional.

4. SANCIONES Y LA UNIÓN EUROPEA

A la luz del Artículo 15 del Tratado de Funcionamiento de la UE,[291]la Unión Europea ha impuesto sanciones económicas a terce-

---

290 Security Council Fails to Adopt Draft Resolution on Ending Ukraine Crisis, as Russian Federation Wields Veto | UN Press.

291 Este Tratado de Funcionamiento de la UE es uno de los cuatro tratados internacionales constitutivos de la UE. Los otros tres tratados son el Tratado de la Unión Europea o Tratado de Maastricht, el Tratado Constitutivo de la Comunidad Europea de la Energía Atómica o Tratado de Euratom y la Carta de Derechos Fundamentales de la Unión Europea.

ros países[292] interrumpiendo total o parcialmente las relaciones comerciales y financieras con tales naciones y con ciertos individuos, personas jurídicas y sectores económicos de tales países. De acuerdo con ACAMS,[293] la UE ha impuesto sanciones para cumplir con los objetivos de la política exterior de la UE.

Según ACAMS,[294] la UE a través de las sanciones promueve un cambio en la política de un país, una parte de un país, su gobierno o personas jurídicas o naturales. Para ACAMS,[295] las sanciones de la UE son instrumentos preventivos y no punitivos los cuales le dan a la UE la oportunidad de responder a los retos y cambios políticos a nivel global. Dice ACAMS[296] que la UE ha impuesto sanciones para defender los derechos humanos y la democracia en la ausencia de un mandato de la ONU y ha complementado también las sanciones de la ONU para detener la proliferación nuclear en países como Irán y Corea del Norte.

---

[292] Terceros países son aquellos que no hacen parte de la Unión Europea.

[293] Guía De Estudio Certificación CAMS página 191.

[294] Ibid.

[295] Ibid.

[296] Ibid.

Capítulo 5

CUMPLIMIENTO, APLICACIÓN Y EFICACIA DE LA REGULACIÓN INTERNACIONAL VIGENTE CONTRA LOS DELITOS FINANCIEROS TRANSNACIONALES

Es pertinente separar el cumplimiento de las normas, recomendaciones o principios (derecho indicativo) que los organismos internacionales, como el GAFI o el Comité de Basilea, emiten para hacer frente a la delincuencia financiera transnacional del cumplimiento de los tratados (derecho vinculante) que también se ocupan de la delincuencia financiera transnacional tal como la Convención De Naciones Unidas Contra La Delincuencia Organizada Transnacional o Convención de Palermo.

Del mismo modo, es apropiado separar el cumplimiento de la aplicación y de la efectividad del derecho internacional que regula la lucha global contra el crimen financiero internacional, el cual este capítulo abordará después de discutir el cumplimiento de los Estados con esa parte del derecho internacional moderno. Como tal, el capítulo se centrará en las normas o estándares o recomendaciones internacionales (derecho indicativo) contra la delincuencia financiera transnacional. Por lo tanto, recordemos los organismos normativos mundiales (organizaciones internacionales) que emiten normas contra la delincuencia financiera transnacional (derecho indicativo) y directivas (derecho vinculante) a nivel mundial:

- GAFI: Establece estándares internacionales (derecho indicativo) para combatir el lavado de activos a nivel mundial a través de sus 40 Recomendaciones.
- Organismos regionales al estilo del GAFI y miembros asociados del GAFI: Identifican y abordan en sus jurisdicciones las necesidades de asistencia técnica contra el lavado de activos para sus miembros individuales".

- El Comité de Supervisión Bancaria de Basilea: Emite principios (derecho indicativo) conocidos como *Prevención del uso delictivo del sistema bancario para el lavado de dinero*. El Comité también ha publicado *Principios básicos para una supervisión bancaria eficaz* y procedimientos y directrices sobre la gestión racional del riesgo relacionado con el lavado de dinero y el financiamiento del terrorismo, principios para conocer al cliente del sistema financiero con fines de prevenir el delito financiero, entre otros principios.
- Unión Europea: La UE ha emitid directivas (derecho vinculante) contra el lavado de activos.
- OEA: Se convirtió en el primer organismo internacional permanente en llegar a un acuerdo sobre legislación modelo dirigida específicamente a controlar el lavado de activos entre sus países miembros.
- OICV: La Organización Internacional de Comisiones Reguladoras Del Mercado de Valores ha publicado principios para mitigar el riesgo de crímenes bursátiles como la manipulación del mercado de valores, operaciones con valores con el uso indebido de información privilegiada y el lavado de activos.

1. CUMPLIMIENTO DE LAS NORMAS CONTRA LA DELINCUENCIA FINANCIERA TRANSNACIONAL

Por un lado, los gobiernos pertenecientes a la comunidad internacional de Estados son los que deben cumplir con las normas, principios y recomendaciones (derecho indicativo) contra los delitos financieros transnacionales. Este cuerpo de normas del derecho internacional moderno lo podemos llamar derecho o regulación internacional contra los delitos financieros transnacionales.

Por otro lado, las instituciones financieras reguladas deben cumplir con las regulaciones que los gobiernos promulgan a nivel nacional sobre la base de la regulación internacional contra los delitos financieros transnacionales emitida por las organizaciones internacionales, como el GAFI o el Comité de Basilea, que establecen los estándares globales contra el crimen financiero transnacional. Dado que la regulación internacional contra los delitos financieros transnacionales forma parte del cuerpo del derecho internacional moderno, examinemos entonces el cumplimiento con el derecho internacional; y, en particular, con la regulación internacional contra la delincuencia financiera transnacional.

El derecho y/o regulación internacional contra los delitos financieros transnacionales es tanto derecho imperativo o vinculante como derecho indicativo; y como tal, forma parte de las fuentes del derecho internacional. Por lo tanto, el cumplimiento con la regulación internacional contra los delitos financieros transnacionales puede definirse "como el grado en que el comportamiento del Estado se ajusta a lo que"[297] la regulación internacional contra los delitos financieros transnacionales prescribe o proscribe" o recomienda.[298]

Diversos tratadistas, como Jana Von Stain, del derecho y las relaciones internacionales han desarrollado varias teorías sobre el cumplimiento del derecho internacional. Por ejemplo, Stein divide el cumplimiento en cumplimiento de primer orden (cumplimiento de reglas) y cumplimiento de segundo orden (cumplimiento de fallos judiciales de cortes o tribunales internacionales).[299] Además, los tratadistas del derecho internacional han propuesto dos enfoques para la cuestión del cumplimiento del derecho internacional: El primero es el enfoque instrumentalista[300] o la visión de cumplimiento la cual es impulsada por intereses de los Estados en sus relaciones con otros Estados y/o organizaciones internacionales. Dicho en otras palabras, los Estados estarían dispuestos a cumplir con el derecho internacional si ese cumplimiento con el derecho internacional les ayuda a avanzar sus intereses y objetivos (pueden ser económicos, de seguridad y defensa o comerciales) en el concierto internacional. El segundo es el enfoque normativo.

---

297 Von Stain Jana, *Los motores del cumplimiento*, Perspectivas Interdisciplinarias Sobre El Derecho Internacional y Las Relaciones Internacionales. Página 478.

298 La regulación financiera internacional está compuesta en su gran mayoría por los estándares, recomendaciones y principios emitidas por el GAFI, el Comité de Basilea, OICV, entre otras organizaciones internacionales gobernadas por el derecho internacional. Por eso finalizamos el párrafo con la palabra recomendación.

299 *Op. Cit.* página 478.

300 Supra página 485.

Para los tratadistas del derecho internacional con una orientación instrumentalista, los cuales aborda Jana Von Stain, el rompecabezas comienza con la observación de que no existe un poder central y superior para hacer cumplir el derecho internacional. Si no existe una autoridad superior, ¿por qué las naciones deberían cumplir con el derecho internacional? Para algunos, cualquier cumplimiento que observemos es una coincidencia; Los Estados respetan porque es de su interés inmediato hacerlo.[301] En otras palabras, el cumplimiento del derecho internacional es un instrumento que los Estados pueden utilizar para promover sus intereses. Como tal, el enfoque instrumentalista toma en consideración principal y exclusivamente la ecuación de comportamiento de Estado(s) a Estado(s) hacia el derecho internacional. Por ejemplo, un Estado o un grupo de Estados puede inducir a otros Estados a cumplir con el derecho internacional de manera positiva (es decir, concesiones comerciales o ayuda financiera o acceso a financiación) o de manera negativa (es decir, sanciones económicas, recortes de asistencia financiera para el desarrollo o uso de la fuerza militar).

Sin embargo, no está claro si los tratadistas del derecho internacional con una visión instrumentalista ven o no a los organismos (GAFI, OICV, Comité de Basilea) que establecen los estándares globales[302]para combatir el crimen financiero transnacional como las organizaciones internacionales capaces de inducir a los Estados a cumplir con la regulación internacional contra los delitos financieros transnacionales. Además, no está claro, bajo el enfoque instrumentalista, si un grupo de Estados puede utilizar a las organizaciones internacionales para inducir a otros Estados a cumplir con la regulación internacional contra los delitos financieros de tipo transnacional.

Además, no está claro para los instrumentalistas si las organizaciones internacionales pueden, bajo un principio de cooperación, utilizar otras organizaciones internacionales para inducir a los Estados a cumplir con la regulación internacional contra los delitos financieros transnacionales. Aunque los instrumentalistas solo toman el comporta-

---

301 Ibid.

302 Dichos estándares globales hacen parte de la regulación internacional contra los delitos financieros transnacionales

miento de Estado a Estado para explicar el cumplimiento a través de incentivos, las organizaciones internacionales que establecen estándares globales, como el GAFI, y las instituciones financieras multilaterales, como el FMI, pueden unir fuerzas para inducir a un Estado a cumplir con la regulación internacional contra la delincuencia financiera transnacional, en particular con las Recomendaciones 40 del GAFI.

Para los tratadistas que ven en la reputación un motor de cumplimiento con el derecho internacional, los Estados valoran inherentemente una reputación consistente en respetar el derecho internacional.[303] Bajo este enfoque, una reputación de cumplir el derecho internacional puede facilitar que los gobiernos aseguren la cooperación internacional de manera más amplia. Por el contrario, una reputación de falta de fiabilidad y de no cumplir con el derecho internacional puede obstaculizar la cooperación porque las promesas de cumplir con el derecho internacional parecen poco creíbles.[304]

Del mismo modo, si se considera que un Estado tiene buena reputación por cumplir con el derecho internacional, dicho Estado creará alianzas en el futuro. En otras palabras, la reputación es importante para predecir el comportamiento futuro. Por ejemplo, los gobiernos cumplen con el Artículo VIII del Convenio Constitutivos del Fondo Monetario Internacional (FMI) porque quieren que los actores del mercado (la banca privada internacional o los fondos de inversión u otros gobiernos y organizaciones multilaterales como los bancos de desarrollo) los perciban como confiables en el futuro.

Una reputación de comportamiento gobernado por la ley puede ser útil para tranquilizar a los actores del mercado sobre la voluntad de mantener las mismas políticas en el futuro. Por lo tanto, la reputación puede ser un poderoso incentivo para que los Estados cumplan con la ley contra los delitos financieros, en la medida en que los Estados desean asegurar una cooperación más amplia con sus pares y otros actores internacionales, como las instituciones financieras multilaterales y otras organizaciones internacionales. Si un Estado tiene una reputación de que su comportamiento es gobernado por el Estado de derecho y el derecho internacional, dicha reputación le puede ser

---

303 *Op. Cit.* página 481.
304 Ibid. página 481.

útil para tranquilizar a los actores del mercado sobre la voluntad de mantener las mismas políticas en el futuro. Por lo tanto, la reputación puede ser un poderoso incentivo para que los Estados cumplan con la regulación internacional contra los delitos financieros transnacionales, en la medida en que los Estados desean asegurar una cooperación internacional más amplia con sus pares y otros actores internacionales, como las instituciones financieras multilaterales y otras organizaciones internacionales.

Stein dice que, bajo el enfoque normativo, hay varias escuelas de pensamiento que han arrojado luz sobre el grado del cumplimiento por parte de los Estados con el derecho internacional. Para algunos tratadistas (como Antonia Chayes), dice Stein, el incumplimiento debe verse principalmente como un problema de gestión.[305] El incumplimiento rara vez es un acto deliberado y calculado. En cambio, es el resultado de una planificación inadecuada, ambigüedades del acuerdo/tratado, limitaciones de capacidad y cambios significativos en el marco legal a lo largo del tiempo.[306] Para Chayes, el mejor camino hacia el cumplimiento con el derecho internacional radica en una mayor asistencia técnica y financiera a los Estados para que puedan mejorar su gestión en temas de cumplimiento con el derecho internacional.[307] Por lo tanto, bajo la corriente de pensamiento liderada por Chayes, las organizaciones internacionales, como el GAFI, la OICV, el Comité de Basilea, el FMI, entre otros, deberían centrarse más en la transferencia de tecnología y la asistencia técnica para ayudar a los Estados a cumplir con la regulación financiera internacional contra los delitos financieros transnacionales.

El constructivismo y la escuela de pensamiento de influencia social, que forman parte del enfoque normativo, se centran en la socialización. Para autores como Stein, la socialización es un proceso por el cual las creencias sobre lo que es correcto y justo se convierten en normas, que a su vez remodelan las identidades, los intereses y el comportamiento de los Estados. La culminación es la internalización de

305 *Op. Cit.* página 485.
306 *Op. Cit.* página 486.
307 *Op. Cit.* página 486.

las normas, pero ¿cómo llegan los Estados allí?[308] Tratadistas, como Johnston, argumentan que la influencia social motiva a los Estados a cumplir con el derecho internacional. En particular, los gobiernos se preocupan por las percepciones de otros Estados y de las diferentes organizaciones que abogan por el cumplimiento del derecho internacional. La posibilidad de recompensas y castigos sociales a menudo los motiva a cumplir con el derecho internacional. La amenaza de castigos sociales (vergüenza, exclusión, disonancia de tomar acciones inconsistentes con la identidad de los Estados) también se cuenta. Las conferencias internacionales, lideradas por organizaciones internacionales, desempeñan un papel en estos procesos al proporcionar nueva información y difusión de nuevas normas de derecho internacional.[309]

1.1. *Estudio del caso número 1: GAFI y el papel de la influencia social y la identificación pública para inducir el cumplimiento en los Estados con la regulación financiera internacional contra el lavado de activos y financiación del terrorismo*

El GAFI ha seguido el enfoque de influencia social para inducir a los Estados a cumplir con parte del cuerpo de la regulación financiera internacional (40 Recomendaciones del GAFI) contra los delitos financieros transnacionales. La amenaza de castigos sociales, como nombrar y avergonzar, puede motivar a los Estados a cumplir con las 40 Recomendaciones del GAFI. Para el GAFI, un objetivo clave es identificar continuamente las jurisdicciones (naciones) con debilidades significativas en sus regímenes jurídicos contra la lucha contra el lavado de activos y financiación del terrorismo y trabajar con los gobiernos de esas naciones para abordar esas debilidades y mitigar el riesgo del crimen financiero transnacional.[310]

Para GAFI el proceso de influencia social para inducir a los Estados a cumplir con sus 40 Recomendaciones ayuda a proteger la

---

308 *Op. Cit.* página 488.

309 *Op. Cit.* página 489.

310 Véase Fatf-gafi.org. Jurisdicciones de alto riesgo y otras jurisdicciones que están sujetas a una vigilancia por parte del GAFI.

integridad del sistema financiero internacional al emitir una advertencia pública sobre el riesgo que emana de las jurisdicciones (naciones) identificadas como de alto riesgo al lavado de activos y financiación del terrorismo. Estas advertencias públicas también ejercen presión sobre las jurisdicciones (naciones) identificadas para que aborden sus deficiencias constitucionales, legislativas y regulatorias a fin de mantener su posición en la economía global. La identificación pública, y la perspectiva de la identificación pública, alienta e incentiva a los países a realizar rápidamente mejoras significativas en sus marcos jurídicos contra la lucha contra los delitos financieros de tipo transnacional.[311]Como consecuencia, el GAFI implementó la Iniciativa de Países y Territorios No Cooperadores y el Proceso de Revisión de Jurisdicciones (naciones) de Alto Riesgo y otras Jurisdicciones (naciones) sujetas a vigilancia por parte del GAFI.

1.1.1. Iniciativa para países no cooperadores con el GAFI y sus 40 recomendaciones

La Iniciativa de Países y Territorios No Cooperadores con el GAFI fue la práctica de nombrar y avergonzar a los países que el GAFI determina que mantienen controles inadecuados contra el lavado de activos o que no están cooperando en los esfuerzos globales en la lucha contra el lavado de activos. El GAFI identificó a esos países no cooperadores en la lucha mundial contra el lavado de dinero. De esa manera, El GAFI desarrolló un proceso para identificar debilidades críticas en los sistemas jurídicos contra el lavado de activos en naciones y jurisdicciones específicas que obstruían la cooperación internacional en esta área del derecho financiero internacional.[312]

El 14 de febrero de 2000, el GAFI publicó un informe inicial sobre la Iniciativa de Países y Territorios No Cooperadores con el GAFI. En el informe el GAFI dijo que estableció los 25 criterios que ayudaron a identificar las normas y prácticas perjudiciales pertinentes, los cuales

---

311 Véase Fatf-gafi.org. Jurisdicciones de alto riesgo y otras jurisdicciones que están sujetas a una vigilancia por parte del GAFI.

312 Véase Fatf-gafi.org. Jurisdicciones de alto riesgo y otras jurisdicciones que están sujetas a una vigilancia por parte del GAFI.

fueron compatibles con sus 40 recomendaciones. El GAFI definió un proceso mediante el cual las naciones/jurisdicciones que tienen tales reglas y prácticas deficientes pueden ser identificadas e incentivadas a implementar estándares internacionales[313]en esta área del derecho financiero internacional (léase regulación financiera internacional para la lucha contra el crimen financiero transnacional).

Los 25 criterios cubrían los siguientes cuatro ámbitos/temas:

Lagunas/vacíos en las leyes/regulaciones financieras:

Ninguna regulación o supervisión inadecuada de las instituciones financieras.
Normas inadecuadas para la concesión de licencias o la creación de instituciones financieras, incluida la evaluación de los antecedentes de los administradores y los beneficiarios reales.
Requisitos inadecuados de identificación de clientes para las instituciones financieras.
Disposiciones legales que favorecían en exceso el secreto bancario con respecto a los clientes de las instituciones financieras y falta de notificación/reporte eficiente de transacciones sospechosas a las autoridades competentes.

Obstáculos encontrados po la falta de cumplimiento con los requisitos de otras regulaciones:

Requisitos inadecuados de derecho comercial (léase códigos de comercio) para el registro de empresas y entidades jurídicas en los registros mercantiles.
Falta de identificación del beneficiario (léase propietario o accionista) o beneficiarios (propietarios o accionistas) verdaderos de las personas jurídicas y/o sociedades comerciales.

---

313 Véase Fatf-gafi.org. Jurisdicciones de alto riesgo y otras jurisdicciones que están sujetas a una vigilancia por parte del GAFI.

Obstáculos a la cooperación internacional:

Obstáculos a la cooperación con las autoridades administrativas de otra nación.
Obstáculos a la cooperación con las autoridades judiciales de otra nación.

Recursos inadecuados para prevenir y detectar actividades de lavado de activos:

Falta de recursos en los sectores público y privado.
Ausencia de una unidad de inteligencia financiera o mecanismo equivalente

Es importante señalar que a través de la Iniciativa de Países y Territorios No Cooperadores con el GAFI, este organismo internacional quería reducir la vulnerabilidad del sistema financiero al lavado de activos asegurando que todos los centros financieros adoptaran e implementaran medidas para la prevención, detección y castigo del lavado de activos de acuerdo con estándares internacionalmente reconocidos. El siguiente paso en la Iniciativa de Países y Territorios No Cooperadores con el GAFI fue la publicación en junio de 2000 del primer examen en el que se identificaron 15 naciones y territorios no cooperantes con el GAFI. El proceso finalmente involucró a 24 jurisdicciones (naciones), hasta que las jurisdicciones (naciones) finalmente tomaron las medidas necesarias para salir de la lista GAFI.[314]

1.1.2. Evaluaciones mutuas

Para el GAFI, a través las evaluaciones mutuas se analiza la implementación y efectividad de las 40 recomendaciones del GAFI para combatir el lavado de activos y el financiamiento del terrorismo. Las evaluaciones mutuas son revisiones por pares, donde varios países

---

314 Véase Fatf-gafi.org. Jurisdicciones de alto riesgo y otras jurisdicciones que están sujetas a una vigilancia por parte del GAFI.

evalúan a otro país su marco institucional y jurídico en la lucha contra el lavado de activos y financiación del terrorismo. Por consiguiente, un informe de evaluación mutua proporciona una descripción y un análisis detallados del sistema de un país para prevenir el abuso criminal del sistema financiero, así como recomendaciones específicas al país para fortalecer aún más su sistema.

Dice el GAFI[315]que las evaluaciones mutuas son estrictas y un país solo se considera que ha cumplido con las 40 recomendaciones GAFI si puede demostrarlo a los otros miembros. En otras palabras, la responsabilidad recae en el país evaluado para demostrar que tiene un marco eficaz para proteger el sistema financiero del abuso criminal por parte de las organizaciones criminales. La evaluación mutua tiene los siguientes componentes:

A) Efectividad: Para GAFI,[316] el componente de la efectividad es el foco de la visita in situ al país evaluado. Durante esta visita, el equipo de evaluación necesitará pruebas que demuestren que las medidas del país evaluado están funcionando y ofrecen los resultados correctos. Lo que se espera de un país difiere, dependiendo del riesgo del lavado de activos y financiamiento del terrorismo y otros riesgos de crímenes financiero a los que esa nación evaluada está expuesta. Para garantizar evaluaciones consistentes y justas, el GAFI ha desarrollado una metodología de evaluación para evaluar la efectividad del sistema legal y regulatorio en la lucha contra el lavado de activos y financiación del terrorismo.

B) **Cumplimiento Técnico**: Para GAFI,[317] el país evaluado debe proporcionar información sobre las leyes, reglamentos y cualquier otro instrumento legal que tenga para combatir el lavado de activos y el financiamiento del terrorismo y la proliferación. Este solía ser el foco principal para el GAFI. A pesar de que el

---

315 Véase Documentos - Grupo de Acción Financiera Internacional (GAFI) (fatf-gafi.org).

316 Véase Documentos - Grupo de Acción Financiera Internacional (GAFI) (fatf-gafi.org).

317 Véase Documentos - Grupo de Acción Financiera Internacional (GAFI) (fatf-gafi.org).

GAFI todavía requiere que el marco legal esté en su lugar, la experiencia a través de los años desde la creación del GAFI ha demostrado que tener las leyes en los libros o gacetas oficiales no es suficiente. Por ello ahora el enfoque principal ahora está en la efectividad de tales leyes, regulaciones y reglamentos.

1.1.3. Etapas del proceso de evaluación mutua

- Primeros Pasos: El GAFI selecciona a los miembros del equipo de evaluación del grupo de evaluadores capacitados. La composición del equipo depende de la experiencia requerida para una evaluación, incluidos los antecedentes lingüísticos y legales. Los asesores son nombrados por el presidente del GAFI. Es importante señalar que os países evaluados no tienen voz en la selección de los miembros del equipo de evaluación.[318]
- Revisión Técnica: Según el GAFI,[319] la jurisdicción (nación) proporciona información sobre sus leyes, regulaciones financieras y reglamentos. Los evaluadores analizan esta información, verificando si todas las leyes y regulaciones requeridas, como lo requieren las 40 Recomendaciones del GAFI, están en su lugar. Este análisis tarda aproximadamente 4 meses, a veces más si se requieren traducciones o documentos adicionales. Tras el análisis, los evaluadores elaboran un proyecto de informe, con calificaciones d/e cumplimiento técnico para las 40 Recomendaciones del GAFI.
- Nota Exploratoria: En preparación para la evaluación de la eficacia y la visita in situ, los evaluadores realizan un ejercicio preliminar de determinación del alcance para determinar las áreas de enfoque de la visita in situ. Los elementos que se tienen en cuenta son el tipo de amenazas, vulnerabilidades y riesgos, el tipo de economía, el tamaño del tipo de sectores financieros y de otro tipo, la estabilidad política y el nivel de

318 Véase Documentos - Grupo de Acción Financiera Internacional (GAFI) (fatf-gafi.org).

319 Véase Documentos - Grupo de Acción Financiera Internacional (GAFI) (fatf-gafi.org).

compromiso de la nación con el derecho internacional, el Estado de derecho y el nivel de madurez del sistema jurídico del país para combatir el lavado de activos y el financiamiento del terrorismo y la proliferación.[320]

- Visita In Situ: Según el GAFI[321], los evaluadores viajan al país para la visita in situ. Antes, durante y después de la visita, el país necesita proporcionar información sobre la efectividad de su sistema institucional y jurídico para la lucha contra el lavado de activos y financiación del terrorismo en las once áreas que están cubiertas por la Metodología GAFI. Antes de la visita in situ, el país evaluado debe proporcionar información sobre la eficacia de su sistema para ayudar en las discusiones.
- Proyecto De Informe Sobre La Evaluación Mutua: Inmediatamente después de la visita in situ, dice el GAFI,[322]los evaluadores finalizan el informe de evaluación mutua con los resultados de la evaluación de la eficacia y el cumplimiento técnico. El país evaluado tiene la oportunidad de comentar el proyecto de informe y tener una reunión cara a cara con los evaluadores. El informe también es revisado por auditores independientes. Pero en última instancia, los evaluadores son los únicos que deciden sobre el texto del informe y las calificaciones finales propuestas para la eficacia y el cumplimiento técnico.
- Adopción Del Informe Por Parte De La Plenaria Del GAFI: Según el GAFI,[323]los evaluadores presentan el borrador del informe a la Plenaria del GAFI en una de las tres reuniones que celebra el GAFI cada año. La Plenaria discute los hallazgos de los evaluadores y las calificaciones propuestas. Se requiere consenso entre los miembros (excepto para el país evaluado,

---

320 Véase Documentos - Grupo de Acción Financiera Internacional (GAFI) (fatf-gafi.org).

321 Véase Documentos - Grupo de Acción Financiera Internacional (GAFI) (fatf-gafi.org).

322 Véase Documentos - Grupo de Acción Financiera Internacional (GAFI) (fatf-gafi.org).

323 Véase Documentos - Grupo de Acción Financiera Internacional (GAFI) (fatf-gafi.org).

que no tiene voto) para anular cualquiera de los resultados y calificaciones preliminares de los evaluadores.

- Publicación: Tras la aprobación por parte de la Plenaria del GAFI y después de surtir la etapa final de revisión de calidad, el informe se publica en el sitio web del GAFI.
- Seguimiento: Después de la adopción, dice el GAFI[324], los países deben abordar las deficiencias identificadas en el informe. Todos los países están sujetos a un seguimiento posterior a la evaluación. Esto puede incluir desde informes periódicos donde se reporta que los países evaluados ya cumplen en gran medida y están comprometidos a abordar las pocas deficiencias restantes, hasta emitir una advertencia pública contra un país que no avanza lo suficiente para abordar las deficiencias reportadas en el informe adoptado por la Plenaria del GAFI.

Como resultado de este proceso de evaluación mutua y los resultados, una jurisdicción (país) puede entrar en el proceso de revisión por parte del Grupo de Revisión de Cooperación Internacional del GAFI (GRCI a continuación). Dependiendo de los resultados, una jurisdicción (nación) puede ser incluida en la lista gris o en la lista negra. A continuación, se describe el proceso de revisión de las jurisdicciones/naciones/territorios de alto riesgo y otras jurisdicciones sujetas a vigilancia del GAFI.

1.1.4. Proceso de revisión de jurisdicciones (naciones)/territorios considerados de alto riesgo y otras jurisdicciones (naciones) sujetas a vigilancia del GAFI

El GAFI continuamente identifica y revisa jurisdicciones (naciones) con deficiencias estratégicas en la lucha contra el lavado de activos y financiación del terrorismo y que presentan un riesgo para el sistema financiero internacional y monitorea de cerca su progreso. El GRCI del GAFI supervisa el proceso. Este proceso de revisión comenzó en 2007 y se mejoró en 2009. Se actualizó nuevamente en 2015

---

324 Véase Documentos - Grupo de Acción Financiera Internacional (GAFI) (fatf-gafi.org).

para tener en cuenta los estándares revisados del GAFI y el proceso de evaluación mutua, que evalúan la implementación efectiva de las medidas contra el lavado de activos y financiación del terrorismo.[325]

Para el GAFI[326], el proceso es el siguiente: El GAFI revisa las jurisdicciones (naciones) en función de las amenazas, vulnerabilidades o riesgos particulares derivados de tales naciones. Específicamente, una jurisdicción (nación) será revisada cuando:

1. No participa en un organismo regional similar al GAFI (como el GAFILAT, por ejemplo) o no permite que los resultados de la evaluación mutua se publiquen de manera oportuna; o
2. Es nominado por un miembro del GAFI o un organismo regional similar al GAFI. La candidatura se basa en riesgos o amenazas específicos de lavado de activos, financiación del terrorismo o proliferación, los cuales ocasionan la atención de las delegaciones; o
3. Ha logrado malos resultados en su evaluación mutua, específicamente:
   - Tiene 20 o más clasificaciones de no cumplimiento técnico (NC) o parcialmente de cumplimiento (PC);
   - Está clasificado NC/PC en 3 o más de las siguientes Recomendaciones GAFI: 3,5,6,10,11 y 20;
   - Tiene un nivel bajo o moderado de efectividad para 9 o más de los 11 resultados inmediatos, con un mínimo de dos resultados bajos en efectividad;
   - Tiene un bajo nivel de efectividad para 6 o más de los 11 resultados inmediatos.

Una jurisdicción (nación) que entra en el proceso de revisión del GRCI como resultado de sus resultados de evaluación mutua tiene un período de observación de un año para trabajar con el GAFI o su

---

325 Véase https://www.fatf-gafi.org/publications/high-riesgo-y-otras-jurisdicciones monitoreadas/más/más-en-alto-riesgo-y-no-cooperativas.html?hf=10&b=0&s=desc(fatf_releasedate).

326 Véase https://www.fatf-gafi.org/publications/high-riesgo-y-otras-jurisdicciones monitoreadas/más/más-en-alto-riesgo-y-no-cooperativas.html?hf=10&b=0&s=desc(fatf_releasedate).

organismo regional similar al GAFI (como el GAFILAT) para abordar las deficiencias antes de una posible identificación pública y revisión formal por parte del GAFI. Luego, el GAFI prioriza la revisión de aquellos países con sectores financieros más significativos, por ejemplo, USD 5 mil millones o más en activos del sector financiero.

Durante el proceso de revisión, el GAFI[327]considera las deficiencias estratégicas antilavado de activos y la lucha contra la financiación del terrorismo identificadas tanto en términos de cumplimiento técnico y efectividad de las medidas implementadas, como cualquier progreso relevante realizado por la jurisdicción (país). Si el GAFI considera que el progreso hecho por el país es insuficiente para abordar sus deficiencias estratégicas, el GAFI desarrolla un plan de acción con el gobierno de esa jurisdicción (nación/país) para abordar las deficiencias estratégicas restantes. Para todos los países bajo revisión del GRCI, el GAFI requiere un compromiso político de alto nivel de que la jurisdicción (nación) implementará las reformas legales, regulatorias y operativas requeridas por el plan de acción.

Es importante mencionar que cuatro grupos conjuntos regionales del GRCI llevan a cabo las revisiones, que abarcan: África / Medio Oriente, las Américas, Asia / Pacífico y Europa / Eurasia. Cada jurisdicción (nación) bajo revisión tiene la oportunidad de participar en una reunión cara a cara para discutir el análisis del Grupo Conjunto antes de las reuniones plenarias del GAFI.[328]

1.1.5. Identificación pública

Al final de cada sesión plenaria (febrero, junio y octubre de cada año), el GAFI[329] publica dos comunicaciones oficiales, las cuales son

---

327 Véase https://www.fatf-gafi.org/publications/high-riesgo-y-otras-jurisdicciones monitoreadas/más/más-en-alto-riesgo-y-no-cooperativas.html?hf=10&b=0&s=desc(fatf_releasedate).

328 Véase https://www.fatf-gafi.org/publications/high-riesgo-y-otras-jurisdicciones monitoreadas/más/más-en-alto-riesgo-y-no-cooperativas.html?hf=10&b=0&s=desc(fatf_releasedate).

329 Véase https://www.fatf-gafi.org/publications/high-riesgo-y-otras-jurisdicciones monitoreadas/más/más-en-alto-riesgo-y-no-cooperativas.html?hf=10&b=0&s=desc(fatf_releasedate).

un breve resumen de las acciones recientes tomadas de acuerdo con el plan de acción de cada jurisdicción (nación), así como una lista de las deficiencias estratégicas que quedan por abordar. Las dos comunicaciones oficiales reflejan los diferentes niveles de riesgo planteados en un momento dado por las deficiencias en las jurisdicciones (naciones) bajo revisión.

1.1.5.1. Comunicaciones oficiales

- **Jurisdicciones (Naciones) sujetas a una mayor vigilancia por parte del GAFI:** La primera comunicación oficial también se conoce como la lista gris. Las jurisdicciones (naciones) sujetas a una mayor vigilancia por parte del GAFI trabajan activamente con el GAFI para abordar las deficiencias estratégicas en sus regímenes jurídicos para combatir el lavado de activos, el financiamiento del terrorismo y el financiamiento de la proliferación. Cuando el GAFI coloca una jurisdicción bajo un mayor vigilancia y monitoreo, significa que el país se ha comprometido a resolver rápidamente las deficiencias estratégicas identificadas dentro de los plazos acordados y está sujeto a un mayor monitoreo. Según GAFI,[330]esta lista a menudo se conoce externamente como la lista gris.

1.1.5.2. Eliminación de la revisión del GAFI

Según el GAFI,[331]para ser eliminado de la lista gris o de la lista negra, un país debe abordar y solucionar casi todos los componentes de su plan de acción. Una vez que el GAFI haya determinado que una jurisdicción (nación) lo ha hecho, organizará una visita in situ para confirmar que la implementación de las reformas legales, regulatorias y / u operativas necesarias están en marcha y que existe el com-

---

330 Véase https://www.fatf-gafi.org/publications/high-riesgo-y-otras-jurisdicciones monitoreadas/más/más-en-alto-riesgo-y-no-cooperativas.html?hf=10&b=0&s=desc(fatf_releasedate).

331 Véase https://www.fatf-gafi.org/publications/high-riesgo-y-otras-jurisdicciones monitoreadas/más/más-en-alto-riesgo-y-no-cooperativas.html?hf=10&b=0&s=desc(fatf_releasedate).

promiso político y la capacidad institucional necesarios para llevar a cabo la reforma y la implementación. De acuerdo con el GAFI,[332] si la visita in situ tiene un resultado positivo, el GAFI decidirá sobre la eliminación/remoción de la jurisdicción (nación) de la identificación (lista) pública en la próxima sesión plenaria del GAFI. La jurisdicción en cuestión continuará trabajando dentro del GAFI o la organización internacional regional pertinente similar al GAFI (como por ejemplo GAFILAT), a través de su proceso normal de seguimiento, para mejorar su régimen jurídico contra el lavado de activos y financiación del terrorismo.

1.1.5.3. GAFI y el cumplimiento de Colombia en adoptar sus estándares

¿Cómo se han venido incorporando las 40 Recomendaciones del GAFI en el ordenamiento jurídico colombiano? Como las 40 Recomendaciones del GAFI no hacen parte de un tratado internacional (el cual estaría sujeto a cumplir las formalidades constitucionales para su aprobación, ratificación e incorporación en la legislación nacional) el proceso de incorporación ha sido único desde el punto de vista jurídico formalista. Primero se ha hecho a través de la expedición de Circulares Jurídicas[333] por parte de las entidades de realizar la labor de inspección, vigilancia y control del sector financiero (Superintendencia Financiera), del sector empresarial (Superintendencia de Sociedades) y del sector solidario (Superintendencia de Economía Solidaria). Segundo, mediante la expedición de decretos del gobierno

---

332 Véase https://www.fatf-gafi.org/publications/high-riesgo-y-otras-jurisdicciones monitoreadas/más/más-en-alto-riesgo-y-no-cooperativas.html?hf=10&b=0&s=desc(fatf_releasedate).

333 En el caso de la Superintendencia de Sociedades mediante el Capítulo X de la Circular Externa 2020-01-680161. En el caso de la Superintendencia Financiera mediante Circular 027 de 2020, la cual imparte instrucciones a sus entidades vigiladas (instituciones financieras) relativas a la administración del riesgo de lavado de activos y de financiación del terrorismo o SARLAFT 4.0 de Superfinanciera. La Superintendencia de Economía Solidaria expidió la Circular Externa 04 de 2017 mediante la cual modifica el Capítulo XI del Título II y el Capítulo IX del Título III de la Circular Básica Jurídica con el fin de que todas las entidades sometidas a su inspección, vigilancia y control implementen y ejecuten el Sistema de Administración de Riesgo de Lavado de Activos y Financiación del Terrorismo, SARLAFT.

de Colombia. Por ejemplo, el artículo 2.14.2 del Decreto 1068 de 2015, dispone que las entidades públicas y privadas pertenecientes a sectores diferentes al financiero, asegurados y bursátil, deben reportar operaciones sospechosas a la UIAF. Además, y a la luz del artículo 7 del Decreto 1736 de 2020 establece, en su numeral 28, que le corresponde a la Superintendencia de Sociedades instruir, en la forma en que lo determine, a entidades sujetas a su supervisión sobre las medidas y mecanismos que tienen que adoptar para prevenir el riesgo de lavado de activos y del financiamiento del terrorismo y de la financiación de la proliferación de armas de destrucción masiva. Tercero, a través de la promulgación de la Ley 1186 de 2009 por la cual se aprobó el *Memorando de Entendimiento Entre Los Gobiernos De Los Estados Del Grupo De Acción Financiera De Sudamérica Contra El Lavado De Activos…* (hoy GAFILAT). La Ley 1186 de 2009 además determinó, como objetivo, reconocer y aplicar las Recomendaciones GAFI contra el lavado de activos y las recomendaciones y medidas que en el futuro adopte el GAFI. Cabe recordar que la Corte Constitucional de Colombia declaró exequible la Ley 1186 de 2009 mediante sentencia de constitucionalidad C-685 de 2009.

1.2. *Estudio del caso número 2: el papel del FMI en la lucha mundial contra la delincuencia financiera transnacional. ¿Es el FMI un motor de cumplimiento?*

El FMI considera que la delincuencia financiera transnacional es una amenaza para la estabilidad económica y financiera global.[334] Dice el FMI[335] que está especialmente preocupado por las posibles consecuencias del lavado de activos, el financiamiento del terrorismo, el financiamiento de la proliferación (la provisión de fondos o servicios financieros para la adquisición de armas nucleares, químicas o biológicas) y los delitos relacionados que socavan la integridad y estabili-

334 Véase El FMI y la lucha contra el lavado de activos y la financiación del terrorismo.

335 Véase El FMI y la lucha contra el lavado de activos y la financiación del terrorismo.

dad del sector financiero y la economía en general. Dice el FMI[336] que estos crímenes, así como los delitos subyacentes (como corrupción, el fraude bancario y financiero, la manipulación del mercado de valores, el uso indebido de información privilegiada en operaciones bursátiles, el tráfico de personas y el narcotráfico, el contrabando y la evasión fiscal) que generan actividad de lavado de activos, pueden amenazar la estabilidad del sector financiero de un país y la estabilidad externa de un país en general. Esto, a su vez, puede afectar al Estado de derecho local e internacional, la gobernabilidad de un país, la eficacia regulatoria, las inversiones extranjeras y las corrientes internacionales legales de capital.

Dice el FMI[337] que la actividad de lavado de activos y el financiamiento del terrorismo en un país puede tener graves efectos adversos transfronterizos e incluso globales. Las jurisdicciones con controles débiles o ineficaces son especialmente atractivas para los lavadores de activos y los financiadores del terrorismo. Estos delincuentes explotan la complejidad del sistema financiero global, la velocidad a la que el dinero puede atravesar las fronteras, así como las diferencias entre las leyes nacionales[338] para llevar a cabo sus objetivos criminales y ocultación del dinero criminal.

Por lo tanto, el FMI es un motor de cumplimiento para que los países miembros de la comunidad internacional cumplan con la regulación financiera internacional contra los delitos financieros transnacionales a través de las consultas del Artículo IV del Convenio Constitutivo del FMI[339] y a la luz de la condicionalidad del FMI.

---

336 Véase El FMI y la lucha contra el lavado de activos y la financiación del terrorismo.

337 Véase El FMI y la lucha contra el lavado de activos y la financiación del terrorismo.

338 Esas diferencias se conocen como arbitraje regulatorio.

339 Artículo IV del Convenio Constitutivo del FMI. De conformidad con este Artículo IV, los países que son miembros del FMI o que se adhieren a él acuerdan someter sus políticas económicas y financieras al escrutinio de la comunidad internacional. Como tal, el FMI monitorea las economías de sus países miembros para identificar debilidades que pueden causar inestabilidad financiera o económica. Durante una consulta del Artículo IV, un equipo de funcionarios del FMI visita un país para evaluar la evolución económica y financiera y analizar

1.2.1. El proceso de consultas del artículo IV del convenio constitutivo del FMI

De conformidad con el Artículo IV del Convenio Constitutivo del FMI, el FMI ha elaborado los Programas de Evaluación del Sector Financiero (PESF) en virtud de los cuales, entre otros objetivos, el FMI se propone configurar las políticas contra el lavado de activos, la financiación del terrorismo y la financiación de la proliferación a nivel internacional y dentro de los marcos jurídicos nacionales de sus países miembros.[340] En virtud de las consultas del Artículo IV, el FMI puede prestar asistencia técnica a sus países miembros en materia de lucha contra el lavado de activos y la financiación del terrorismo.

Como tal, dice el organismo multilateral,[341] el FMI ha brindado asesoramiento sobre temas relacionados con la integridad financiera en el contexto de la supervisión, evaluando el cumplimiento de los países con las normas internacionales (léase las 40 Recomendaciones del GAFI) contra el lavado de activos y financiación del terrorismo, y desarrollando programas para ayudarlos a abordar las deficiencias de la lucha contra el crimen financiero transnacional. Además, el FMI ha analizado los regímenes contra el lavado de activos y financiación del terrorismo globales y nacionales y cómo interactúan con las problemáticas actuales como el uso criminal de las monedas virtuales, las tendencias de Fintech, las finanzas islámicas, los costos y las estrategias de mitigación de la corrupción, flujos financieros ilícitos y la retirada de relaciones de corresponsalía bancaria.

Según el organismo multilateral,[342] el papel del FMI en la lucha mundial contra la delincuencia financiera transnacional ha evolucionado a lo largo de los años de la siguiente manera:

---

las políticas económicas y financieras del país con representantes del gobierno y del banco central.

340 Véase El FMI y la lucha contra el lavado de activos y la financiación del terrorismo.

341 Véase El FMI y la lucha contra el lavado de activos y la financiación del terrorismo.

342 Véase El FMI y la lucha contra el lavado de activos y la financiación del terrorismo.

- En 2004, el directorio ejecutivo del FMI acordó que las evaluaciones a los regímenes jurídicos de los países miembros del FMI para la lucha contra el lavado de activos y financiación del terrorismo y el fortalecimiento de las capacidades de los países miembros para luchar contra esos delitos formaran parte regular de la labor del FMI.
- En 2011, el directorio ejecutivo del FMI examinó un informe sobre la evolución del programa contra el lavado de activos y financiación del terrorismo en los últimos cinco años. El directorio ejecutivo del FMI respaldó la cobertura obligatoria de cuestiones de integridad financiera en circunstancias específicas. En el contexto de las consultas del Artículo IV del Convenio Constitutivo del FMI, se requiere que el personal del FMI que visita y examina las políticas económicas y financieras del país miembro discuta cuestiones relacionadas con la lucha contra el crimen financiero en tal país en los casos en que el lavado de dinero, el financiamiento del terrorismo y los delitos subyacentes (como la corrupción o los delitos fiscales) sean lo suficientemente graves como para amenazar la estabilidad interna, la estabilidad de la balanza de pagos o el funcionamiento efectivo del sistema monetario internacional.
- En el examen de 2014 de la estrategia del FMI en materia de lucha contra el lavado de activos y la financiación del terrorismo, el Directorio Ejecutivo del FMI alentó al personal técnico a seguir esforzándose por integrar las cuestiones de integridad financiera en su supervisión y en el contexto de los programas respaldados por el FMI, cuando las cuestiones de integridad financiera sean fundamentales para las garantías de financiamiento o para alcanzar los objetivos de los programas respaldados por el FMI. El Directorio también decidió que la lucha contra el lavado de activos y la financiación del terrorismo deberían seguir abordándose en todos los PESF, pero sobre una base más flexible.
- En 2018, el directorio ejecutivo del FMI tomó en consideración varias áreas emergentes en el campo del marco institucional contra la lucha contra el lavado de activos y financiación del terrorismo, incluidos los riesgos de integridad relacionados

con Fintech y el fenómeno de reducción de riesgos que afecta las relaciones de corresponsalía bancaria. También observó el Directorio del FMI una creciente demanda de asesoramiento sobre integridad financiera y desarrollo de capacidades para mitigar el riesgo del crimen financiero. El personal técnico del FMI ha realizado un mínimo de una o dos evaluaciones por año sobre estos aspectos.

- En 2020, el directorio ejecutivo del FMI abordó la cuestión de la participación del personal técnico del FMI en las evaluaciones del marco institucional de los países en la lucha contra el lavado de activos y financiación del terrorismo realizadas por otras organizaciones internacionales de evaluación. Esto se consideró valioso, ya que también se consideró que la experiencia del FMI dada a estos órganos de evaluación es positiva en la lucha contra el crimen financiero transnacional.
- Las actividades del Fondo en el ámbito de la lucha contra el lavado de activos y financiación del terrorismo se financian con fuentes internas y externas. En 2009, el FMI puso en marcha un fondo fiduciario respaldado por donantes, el primero de una serie de fondos fiduciarios temáticos, ahora denominados Fondos Temáticos para financiar el fortalecimiento de las capacidades de los países miembros del FMI en materia de lucha contra el lavado de activos y la financiación del terrorismo, y las cuales complementan las cuentas de financiamiento existentes del FMI.
- La experiencia y conocimiento de la regulación financiera internacional contra el crimen financiero transnacional del personal técnico del FMI puede ofrecer un mejor marco para el desarrollo de las capacidades de los países miembros del FMI en la lucha contra el lavado de activos y financiación del terrorismo. La primera fase del proyecto finalizó en abril de 2014, beneficiando directamente a 35 países junto con 3 proyectos regionales. La fase actual se centrará especialmente en los sis-

temas antilavado de activos y financiación del terrorismo que se han visto afectados por la pandemia (COVID-19).[343]

1.2.2. La condicionalidad del FMI

El marco jurídico de la condicionalidad del FMI está incorporado en el Convenio Constitutivo del FMI. En la sección 3 del Convenio Constitutivo se establecen las condiciones que rigen la utilización de los recursos generales del FMI. Además, de conformidad con el Convenio Constitutivo del FMI, uno de los propósitos del FMI es poner los recursos generales del FMI temporalmente a disposición de sus países miembros bajo salvaguardias o condiciones adecuadas. En consecuencia, el FMI, bajo la cláusula de condicionalidad, puede solicitar a un país miembro que ajuste o introduzca reformas estructurales en el sector financiero de ese país, incluida la reforma a los estatutos legales contra los delitos financieros transnacionales (es decir, que tal legislación incorpore las Recomendaciones 40 del GAFI o los principios del Comité de Basilea sobre el control de lavado de activos y políticas de conocer al cliente del sistema financiero). El FMI puede hacer esto cuando un país toma prestado recursos del FMI en la medida en que ese país acepta ajustar sus políticas y llevar a cabo reformas estructurales (de tipo constitucional, legal y regulatorias) para superar sus problemas financieros. Según el FMI,[344] la condicionalidad cubre el diseño de programas respaldados por el FMI, es decir, políticas macroeconómicas y estructurales, y las herramientas específicas utilizadas para monitorear el progreso hacia los objetivos trazados por el país en cooperación con el FMI. El diseño y la implementación de las políticas se establecen en una carta de intención, que a menudo tiene un memorando de políticas económicas y financieras adjunto. Los objetivos y políticas del programa dependen de las circunstancias de cada país.

El financiamiento del FMI se paga en cuotas y está vinculado a las medidas de política pública que el respectivo país adopta y que sean

---

343 Véase El FMI y la lucha contra el lavado de activos y la financiación del terrorismo.

344 Ver la condicionalidad del FMI.

demostrables. Las revisiones periódicas combinan una evaluación de si se han cumplido las condiciones del programa con una mirada hacia el futuro para ver si el programa debe ajustarse a la luz de los nuevos desarrollos. Los compromisos de política acordados con las autoridades del país pueden adoptar diferentes formas y pueden incluir reformas estructurales y legales del sistema financiero del país. Los ejemplos de puntos de referencia de las reformas estructurales y legales incluyen la mejora de las operaciones del sector financiero del país, como reformas legales, regulación y supervisión en asuntos relacionados con el lavado de activos y financiación del terrorismo y otras medidas legales contra los delitos financieros transnacionales.

2. APLICACIÓN DE LA REGULACIÓN FINANCIERA INTERNACIONAL CONTRA LOS DELITOS FINANCIEROS

Tratadistas en derecho internacional, como Thompson,[345] han señalado e ideado el concepto de acciones horizontales para hacer cumplir el derecho internacional, bajo el cual los Estados observan el comportamiento de otros Estados hacia el derecho internacional con fines de aplicación del derecho internacional. Con arreglo al enfoque horizontal, la aplicación coercitiva se define "como la imposición real o la amenaza de imposición de costos a un presunto país violador del derecho internacional con el fin de promover el cumplimiento del derecho internacional. Los costos más obvios son materiales, como con las sanciones económicas o el uso de la fuerza, pero no son los únicos: los Estados pueden usar medios puramente diplomáticos y pueden aplicar diversas formas de presión social y de vergüenza publica para castigar los países violadores del derecho internacional. Cabe señalar que la aplicación coercitiva se utiliza para promover el cumplimiento en un sentido amplio.

345 Thompson Alexander, *Aplicación Coercitiva Del Derecho Internacional*, Perspectivas Interdisciplinarias Sobre El Derecho Internacional Y Las Relaciones Internacionales, El Estado Del Arte, página 504.

Las evaluaciones mutuas del GAFI pueden verse como una acción horizontal de la aplicación de la regulación financiera internacional contra los delitos financieros transnacionales, ya que las evaluaciones mutuas se realizan mediante revisiones por pares, donde los miembros de diferentes países evalúan a otro país. En otras palabras, de país a país. Como se indicó anteriormente en el capítulo, el informe de evaluación mutua puede proporcionar una descripción y un análisis en profundidad del sistema de un país para prevenir el abuso criminal del sistema financiero, así como recomendaciones específicas al país para fortalecer aún más su sistema. Las evaluaciones mutuas, como se también indicó anteriormente en este capítulo, son estrictas y un país solo se considera que cumple si puede demostrarlo a los demás miembros. Como indica el GAFI,[346]la responsabilidad recae en el país evaluado para demostrar que tiene un marco eficaz para proteger el sistema financiero del abuso criminal.

Sin embargo, la evaluación mutua del GAFI no es completamente horizontal porque los resultados de la evaluación mutua se llevarán al GAFI, que es una organización internacional independiente de los Estados. En realidad, es la Plenaria del GAFI quien aprueba, rechaza o modifica el informe de evaluación mutua. Además, es el GAFI, y no los Estados individuales, quien publica las dos comunicaciones oficiales discutidas anteriormente en el capítulo, donde un miembro no cumple con las 40 Recomendaciones del GAFI puede ser colocado en la lista gris o negra del GAFI.

Por lo tanto, la función de hacer cumplir la regulación financiera internacional contra los delitos financieros transnacionales es descentralizada, no horizontal. Como se indicó anteriormente en el libro, la globalización de la actividad delictiva ha llevado al aumento de la actividad ilegal transfronteriza y, en particular, de la delincuencia financiera transnacional. La comunidad internacional de Estados y organizaciones internacionales se ha preocupado por las amenazas que la delincuencia financiera transnacional inflige a la salud del sistema financiero mundial y a la paz y la seguridad internacionales. Como

---

[346] Documentos - Grupo de Acción Financiera Internacional (GAFI) (fatf-gafi.org).

consecuencia, el derecho internacional[347] ha elevado la actividad financiera ilegal transnacional como criminal (derecho y regulación financiera internacional contra los delitos financieros transnacionales).

Aunque el derecho internacional ha declarado que la actividad financiera transnacional ilegal es criminal, el derecho internacional carece, como decía Thompson,[348] de una institución centralizada por encima del nivel de los Estados con el poder de coaccionar y obligar a los Estados a cumplir con la regulación financiera internacional contra los delitos financieros transnacionales. Lo que hace que la aplicación y el cumplimiento de la regulación financiera internacional contra los delitos financieros sea interesante y única es el hecho de que, aunque el derecho internacional declara la actividad financiera transnacional ilegal como criminal, las prohibiciones penales se aplican en virtud de las leyes nacionales de los Estados que se adhieren a los tratados, como sostienen algunos autores,[349] o incorporan estándares internacionales sobre el tema en sus leyes nacionales. Por lo tanto, la función de hacer cumplir la regulación financiera internacional (que ha sido incorporada a los ordenamientos jurídicos nacionales) contra los delitos financieros transnacionales se logra principalmente bajo las operaciones de las agencias del Estado nacionales[350] encargadas de

---

347 A través de convenciones internacionales y estándares, recomendaciones y principios emitidos por organizaciones internacionales como el GAFI, el Comité de Basilea y OICV.

348 Thompson Alexander, *Aplicación Coercitiva Del Derecho Internacional*, Perspectivas Interdisciplinarias Sobre El Derecho Internacional Y Las Relaciones Internacionales, El Estado Del Arte, página 504.

349 DAVID LUBAN ET AL., DERECHO PENAL INTERNACIONAL Y TRANSNACIONAL página 501 (2010).

350 Los funcionarios y entidades con competencia para hacer cumplir la ley nacional pueden incluir fiscales contra el lavado de dinero bajo la autoridad de la oficina del fiscal general de un Estado. Los organismos de supervisión pueden incluir organismos administrativos que supervisan y vigilan la actividad de las instituciones financieras nacionales. Ejemplos de estas agencias de supervisión incluyen la Comisión de Intercambio de Valores (SEC) en los Estados Unidos.

hacer cumplir la ley[351] y de supervisión[352] y los tribunales locales de los Estados, en lugar de cortes o tribunales internacionales.

La naturaleza descentralizada de la aplicación internacional ha captado la atención tanto de los estudiosos del derecho internacional como de las relaciones internacionales. En primer lugar, Hans Kelsen describió el orden jurídico internacional como "primitivo"[353] carente de una autoridad sancionadora central distinta de las partes involucradas, que en su gran mayoría son los Estados miembros de la comunidad internacional. No obstante, el hecho de que el derecho internacional pueda carecer de instituciones centrales con el poder de forzar a los Estados de cumplir con el derecho internacional no implica que la aplicación, ejecución, cumplimiento y el castigo (penal, administrativo sancionatorio) por no cumplir el derecho internacional sea inexistente. Como tal, se puede concluir que la regulación financiera internacional contra los delitos financieros transnacionales, como parte del corpus del derecho internacional general, se ha aplicado de una manera diferente. Como la han sostenido diversos autores del derecho penal internacional,[354] los principales mecanismos para hacer cumplir la regulación financiera internacional contra el crimen financiero transnacional son descentralizados, basados en las acciones de las diferentes entidades del Estado que hacen parte de los poderes públicos propios de los Estados de la comunidad internacional.

Sin embargo, ha habido escuelas de pensamiento[355] del derecho internacional que cuestionan la naturaleza descentralizada en la aplicación y la función de hacer cumplir el derecho internacional. En

---

351 En el caso colombiano, la Fiscalía General de la Nación y los juzgados, tribunales y altas cortes. La UIAF, unidad administrativa adscrita al ministerio de hacienda y crédito público de Colombia, de Colombia estaría dentro de aquellas agencias del Estado de Colombia encargadas de luchar contra los delitos financieros en el territorio colombiano y aquellos crímenes financieros transnacionales a través de la cooperación que ofrece el Grupo Egmont.

352 En el caso colombiano, la Superintendencia Financiera de Colombia.

353 *Op. Cit.* página 504.

354 DAVID LUBAN ET AL., DERECHO PENAL INTERNACIONAL Y TRANSNACIONAL página 501 (2010).

355 Thompson Alexander, *Aplicación Coercitiva Del Derecho Internacional*, Perspectivas Interdisciplinarias Sobre El Derecho Internacional Y Las Relaciones Internacionales, El Estado Del Arte, página 504.

otras palabras, para tratadistas pertenecientes a esas escuelas de pensamiento si podría haber una autoridad central y supranacional que podría tener la autoridad de hacer cumplir el derecho internacional. El principal argumento a favor de estas escuelas de pensamiento es la proliferación de tribunales internacionales y otras instituciones judiciales de carácter internacional desde el final de la Guerra Fría. Argumentaron que algunos de los tribunales internacionales creados después del final de la Guerra Fría han demostrado independencia frente a los Estado. Esta proliferación de tribunales internacionales y otras instituciones judiciales, han afirmado,[356] es parte de una tendencia general hacia la creciente legalización de la política internacional, incluida la delegación a organizaciones internacionales, como tribunales internacionales, con un poder a veces inesperado, para dirimir controversias entre Estados[357] o para declarar la responsabilidad de los Estados en casos de violaciones a los derechos humanos[358] o ejercer acciones penales contra individuos por graves violaciones al derecho internacional, como en los casos de genocidio, crímenes de guerra, crímenes de lesa humanidad y el crimen de agresión.[359]

Sin embargo, hay otros tratadistas del derecho internacional que han concluido que la existencia de una autoridad central y supranacional que haga cumplir el derecho internacional sigue siendo rara y relativamente débil.[360] Estos tratadistas[361] argumentan que no se debería asociar automáticamente la expansión de las instituciones de gobierno

---

356 Ibid.

357 Como es el caso de la Corte Internacional de Justicia o como el caso del Órgano de Solución de Controversias de la Organización Mundial del Comercio (OMC) y bajo el cual se dirimen diferencias comerciales cuando un país miembro de la OMC considera que otro país miembro ha infringió un acuerdo o compromisos comercial contraídos en el marco de la OMC.

358 Como es el caso de la Corte Interamericana de Derechos Humanos o la Corte Europea de Derechos Humanos.

359 Como es el caso de la Corte Penal Internacional y los tribunales penales internacionales creados por el Consejo de Seguridad de Naciones Unidas, como el tribunal penal para la Antigua Yugoslavia.

360 *Op. Cit.* página 504.

361 Thompson Alexander, *Aplicación Coercitiva Del Derecho Internacional*, Perspectivas Interdisciplinarias Sobre El Derecho Internacional Y Las Relaciones Internacionales, El Estado Del Arte, página 505.

global en general, y de los tribunales internacionales en particular, con un régimen jerárquico y estricto en la aplicación del derecho internacional. Estos tratadistas[362] han utilizado evidencia para respaldar su argumento. Por ejemplo, han sostenido[363] que la Corte Internacional de Justicia carece de jurisdicción obligatoria[364] y está cada vez menos utilizada por los Estados para disputas de alto riesgo. Excepto en casos de legítima defensa, la aplicación mediante el uso de la fuerza sólo puede ser autorizada por el Consejo de Seguridad, un órgano que resuelve disputas basadas en última instancia en consideraciones políticas más que legales, y carece de capacidad propia e independiente (léase fuerza policial) para hacer cumplir sus resoluciones. Estos tratadistas[365] también sostienen que la Corte Penal Internacional puede ser considerada independiente de los Estados miembros, pero aún depende de los Estados para ejecutar órdenes de arresto, proporcionar pruebas y hacer cumplir las sentencias. Incluso el mecanismo de solución de diferencias de la Organización Mundial del Comercio (OMC), notable por su alto nivel de legalidad y de procedimiento judicial, todavía debe depender en que los Estados lleven a cabo la aplicación de sus medidas en forma de represalias comerciales, o sea de Estado a Estado y no desde la OMC hacia el Estado infractor.

En consecuencia, se podría establecer, y siguiendo las líneas discutidas por Thompson en su ensayo *Aplicación Coercitiva Del Derecho*

---

362 Para mayor ilustración de este interesante debate intelectual, léase Thompson Alexander, *Aplicación Coercitiva Del Derecho Internacional*, Perspectivas Interdisciplinarias Sobre El Derecho Internacional Y Las Relaciones Internacionales, El Estado Del Arte, páginas 504 y siguientes.

363 Thompson Alexander, *Aplicación Coercitiva Del Derecho Internacional*, Perspectivas Interdisciplinarias Sobre El Derecho Internacional Y Las Relaciones Internacionales, El Estado Del Arte, páginas 504 y siguientes.

364 La jurisprudencia de la Corte Internacional de Justicia carece de la fuerza vinculante del precedente judicial, tan propio de los Estados que siguen el sistema del derecho común o de los jueces o anglosajón (*Common Law System* por sus siglas en inglés). Las decisiones judiciales de la Corte Internacional de Justicia solo tienen efectos jurídicos vinculantes para los estados involucrados en el litigio ante la Corte Internacional de Justicia.

365 Thompson Alexander, *Aplicación Coercitiva Del Derecho Internacional*, Perspectivas Interdisciplinarias Sobre El Derecho Internacional Y Las Relaciones Internacionales, El Estado Del Arte, páginas 504 y siguientes.

Internacional,[366] las medidas de aplicación continuarán siendo implementadas y coordinadas principalmente por los gobiernos de los Estados de la comunidad internacional, en lugar de ser utilizadas como instrumentos de alguna autoridad política supranacional. En otras palabras, la mayoría de los mecanismos para hacer cumplir el derecho internacional son descentralizados, o sea llevados a cabo por los propios Estados. Por lo tanto, podemos concluir que la aplicación de la regulación financiera internacional contra los delitos financieros transnacionales y su función de hacerla cumplir se logra principalmente bajo las leyes nacionales de los Estados a través de sus autoridades administrativas de supervisión, vigilancia y control y por supuesto por el poder judicial de cada Estado y no por una autoridad global, centralizada y sancionadora que pueda hacer cumplir la regulación financiera internacional contra los delitos financieros transnacionales.

3. EFECTIVIDAD DE LA REGULACIÓN INTERNACIONAL ANTIDELITOS FINANCIEROS TRANSNACIONALES

3.1. Eficacia del derecho internacional en breve

A fin de formular una teoría de la eficacia del derecho financiero internacional[367] contra los delitos financieros transnacionales, es pertinente examinar en primer lugar la eficacia del derecho internacional en general. En la literatura sobre derecho y relaciones internacionales, hay una crítica hacia las teorías de cumplimiento (y sus respectivas formas de llegar a tal cumplimiento) del derecho internacional y cierto apoyo a la teoría de la eficacia del derecho internacional. Algunos tratadistas del derecho internacional y teóricos de las relaciones

---

366 Thompson Alexander, *Aplicación Coercitiva Del Derecho Internacional*, Perspectivas Interdisciplinarias Sobre El Derecho Internacional Y Las Relaciones Internacionales, El Estado Del Arte, páginas 504 y siguientes.

367 Tan bien conocido como regulación financiera internacional o derecho financiero internacional objetivo, el cual se focaliza en la regulación y se diferencia del derecho financiero internacional subjetivo el cual se focaliza en los contratos financieros internacionales.

internacionales argumentan en contra del enfoque del cumplimiento del derecho internacional. Estos tratadistas, como Lisa L Martin, van en contra de la teoría del cumplimiento y abogan por el enfoque de efectos institucionales del derecho internacional.[368] Estos afirman que el concepto de cumplimiento puede tener ciertas ventajas, como la recopilación relativamente sistemática y accesible de datos sobre el grado de cumplimiento del derecho internacional por parte de las naciones de la comunidad internacional. Sin embargo, el cumplimiento es un concepto legal que es inusualmente inadecuado para la búsqueda socio científica central, la cual es la identificación y medición de los efectos sobre las naciones de la aplicación del derecho internacional.

Para los tratadistas exponentes de la teoría *contra el cumplimiento*, como Martin,[369] en casi todos los casos, estudiar los patrones de cumplimiento no les dice nada sobre el efecto causal del derecho internacional y de su marco institucional, que supuestamente es el objetivo de la investigación socio científica en esta área. El concepto de cumplimiento del derecho internacional es opuesto al concepto de efecto causal del derecho internacional; Desafortunadamente, confiar en las medidas de cumplimiento como indicador de los efectos institucionales en la aplicación del derecho internacional ha provocado que el campo de investigación jurídica se desvíe en direcciones menos productivas.

El cumplimiento es un concepto legal, desarrollado por abogados y profesores de derecho internacional para evaluar el grado de conformidad entre los requisitos legales y las acciones de aquellos sujetos a esos requisitos. La comunidad legal, dice Martin,[370] se centra necesariamente en la regulación y el cumplimiento relacionado con tal regulación. Un enfoque principal del discurso y la práctica legal se relaciona con el proceso de determinar quién puede no cumplir y las medidas que pueden seguir para forzar el cumplimiento del derecho

368 Martin Lisa L., *Contra El Cumplimiento*, en Perspectivas Interdisciplinarias Sobre Derecho Internacional Y Las Relaciones Internacionales. El Estado Del Arte. Página 591.

369 Martin Lisa L., *Contra El Cumplimiento*, en Perspectivas Interdisciplinarias Sobre Derecho Internacional Y Las Relaciones Internacionales. El Estado Del Arte. Página 591.

370 Ibid.

internacional a aquellos llamados a cumplirlo. Como Martin[371] sostiene que el cumplimiento es un concepto jurídico desarrollado por los abogados para evaluar el grado de conformidad entre las obligaciones jurídicas de tipo internacional y las acciones de aquellos (Estados) sujetos a tales requisitos, la internalización del derecho internacional en los sistemas jurídicos nacionales es clave. Cuando los Estados internalizan las normas internacionales, estas normas se incorporan a los sistemas jurídicos nacionales, así como a los sistemas de valores y morales en general. Esta incorporación, a su vez, mejora el grado de cumplimiento del derecho internacional.[372]

Sin embargo, sostiene Martin[373] ¿cómo difiere el comportamiento de un Estado en presencia de una norma jurídica del derecho internacional del comportamiento que habría ocurrido por parte de ese Estado en ausencia de tal norma? La cuestión del grado de cumplimiento por parte de un Estado del derecho internacional es totalmente distinta de la cuestión de la efectividad y resultados en la aplicación del derecho internacional. En otras palabras, un Estado puede tener un alto grado de cumplimiento de la regulación financiera internacional contra el crimen financiero transnacional, es decir ese Estado ha incorporado las 40 Recomendaciones del GAFI y los principios del Comité de Basilea y las convenciones de la ONU contra el crimen organizado transnacional y la corrupción. No obstante, los niveles de lavado de activos y la comisión de delitos de cuello blanco y demás delitos subyacentes al lavado de activos siguen siendo altos. Entonces, ese Estado demuestra altos niveles de cumplimiento, pero la efectividad de esa regulación financiera internacional, o el marco legal institucional que habla Martin, es baja.

Para los tratadistas[374] exponentes de la teoría *contra el cumplimiento*, sería más fructífero estudiar la efectividad que el cumplimiento. De esa manera, es totalmente posible tener un cumplimiento bajo del derecho internacional pero un efecto causal sustancial (alto grado

---

371 Martin Lisa L., *Contra El Cumplimiento*, en Perspectivas Interdisciplinarias Sobre Derecho Internacional Y Las Relaciones Internacionales. El Estado Del Arte. Página 601.

372 Ibid. 601.

373 Ibid. 601.

374 Ibid. 601.

de efectividad del derecho internacional), o un alto cumplimiento y un efecto institucional insignificante[375] (bajo grado de efectividad del derecho internacional).Por lo tanto, se puede argumentar que sería preferible que el derecho internacional fuera más eficaz independientemente del nivel de cumplimiento, entendiendo el cumplimiento como un concepto jurídico, que evalúa el grado de conformidad entre los requisitos jurídicos internacionales y las acciones de los Estados que están sujetos a esos requisitos.

Aunque sería preferible que el derecho internacional fuera más efectivo independientemente del nivel de cumplimiento, el escenario ideal sería que un alto cumplimiento por parte de los Estados hiciera efectivo el derecho internacional. La eficacia del derecho internacional en este escenario debe considerarse bajo un enfoque orientado a objetivos. Esta aproximación hace parte de la escuela de pensamiento racional.[376] Entonces sostenemos que, si el alto nivel de cumplimiento no hace que el derecho internacional sea eficaz, con arreglo a un enfoque orientado a objetivos, en las naciones consideradas conformes (o en cumplimiento), se deduce que el derecho internacional, y los objetivos que se le atribuyen, las cuales fueron emitido por una organización internacional[377] deben ser revisados. Bajo este modelo que propone este libro, la carga de hacer efectivo el derecho internacional se transferiría de nuevo a las organizaciones internacionales que establecen estándares globales contra el crimen financiero transnacional, como el GAFI. Si un Estado en particular adoptó todas las 40 Recomendaciones del GAFI en su marco legal interno, pero el Estado todavía está experimentando altos niveles de lavado de activos, por ejemplo, la carga de remediar el problema debería transferirse al legis-

---

375 Ibid. 601.

376 Un enfoque orientado a objetivos es parte de la perspectiva del sistema racional. Los sociólogos ven la perspectiva del sistema racional como la escuela de pensamiento que ve a las instituciones como instrumentos destinados a alcanzar objetivos específicos (W. R. Scott & Davis, 2007). El derecho internacional y las organizaciones internacionales que emiten leyes, como el GAFI y sus 40 Recomendaciones, forman, en nuestra opinión, parte de las instituciones de las que habla el sistema racional.

377 Incluye a las organizaciones internacionales creadores de estándares globales en la lucha contra el crimen financiero transnacional, como el GAFI.

lador internacional original, GAFI, en este ejemplo. La cura o remedio debe incluir la revisión de esa regulación financiera internacional.

De esa manera, este libro propone las dos ecuaciones siguientes para este razonamiento: La primera es positiva para el derecho internacional, si aceptamos, como lo hacemos, al derecho internacional como derecho.

- Emisión de derecho internacional por una organización internacional con fines y objetivos + alto cumplimiento por parte de los Estados = Efectividad del derecho internacional: El derecho internacional y el proceso de cumplimiento o internalización hacen efectivo el derecho internacional, lo que significa que el conjunto específico de normas del derecho internacional está alcanzando sus metas u objetivos.

Sin embargo, también podemos obtener un resultado negativo:

- Emisión de derecho internacional por una organización internacional con fines y objetivos + alto cumplimiento por parte de los Estados = Falta o mediocre efectividad del derecho internacional: El derecho internacional y el proceso de cumplimiento o internalización hacen que el derecho internacional sea ineficaz, lo que significa que el conjunto específico de normas del derecho internacional no está alcanzando sus metas u objetivos.

3.2. La eficacia de la regulación financiera internacional contra los delitos financieros transnacionales

El derecho internacional contra el lavado de activos es parte del corpus de la ley contra los delitos financieros transnacionales. El FMI y el Banco Mundial han dicho que entre $ 2 billones y $ 3 billones se lavan en todo el mundo cada año. La eficacia de la regulación financiera internacional contra los delitos financieros transnacionales debería ser una tarea orientada a objetivos para las organizaciones internacionales que promulgan recomendaciones y principios para hacer frente a los delitos financieros a escala mundial. Debe haber una evaluación crítica de la eficacia del cuerpo de normas jurídicas que hacen parte de la regulación financiera internacional contra los delitos financieros transnacionales (es decir, las 40 Recomendaciones del GAFI, los Principios del Comité de Basilea sobre la prevención del uso delictivo del sistema bancario, los principios antifraude de la OICV, etc.).

Con base a lo anterior, vale la pena plantear las siguientes preguntas:

1) ¿Ha sido la regulación financiera internacional contra los delitos financieros transnacionales una herramienta eficaz para la arquitectura financiera internacional en la lucha mundial contra el lavado de activos y la financiación del terrorismo?
2) ¿Ha sido efectiva la regulación financiera internacional contra los delitos financieros transnacionales para reducir los delitos financieros transnacionales, como el lavado de activos, en aquellas naciones, jurisdicciones y territorios que han adoptado, por ejemplo, las 40 Recomendaciones del GAFI?
3) ¿Han cumplido las organizaciones internacionales que emiten estándares y normas jurídicas internacionales contra la delincuencia financiera transnacional con las expectativas que han llevado a su creación, financiación y empoderamiento?
4) ¿Cómo medir la efectividad de la ley contra los delitos financieros transnacionales?
5) ¿Qué datos se pueden utilizar para medir tal efectividad?
6) ¿Qué resultados espera la comunidad internacional de la ley contra los delitos financieros transnacionales? ¿Menos tasas de lavado de dinero? ¿Más condenas por lavadores de dinero? ¿Más dinero lavado confiscado?
7) ¿Cuál ha sido el impacto de la ley contra los delitos financieros transnacionales en el comportamiento del Estado?

3.3. Estudio del caso para examinar el enfoque de la eficacia de la regulación financiera internacional basado en objetivos: las 40 recomendaciones del GAFI

Las 40 Recomendaciones del GAFI nos proporcionan un buen caso para analizar la aplicación del enfoque orientado a objetivos (efectividad) sobre el derecho internacional, en particular sobre el derecho/regulación financiera internacional contra los delitos financieros transnacionales. El enfoque orientado a objetivos ofrece la siguiente formulación: De acuerdo a Bernard,[378] una acción, como la puesta en marcha de organizaciones internacionales para la promulgación de la regulación financiera internacional contra el crimen financiero transnacional, es efectiva si logra su(s) objetivo(s) específico(s).

La satisfacción de este estándar basado en el desempeño debe evaluarse en unidades de tiempo predefinidas. Para medir la efectividad de las 40 Recomendaciones del GAFI, de acuerdo con el enfoque del sistema racional, uno tiene que identificar los objetivos y metas de las 40 Recomendaciones del GAFI (es decir, los resultados deseados que debería generar, y determinar el marco de tiempo durante el cual se puede esperar razonablemente que se cumplan algunos o todos los objetivos del GAFI y sus 40 Recomendaciones).

3.3.1. Los objetivos y metas de las 40 recomendaciones del GAFI

Como se indicó anteriormente en el libro, el GAFI es el organismo de control mundial del lavado de activos y el financiamiento del terrorismo. El GAFI busca lograr un bien público aspiracional, que es proteger a la sociedad del daño que el lavado de activos y el financiamiento del terrorismo pueden causarle.[379] Este bien público aspiracional surgió en respuesta a la creciente preocupación por el lavado de activos que el G-7 sintió en su cumbre celebrada en París, Francia, en 1989. El G-7 reconoció la amenaza que el lavado de activos representaba para el sistema bancario y las instituciones financieras. Luego, la comunidad internacional, en 2001, agregó la lucha contra el financiamiento del terrorismo al bien público aspiracional.

Como tal, los objetivos del GAFI[380] son los siguientes:

1) El GAFI tiene como objetivo prevenir el lavado de activos y el financiamiento del terrorismo a través de la emisión de estándares, también conocidos como las 40 Recomendaciones del GAFI.

---

378 Chester I Bernard, la función del ejecutivo.
379 Acerca del Grupo de Acción Financiera Internacional (GAFI) (fatf-gafi.org).
380 Acerca del Grupo de Acción Financiera Internacional (GAFI) (fatf-gafi.org).

2) El GAFI tiene como objetivo prevenir el daño que el lavado de activos y el financiamiento del terrorismo pueden causar a la sociedad.
3) El GAFI tiene como objetivo establecer normas (las 40 Recomendaciones del GAFI) para promover la implementación efectiva de medidas legales, reglamentarias y operativas para combatir el lavado de activos, el financiamiento del terrorismo y el financiamiento de la proliferación, y otras amenazas relacionadas a la integridad del sistema financiero internacional.
4) El GAFI tiene como objetivo generar entre los Estados la voluntad política necesaria para llevar a cabo reformas legislativas y regulatorias nacionales para prevenir el lavado de activos y el financiamiento del terrorismo y el daño que estos delitos financieros pueden causar a la sociedad.
5) El GAFI, a través de sus 40 Recomendaciones, tiene como objetivo garantizar una respuesta global coordinada para prevenir el crimen organizado, la corrupción y el terrorismo.
6) El GAFI, a través de sus 40 Recomendaciones, tiene como objetivo ayudar a las autoridades de los Estados a perseguir y confiscar el dinero de los delincuentes que trafican con drogas ilegales, trata de personas y otros delitos.
7) El GAFI también tiene como objetivo detener la financiación de armas de destrucción masiva.
8) El GAFI tiene como objetivo revisar las técnicas de lavado de activos y financiamiento del terrorismo para fortalecer continuamente sus 40 Recomendaciones para abordar nuevos riesgos, como la regulación de los activos virtuales, que se han extendido a medida que las criptomonedas ganan popularidad.
9) Los objetivos del GAFI también incluyen el monitoreo de los países para garantizar que implementen las 40 Recomendaciones del GAFI de manera plena y efectiva y para responsabilizar a los países que no cumplen.
10) El GAFI también trabaja para identificar vulnerabilidades a nivel nacional con el objetivo de proteger el sistema financiero

internacional del uso indebido por parte del crimen organizado.[381]

11) El GAFI tiene por objeto instar a todos los países a aplicar medidas eficaces para que su sistema nacional de lucha contra el lavado de activos, la financiación del terrorismo y la financiación de la proliferación se ajuste a las recomendaciones revisadas del GAFI.[382]

3.3.2. Nuestro modelo de ecuaciones lógico sobre los principales objetivos del GAFI y sus 40 recomendaciones

Como se indicó anteriormente en el capítulo, el GAFI tiene como objetivo prevenir el lavado de activos y el financiamiento del terrorismo a través de sus 40 Recomendaciones. El FMI y el Banco Mundial han sostenido que entre $ 2 billones y $ 3 billones se lavan en todo el mundo cada año. La medición de la eficacia de la regulación financiera internacional contra los delitos financieros transnacionales debería ser una tarea orientada a los objetivos que buscan las organizaciones internacionales, como el GAFI, que promulgan normas para hacer frente a la delincuencia financiera transnacional. En consecuencia, la eficacia del objetivo principal del GAFI, que es prevenir el lavado de activos a través de sus 40 Recomendaciones, debe evaluarse bajo el siguiente enfoque basado en objetivos de acuerdo a las siguientes muestras:

Modelo para evaluar la Efectividad de la Regulación Financiera Internacional

El GAFI tiene como objetivo prevenir el lavado de activos y el financiamiento del terrorismo a través de la emisión de estándares, también conocidos como las 40 Recomendaciones del GAFI:

---

[381] Recomendaciones del GAFI 2012.pdf (fatf-gafi.org).

[382] Recomendaciones del GAFI 2012.pdf (fatf-gafi.org).

Gráfica 9. Modelo Eficaz:

Como entre 2 y 3 billones de dólares se lavan en todo el mundo cada año,[383] se deduce, bajo este modelo de efectividad de la regulación financiera internacional número, que la efectividad del objetivo principal del GAFI, que es prevenir el lavado de activos a través de sus 40 Recomendaciones, debe evaluarse en función de la cantidad de activos que se lava por año. Si la cantidad de dinero lavado comienza a ser inferior a $ 2 billones / año y si esta cantidad comienza a disminuir con el tiempo, entonces se deduce que las 40 Recomendaciones del GAFI (derecho indicativo pero derecho internacional al final del día) pueden considerarse efectivas.

Gráfica 10. Modelo ineficaz de la regulación financiera internacional:

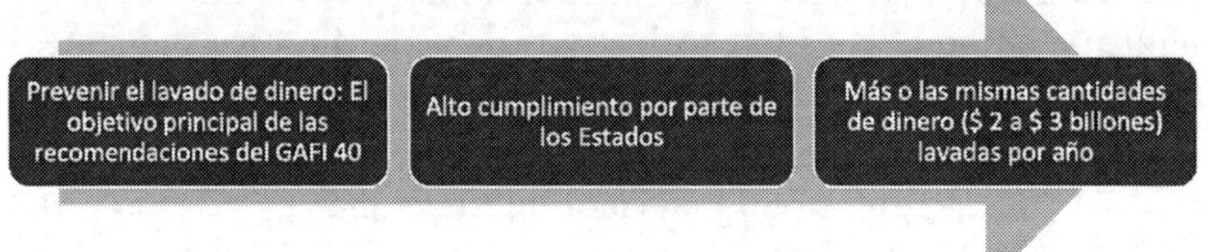

Bajo este modelo ineficaz, las 40 recomendaciones del GAFI y su proceso de cumplimiento y su internalización las hacen ineficaces, lo que significa que este conjunto específico de normas del derecho internacional no está alcanzando sus metas u objetivos. Por lo tanto, es posible que sea necesario revisar las 40 Recomendaciones del GAFI.

El GAFI, a través de sus 40 Recomendaciones, tiene como objetivo ayudar a las autoridades de los Estados a perseguir y confiscar

---

383 Según el FMI y el Banco Mundial.

el dinero de los delincuentes que trafican con drogas ilegales, trata de personas y otros delitos subyacentes al lavado de activos, como la corrupción, evasión fiscal y manipulación del mercado de valores:

Gráfica 11. Modelo de efectividad de la regulación financiera internacional (confiscación):

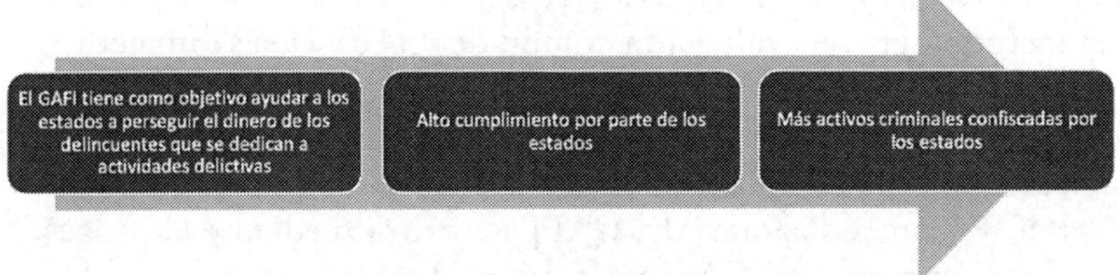

Si los Estados comienzan a confiscar más activos criminales (dinero criminal u otros activos como propiedades de finca raíz, carros lujosos, yates, arte y acciones al portador) del crimen organizado, entonces se deduce que las 40 Recomendaciones del GAFI pueden considerarse efectivas.

El GAFI, a través de sus 40 Recomendaciones, tiene como objetivo ayudar a las autoridades de los Estados a perseguir y confiscar el dinero de los delincuentes que trafican con drogas ilegales, trata de personas y otros delitos subyacentes al lavado de activos, como la corrupción, evasión fiscal y manipulación del mercado de valores:

Gráfica 12. Modelo ineficaz de la regulación financiera internacional:

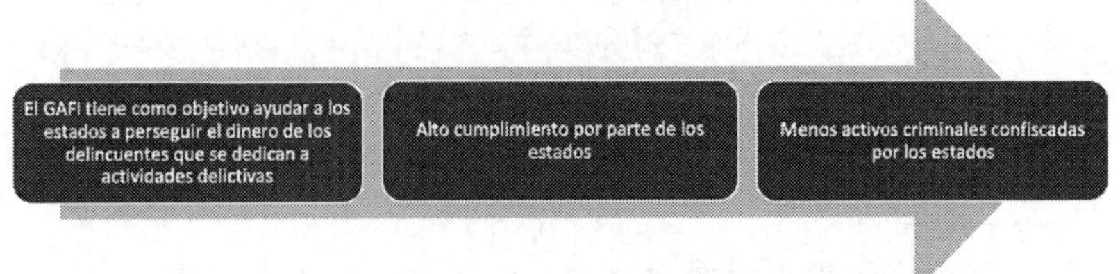

Si los Estados comienzan a confiscar menos activos criminales (dinero y demás activos criminales) del crimen organizado, entonces se deduce que las 40 Recomendaciones del GAFI pueden considerarse ineficaces o los Estados pueden necesitar mejorar su capacidad para perseguir y confiscar el dinero del crimen organizado.

3.3.3 Aplicación de las 40 recomendaciones del GAFI y la evaluación de su eficacia

El GAFI tiene como objetivo que las medidas establecidas en sus 40 Recomendaciones[384] sean evaluadas rigurosamente a través de procesos de Evaluación Mutua y a través de los procesos de evaluación del Fondo Monetario Internacional y el Banco Mundial, sobre la base de la metodología de evaluación común del GAFI. De esa manera, se puede concluir que el proceso de evaluación del cumplimiento de las 40 Recomendaciones del GAFI se completa a través del proceso de evaluación mutua. Aunque el proceso de evaluación del cumplimiento de las 40 Recomendaciones del GAFI se realiza mediante el proceso de evaluación mutua, el GAFI no había realizado la evaluación de la eficacia de las 40 Recomendaciones del GAFI hasta la primavera de 2002. Por primera vez desde su creación, el GAFI, en abril de 2022, emitió su Informe sobre el estado de efectividad y cumplimiento de las normas del GAFI (El Informe).[385] Por lo tanto, es necesario discutir este informe para evaluar si el GAFI ha evaluado no solo el nivel de cumplimiento de los países con sus 40 Recomendaciones, sino también la efectividad de sus 40 Recomendaciones para prevenir el lavado de activos (menos dinero lavado anualmente).

3.3.3.1. Informe sobre el estado de efectividad y cumplimiento de las normas del GAFI

Para comprender adecuadamente el informe, es pertinente esbozar, en pocas palabras, los resultados de las evaluaciones mutuas. De acuerdo con el GAFI,[386] las evaluaciones mutuas dan como resultado dos conjuntos de calificaciones:

---

384 El GAFI también tiene como objetivo que las medidas establecidas en las 40 Recomendaciones sean implementadas por todos los miembros del GAFI y los organismos regionales y similares al GAFI, como por ejemplo el GAFILAT o MONEYVAL.

385 Informe sobre el estado de efectividad y cumplimiento de las normas del GAFI (fatf-gafi.org).

386 Informe sobre el estado de efectividad y cumplimiento de las normas del GAFI (fatf-gafi.org).

1. Cumplimiento Técnico: Está compuesto por 40 calificaciones que, según el GAFI,[387] representan el nivel de cumplimiento el cual se mide al conocer si el país ha establecido las leyes, regulaciones y marco operativo en la lucha contra el lavado de activos y financiación del terrorismo requerido por el GAFI. Estos son los elementos básicos de un marco jurídico sólido para combatir el lavado de activos y el financiamiento del terrorismo y la proliferación. La escala de calificaciones es la siguiente:
    - **Conforme:** No hay deficiencias.
    - **Cumple en gran medida:** Solo hay deficiencias menores.
    - **Parcialmente compatible:** Hay deficiencias moderadas.
    - **No conforme:** Existen importantes deficiencias.
    - **No aplicable (na):** No se aplica un requisito, debido a las características estructurales, legales o institucionales del país.
2. Efectividad: Según el GAFI,[388] 11 calificaciones reflejan el grado en que las medidas de un país son efectivas. La evaluación se lleva a cabo sobre la base de 11 resultados inmediatos, que representan objetivos clave que un sistema eficaz contra el lavado de activos y financiación del terrorismo y demás crímenes financieros debería lograr. La escala de calificaciones, según el GAFI,[389] es la siguiente:
    - **Alto nivel de efectividad:** El resultado inmediato se logra en gran medida. Se necesitan mejoras menores.
    - **Nivel sustancial de efectividad:** El resultado inmediato se logra en gran medida. Se necesitan mejoras moderadas.
    - **Nivel moderado de efectividad:** El resultado inmediato se logra hasta cierto punto. Se necesitan mejoras importantes.

---

387 Informe sobre el estado de efectividad y cumplimiento de las normas del GAFI (fatf-gafi.org).

388 Informe sobre el estado de efectividad y cumplimiento de las normas del GAFI (fatf-gafi.org).

389 Informe sobre el estado de efectividad y cumplimiento de las normas del GAFI (fatf-gafi.org).

- **Bajo nivel de efectividad**: El resultado inmediato no se logra o se logra en un grado insignificante.

3.3.3.1.1. El Informe:

Según el GAFI,[390] el informe describe los resultados de la 4ª Ronda de Evaluaciones Mutuas. Como tal, el informe evaluó las fortalezas y debilidades del marco regulatorio de los países para combatir el lavado de activos y el financiamiento del terrorismo y la proliferación. Del texto del informe se desprende que el informe concede gran importancia al cumplimiento de las leyes, reglamentos y políticas para hacer frente al lavado de activos, la financiación del terrorismo o la financiación de la proliferación. Como tal, los informes subrayan que todos los países aún necesitan hacer progresos más tangibles en la implementación efectiva o el cumplimiento de tales leyes contra el lavado de activos, que se basan en las 40 Recomendaciones del GAFI.

Aunque la evaluación de la implementación efectiva (cumplimiento) de las 40 Recomendaciones del GAFI en el marco regulatorio de los países es una pieza importante de la efectividad del derecho internacional, en este caso (regulación financiera internacional) contra los delitos financieros transnacionales, bajo el modelo basado en objetivos, el cual este libro aboga para medir la efectividad del derecho internacional, no es suficiente. El informe carece de la evaluación de los resultados del objetivo principal de las 40 Recomendaciones del GAFI, que es prevenir el lavado de activos.

En consecuencia, la cuestión de si las 40 Recomendaciones del GAFI están logrando su objetivo principal, prevenir el lavado de activos, no se aborda en el informe.[391] El informe[392] afirma que muestra que las 206 jurisdicciones comprometidas con las 40 Recomendaciones del GAFI están aprobando nuevas leyes y regulaciones, y en algunos casos implementando políticas efectivas basadas en el riesgo

---

390 Informe sobre el estado de efectividad y cumplimiento de las normas del GAFI (fatf-gafi.org).

391 Ver Informe sobre el estado de efectividad y cumplimiento de las normas del GAFI (fatf-gafi.org).

392 Ver Informe sobre el estado de efectividad y cumplimiento de las normas del GAFI (fatf-gafi.org).

para apoyar el lavado de activos, contrarrestar el financiamiento del terrorismo y contrarrestar el financiamiento de la proliferación de sistemas de armas de destrucción masiva.[393] Sin embargo, el informe no contiene datos sobre si la cantidad de dinero criminal lavado a nivel mundial se está reduciendo mediante la aplicación efectiva de las 40 Recomendaciones del GAFI. Por lo tanto, se concluye que, aunque el GAFI ha desarrollado el proceso de evaluación mutua para evaluar el cumplimiento de sus 40 Recomendaciones, aún no ha desarrollado un enfoque orientado a objetivos para evaluar la efectividad de sus 40 Recomendaciones para prevenir y reducir[394]el lavado de activos en los países de la comunidad internacional y a escala global.

---

393 Ver Informe sobre el estado de efectividad y cumplimiento de las normas del GAFI (fatf-gafi.org).

394 Desde $3 billones hacia abajo.

Capítulo 6

PROBLEMAS ACTUALES PARA LAS ORGANIZACIONES INTERNACIONALES Y LAS AUTORIDADES NACIONALES COMPETENTES EN RELACIÓN CON LOS DELITOS FINANCIEROS TRANSNACIONALES

1. ¿ESTÁN LAS ORGANIZACIONES INTERNACIONALES Y LAS AUTORIDADES NACIONALES COMPETENTES GANANDO LA GUERRA CONTRA LA DELINCUENCIA FINANCIERA TRANSNACIONAL?

A pesar de que las organizaciones internacionales, como el GAFI, han promulgado leyes internacionales para combatir el lavado de activos, el terrorismo y la financiación de la proliferación, la respuesta no está clara. La comunidad internacional se ha esforzado por reducir la delincuencia financiera transnacional en todo el mundo. Sin embargo, parece que ni las organizaciones internacionales, ni las autoridades encargadas de hacer cumplir la ley al interior de los países miembros de la comunidad internacional y ni sus autoridades competentes de ejercer el control y vigilancia sobre la actividad bancaria y bursátil están ganando esa lucha.

Las cifras parecieran avalar el argumento expuesto en el párrafo anterior. La cantidad estimada de dinero lavado a nivel mundial en un año es del 2 al 5 % del PIB mundial, o entre US$ 800 mil millones y US$ 2 billones en dólares estadounidenses.[395] Para la Oficina de las Naciones Unidas contra la Droga y el Delito, las ganancias delicti-

---

395 24+ Estadísticas Alarmantes De Lavado De Activos [Actualización 2022] (renolon.com)

vas ascendieron al 3,6 % del PIB mundial, con un lavado del 2,7 % (o US$ 1,6 billones de dólares estadounidenses).[396]Del mismo modo, las autoridades nacionales que luchan contra el lavado de activos recuperan solo el 0.1 % de los fondos criminales. El 90 % del dinero lavado pasa desapercibido.[397]Además, las transacciones criminales de criptomonedas en 2019 representaron 21.4 mil millones de dólares estadounidenses en comparación con 10 mil millones de dólares estadounidenses en 2020.[398]

Entonces y con el fin de proporcionar una visión general del estado de los esfuerzos mundiales para hacer frente a la delincuencia financiera transnacional, el GAFI, por primera vez desde su creación, publicó *El Informe Sobre El Estado De La Eficacia Y El Cumplimiento De Las Normas Del GAFI*. Aunque el informe dice que los países han logrado un gran progreso en la mejora del cumplimiento técnico de las normas internacionales que regulan la lucha contra el crimen financiero transnacional mediante el establecimiento y la promulgación de una amplia gama de leyes y regulaciones para abordar mejor el control al lavado de activos, el terrorismo y el financiamiento de la proliferación, muchos países aún enfrentan desafíos sustanciales para tomar medidas efectivas acordes con los riesgos que enfrentan.[399]

Sobre la base de las conclusiones del informe, se pueden identificar los siguientes problemas actuales:

1.1. *Los países enfrentan problemas para comprender el riesgo de la delincuencia financiera transnacional*

Para el GAFI,[400]los países necesitan mejorar tanto su comprensión del lavado de dinero y el financiamiento del terrorismo, como forta-

---

396 Dinero ilícito: ¿Cuánto Hay? (unodc.org)

397 24+ Estadísticas Alarmantes De Lavado De Activos [Actualización 2022] (renolon.com)

398 24+ Estadísticas Alarmantes De Lavado De Activos [Actualización 2022] (renolon.com)

399 Véase Informe Sobre El Estado De Efectividad Y Cumplimiento De Las Normas Del GAFI (fatf-gafi.org)

400 Véase Informe Sobre El Estado De Efectividad Y Cumplimiento De Las Normas Del GAFI (fatf-gafi.org).

lecer la implementación efectiva de políticas basadas en el riesgo". Muchos países "aún no han tenido tiempo de implementar políticas y coordinarse con organismos públicos y no públicos para responder de manera efectiva al riesgo de los delitos financieros.[401]Aunque casi todos los países han completado una evaluación inicial de su riesgo de lavado de activos y financiamiento del terrorismo, las evaluaciones de riesgo muestran que muchos países se encuentran en las etapas iniciales de desarrollo de marcos jurídicos para enfrentar el lavado de activos, la financiación del terrorismo y la financiación de la proliferación basados en el riesgo. Los países deben continuar compartiendo evaluaciones de sus riesgos nacionales y de otro tipo y actualizarlos lo más ampliamente posible con las autoridades pertinentes.[402]

1.2. Los países se enfrentan a problemas de prevención y supervisión

Las pequeñas instituciones financieras y el sector no financiero, como los agentes de bienes raíces, abogados y contadores, generalmente tienen una mala comprensión del riesgo de delitos financieros y enfrentan dificultades para mitigarlos. El 97 % de los 120 países evaluados mostraron calificaciones de efectividad bajas a moderadas para prevenir la delincuencia financiera transnacional en el sector privado. El reporte señala que el sector no financiero tiene un desempeño deficiente en términos de conciencia del riesgo y aplicación de medidas preventivas para mitigar ese riesgo.[403] El reporte señala de la misma manera que las entidades del sector privado necesitan un cambio de cultura en la aplicación de un verdadero enfoque basado en el riesgo para llevar a cabo la debida diligencia del cliente, mantener registros y presentar informes de transacciones sospechosas.[404] El reporte dice

---

401 Véase Informe Sobre El Estado De Efectividad Y Cumplimiento De Las Normas Del GAFI (fatf-gafi.org).

402 Véase Informe Sobre El Estado De Efectividad Y Cumplimiento De Las Normas Del GAFI (fatf-gafi.org).

403 Véase Informe Sobre El Estado De Efectividad Y Cumplimiento De Las Normas Del GAFI (fatf-gafi.org).

404 Véase Informe Sobre El Estado De Efectividad Y Cumplimiento De Las Normas Del GAFI (fatf-gafi.org).

que el marco de supervisión de las leyes y reglamentos y las facultades de los supervisores que ejercen el control y la vigilancia a las entidades pertinentes son ineficientes. El informe concluye que solo el 10 % de los sistemas de supervisión de los países demostraron eficacia. Los países deben priorizar la implementación efectiva de los marcos de supervisión, particularmente en el sector no financiero.[405]

1.3. Los países enfrentan problemas para monitorear y hacer cumplir la titularidad verdadera de sociedades comerciales y demás personas jurídicas para fomentar la transparencia corporativa:

Las empresas ficticias anónimas pueden utilizarse para lavar el producto de delitos de cuello blanco, como la corrupción (caso Odebrecht) o la manipulación del mercado de valores (caso Interbolsa) y evasión fiscal. El informe subraya el hecho de que los países están teniendo dificultades para evitar que las empresas fantasmas anónimas se utilicen con fines ilícitos. Los estándares del GAFI cubren los requisitos de transparencia en la titularidad verdadera y real de la propiedad societaria, ya que las empresas ficticias anónimas son uno de los métodos más utilizados para lavar el producto del delito y la corrupción.[406] Además, solo alrededor de la mitad (52 %) de las jurisdicciones (países) evaluadas cuentan con leyes y estructuras regulatorias adecuadas. Sin embargo, los países no están implementando efectivamente estas leyes, con solo el 9 % de los países son sustancialmente efectivos en el cumplimiento en esta área. Los países deben priorizar sus esfuerzos y demostrar mejoras en el registro mercantil, la presentación de informes y la verificación de la información relativa a la verdadera titularidad de la propiedad societaria de las personas jurídicas.[407]

---

405 Véase Informe Sobre El Estado De Efectividad Y Cumplimiento De Las Normas Del GAFI (fatf-gafi.org).

406 Véase Informe Sobre El Estado De Efectividad Y Cumplimiento De Las Normas Del GAFI (fatf-gafi.org).

407 Véase Informe Sobre El Estado De Efectividad Y Cumplimiento De Las Normas Del GAFI (fatf-gafi.org).

Además el reporte señala que las autoridades nacionales competentes deben poder acceder rápidamente a información precisa y actualizadas sobre actividades y transacciones de alto riesgo, como transacciones con acciones al portador y relaciones con sociedades gobernadas por nominados o testaferros empresariales, con el objetivo de mitigar el riesgo de delitos financieros transnacionales.[408] Por último, los países, señala el reporte, deben promulgar normas más estrictas para la titularidad real de las personas jurídicas, incluido el establecimiento de un registro de beneficiarios o dueños reales, porque esas normas ayudarán a los países a prevenir el enriquecimiento ilícito y el lavado de activos. La transparencia en este sentido ayudará a rastrear los activos de delincuentes y terroristas, y evitará la evasión fiscal, lo que ayudará a evitar que los delincuentes, los servidores públicos corruptos y los evasores de sanciones del Consejo de Seguridad de la ONU oculten sus actividades ilícitas y dinero criminal detrás de compañías ficticias.[409]

1.4. Problemáticas relativas a los sistemas de justicia penal para el lavado de activos y la financiación del terrorismo y el uso de la cooperación internacional

Aunque la mayoría de los países tienen Unidades de Inteligencia Financiera, autoridades designadas para investigaciones financieras (tanto para el lavado de activos como para la financiación del terrorismo) y especialistas encargados de la recuperación de activos para identificar y confiscar el producto del delito, los países aún enfrentan dificultades para investigar penalmente y juzgar penalmente casos de crimen financiero transfronterizos de alto perfil, señala el reporte GAFI.[410]En consecuencia, dice el reporte, los procesos penales de lavado de activos y financiamiento del terrorismo siguen siendo mínimos en la mayoría de los países, particularmente para casos comple-

---

408 Véase Informe Sobre El Estado De Efectividad Y Cumplimiento De Las Normas Del GAFI (fatf-gafi.org).

409 Véase Informe Sobre El Estado De Efectividad Y Cumplimiento De Las Normas Del GAFI (fatf-gafi.org).

410 Véase Informe Sobre El Estado De Efectividad Y Cumplimiento De Las Normas Del GAFI (fatf-gafi.org).

jos o casos que involucran un elemento transfronterizo, y a pesar de la existencia de una cooperación internacional entre países.[411] Además, las condenas por lavado de activos a menudo no están en línea con los principales riesgos identificados dentro de cada país. El caso Interbolsa refleja la anterior preocupación expuesta por el reporte GAFI. Veamos entonces a continuación el análisis del caso Interbolsa

Juan Carlos Portilla, delitos de cuello blanco, interbolsa, OICV y derecho internacional

Ámbito Jurídico (2022)

"Edwin Hardin Sutherland, sociólogo de la Universidad de Chicago, acuñó el concepto del delincuente de cuello blanco, desafiando creencias de que un aristócrata no quebrantaba la ley. Para el FBI, estos delincuentes engañan y no usan fuerza. ¿Motivación? Obtener dinero. La impunidad es la regla. Esto fue Interbolsa: ni justicia para responsables, ni verdad, y nula reparación para víctimas. Este noviembre, hace 9 años, el Gobierno ordenó su liquidación. Debido al aniversario, estudiemos el caso Interbolsa bajo los principios de regulación del mercado de valores de la Organización Internacional de Comisiones de Valores (OICV). Primero, veamos el origen de la OICV, su naturaleza jurídica bajo el derecho internacional y su función de legislador mundial de los mercados bursátiles para entender Interbolsa.

OICV

En 1983, 11 supervisores del mercado de valores de América transformaron su asociación en un cuerpo global de cooperación para estos mercados. Un año después, supervisores de Francia, Indonesia, Corea y Reino Unido fueron los primeros entes extrarregionalas en unirse a la naciente OICV. Actualmente, más de 130 supervisores son miembros ordinarios de OICV, incluyendo a la Superintendencia Financiera de Colombia. La OICV no se constituyó por tratado internacional sujeto a ratificación, sino como entidad sin ánimo de lucro bajo leyes canadienses. Entes descentralizados (supervisores) adscritos al sector central del gobierno son miembros de la OICV. Lo anterior originó una diplomacia tecnócrata y bursátil global. Hoy, OICV es un foro de supervisores promulgando principios regulando el mercado de valores, trabajando de la mano del G-20

411 Véase Informe Sobre El Estado De Efectividad Y Cumplimiento De Las Normas Del GAFI (fatf-gafi.org).

y con la Junta de Estabilidad Financiera, con la meta de lograr estabilidad de los mercados globales.

Principios OICV

OICV protege los consumidores de servicios financieros contra la manipulación del mercado bursátil, garantiza que los mercados sean justos, eficientes y transparentes y la reducción del riesgo sistémico. OICV promulga principios relativos a la aplicación de la regulación del mercado, abordando la capacidad del regulador para tomar medidas preventivas y proteger los consumidores de servicios financieros del fraude. Existen principios relativos a las sociedades comisionistas de bolsa (SCB), las cuales deberán operar con diligencia debida, evitando colocar sus propios intereses por encima de los de sus clientes y garantizar así la integridad del mercado. Deben tener controles (gobierno corporativo) y cumplir sus obligaciones regulatorias. El equipo directivo de una SCB y su auditoría son responsables de asegurar esos controles. OICV recoge los deberes fiduciarios de una agencia bajo la cual una SCB debe seguir a la luz de la teoría del principal (clientes)-agente (SCB). Cuando esta relación de agencia (protegida por OICV) se incumple por parte de una SCB, entonces el mercado puede experimentar una manipulación fraudulenta de valores, estafa, lavado de dinero, administración desleal y la insolvencia de una SCB. Esto es lo que pasó con Interbolsa.

Interbolsa

Entre el 2010 y el 2012, el Gobierno falló al no ejercer una preventiva supervisión sobre Interbolsa, permitiéndoles manipular sin control el precio de la acción de Fabricato. Interbolsa y sus aliados buscaron inflar el precio de tal acción a través de su manipulación, queriendo enajenar a Fabricato a un comprador cuando su precio estuviera en niveles deseados. Entre noviembre del 2010 y el 1° de noviembre del 2012, la acción de Fabricato pasó de $26 a $91. Esto se efectuó a través operaciones repos, bajo los cuales se entregaba la acción en garantía respaldando préstamos por un plazo no mayor a 90 días. Los repos le daban a Interbolsa y sus aliados artillería (liquidez) para manipular su precio. En el 2013, la Fiscalía imputó cargos a Alessandro Corridori por delitos de concierto para delinquir, manipulación de valores inscritos en el registro nacional de valores y administración desleal. Interbolsa y Corridori fueron señalados de usar dineros de clientes para inflar el precio de la acción de Fabricato. También incumplieron normas del sector realizando la compra de Fabricato sin una oferta pública de adquisición. El Gobierno falló a los ahorradores de Interbolsa al no protegerlos contra el fraude.

El Fondo Premium Capital Appreciation era controlado y usado por Interbolsa para estafa agravada, abuso de confianza, utilización indebida de fondos captados del público, operaciones no autorizadas con accionistas, evasión fiscal y lavado de dinero. El fondo fue constituido en Curazao, paraíso fiscal, en el 2000. No estuvo declarado ante la Dian. La evasión, según la Dian, llegó a 50 millones de dólares. Interbolsa, agente corresponsal del fondo en Colombia, captaba ahorros de sus clientes en Colombia con la promesa de invertirlos en el exterior. Los clientes confiaban sus ahorros a ellos, pero nunca sospecharon que Interbolsa, una vez los recursos llegaban a Curazao, los repatriaba a Colombia hacia compañías controladas por Interbolsa (Valores Incorporados S. A. y Rentafolio Bursátil). Así, los dineros eran utilizados para especular con las acciones de Fabricato o para préstamos a socios de Interbolsa. Interbolsa no actuó con transparencia frente a sus clientes colocando sus intereses por encima de los de sus ahorradores, comprometiendo la integridad del mercado y violando los principios OICV.

Las víctimas e impunidad

De las víctimas (más de 1.500) de Interbolsa, solo 492 han sido reconocidas por el Gobierno. Estas reclamaron la suma de 254.000 millones de pesos. No obstante, solo recuperaron 65.000 millones de pesos. Entre ellas, encontramos miles de colombianos que entregaron sus ahorros a Interbolsa y a AFP Protección, Alianza Fiduciaria, la Universidad Santo Tomás (sedes Bucaramanga y Tunja) y el BBVA, a quien Interbolsa no le pagó un crédito de 17.000 millones de pesos. ¿Le cabe al Estado colombiano responsabilidad por falla del servicio de supervisión sobre Interbolsa? Si en Colombia no hubiese posibilidad de justicia, verdad y reparación después de agotar todas nuestras instancias administrativas y judiciales, ¿procedería entonces el Sistema Interamericano de Derechos Humanos?

El caso Interbolsa desnudó la falta de preparación de la justicia para juzgar delitos bursátiles, como manipulación del mercado, uso indebido de información privilegiada, uso de paraísos fiscales con fines criminales u operaciones de ventas cortas que cruzan lo penal. En agosto del 2020, se supo que el juez 33 de Bogotá decretó la prescripción de los delitos por los que estaba siendo juzgado Alessandro Corridori, del caso Interbolsa.

Con Interbolsa, se violaron objetivos de regulación del mercado de valores de la OICV, a la cual nuestra Superintendencia Financiera es miembro. Los delincuentes de cuello blanco no usan fuerza en sus delitos, sino que engañan a aquellos quienes pecan al confiar bajo una relación de principal-agente".

Otro de los problemas relativos a los sistemas de la justicia penal relacionado con el lavado de activos es el decomiso y la recuperación de activos. Para el reporte GAFI solo se recupera una pequeña fracción de todo el producto del delito.[412]Aunque el GAFI y sus Miembros se han comprometido a encabezar los esfuerzos mundiales para fortalecer los marcos jurídicos de los países para la recuperación de activos criminales y el marco legal de las redes regionales que apoyan la recuperación y repatriación transfronteriza de activos criminales, es necesario crear un sistema eficaz que prive a los delincuentes del goce de sus ganancias, erradicar la actividad delictiva y proteger el sistema financiero. Por lo tanto, las organizaciones internacionales, como el GAFI, deben tomar medidas para ayudar a los países a abordar las deficiencias en la recuperación de activos identificadas como criminales en la evaluación de sus marcos jurídicos nacionales, y para apoyar las iniciativas internacionales para aumentar la recuperación del producto del delito.[413]

Además, el reporte GAFI señala que la necesidad de capacitar de manera permanente a investigadores, fiscales y jueces sobre actividades y transacciones complejas de delitos financieros transnacionales, como el uso de información privilegiada, los esquemas de manipulación del mercado y el fraude transnacional, debe ser una prioridad tanto para las organizaciones internacionales como para las autoridades nacionales de los países de la comunidad internacional.[414]El informe también subraya la falta de experiencia entre los fiscales contra los delitos financieros transnacionales. Afirma que el bajo porcentaje de investigadores/fiscales para llevar a cabo actividades de investigacion sobre lavado de activos o para identificar, rastrear e incautar ganancias no tienen las habilidades adecuadas en investigaciones del crimen financiero y rastreo de activos.[415]

---

412 Véase Informe Sobre El Estado De Efectividad Y Cumplimiento De Las Normas Del GAFI (fatf-gafi.org).

413 Véase Informe Sobre El Estado De Efectividad Y Cumplimiento De Las Normas Del GAFI (fatf-gafi.org).

414 Véase Informe Sobre El Estado De Efectividad Y Cumplimiento De Las Normas Del GAFI (fatf-gafi.org).

415 Véase Informe Sobre El Estado De Efectividad Y Cumplimiento De Las Normas Del GAFI (fatf-gafi.org).

Además, dice el reporte GAFI, que la mayoría de los países necesitan hacer un mejor uso de la inteligencia financiera, las investigaciones, los procesos penales, las condenas y la incautación, confiscación y recuperación de activos para lograr un marco de justicia penal holístico eficaz para combatir el lavado de activos, en particular el lavado de activos complejo y transfronterizo.[416]Es relevante señalar acá que el caso Odebrecht fue un complejo caso de corrupción y lavado de activos transnacional, el cual desnudó las limitaciones que los países enfrentan al combatir el crimen financiero transnacional y que el GAFI señala en su reporte. Además, a las organizaciones internacionales les preocupa que solo el 19% de las 120 jurisdicciones evaluadas estén demostrando niveles altos o sustanciales de efectividad en la investigación penal, juzgamiento y condena de delitos de lavado de activos y el decomiso de los activos producto del crimen.[417]Como consecuencia, señala el reporte, los países deben mejorar significativamente el funcionamiento de los marcos de justicia penal aumentando la capacitación para fiscales y jueces a cargo de los procesos penales relativos a los crímenes financieros transnacionales, priorizando las operaciones de lavado de activos a gran escala y apuntando a las redes de financiamiento del terrorismo en línea con sus propios riesgos, así como aplicar sanciones penales proporcionadas al crimen financiero transnacional cometido y disuasorias frente a las organizaciones criminales dedicadas a los delitos financieros transnacionales.[418]

Asimismo, la cooperación internacional, señala el reporte GAFI, debe ser un componente esencial de un sistema nacional eficaz contra el lavado de activos y el financiamiento del terrorismo. Un sistema eficaz es aquel en el que las autoridades componentes se relacionan con sus homólogos extranjeros para localizar delincuentes, recuperar activos e intercambiar pruebas, inteligencia e información.[419] Sin em-

---

416 Véase Informe Sobre El Estado De Efectividad Y Cumplimiento De Las Normas Del GAFI (fatf-gafi.org).

417 Véase Informe Sobre El Estado De Efectividad Y Cumplimiento De Las Normas Del GAFI (fatf-gafi.org).

418 Véase Informe Sobre El Estado De Efectividad Y Cumplimiento De Las Normas Del GAFI (fatf-gafi.org).

419 Véase Informe Sobre El Estado De Efectividad Y Cumplimiento De Las Normas Del GAFI (fatf-gafi.org).

bargo, el alcance y la velocidad a la que se está llevando a cabo esta cooperación no parecen alinearse con las investigaciones con un elemento transfronterizo, actividades conjuntas de supervisión y recuperaciones administrativas de activos. Esto sugiere que el nivel actual de cooperación internacional no está teniendo un impacto en el éxito o la eficacia de las investigaciones relacionadas con el lavado de activos, financiación del terrorismo y la recuperación de los activos producto del crimen.[420]

Además, en el informe GAFI se sugieren algunas medidas para superar los problemas de cooperación internacional. El reporte GAFI establece que para aumentar los niveles generales de cooperación internacional, cuando sea posible y estratégicamente valioso, los países deben establecer oficiales de enlace dedicados a trabajar de tiempo completo en el extranjero para facilitar los intercambios y las investigaciones conjuntas en casos complejos de crímenes financieros que involucran múltiples jurisdicciones.[421]Los países, dice el reporte GAFI, deben buscar y proporcionar información con mayor frecuencia para abordar la brecha mundial en la identificación y realización de investigaciones complejas (y a menudo transfronterizas) de lavado de activos.[422]

2. LOS PARAÍSOS FISCALES Y LA DELINCUENCIA FINANCIERA TRANSNACIONAL

Las jurisdicciones o países denominados paraísos fiscales han sido una pesadilla sin resolver para las organizaciones internacionales y para las autoridades nacionales de los países de la comunidad internacional cuando tratan de investigar delitos fiscales, corrupción extranjera, terrorismo internacional y lavado de activos cuando los actores criminales y sus activos tienen alguna relación con paraísos

---

420 Véase Informe Sobre El Estado De Efectividad Y Cumplimiento De Las Normas Del GAFI (fatf-gafi.org).

421 Véase Informe Sobre El Estado De Efectividad Y Cumplimiento De Las Normas Del GAFI (fatf-gafi.org).

422 Véase Informe Sobre El Estado De Efectividad Y Cumplimiento De Las Normas Del GAFI (fatf-gafi.org).

fiscales. En particular, las leyes de secreto bancario de los países denominados paraísos fiscales proporcionan a la delincuencia organizada los vehículos para ocultar el producto de la actividad delictiva y las identidades de las personas involucradas en la comisión de los delitos.

El siguiente artículo que se publicó en el blog de la revista de derecho internacional de la Universidad de Cambridge aborda el tema de los paraísos fiscales y propone una solución que podría provocar una reforma de las leyes de secreto bancario dentro de las jurisdicciones denominadas paraísos fiscales:

Juan Carlos Portilla, ¿provocaría la diplomacia una reforma de las leyes de secreto bancario en las jurisdicciones denominadas como paraísos fiscales?
Blog de la revista de derecho internacional Universidad de Cambridge (2021)

"Mahatma Gandhi dijo: 'La tierra proporciona lo suficiente para satisfacer las necesidades de cada hombre, pero no la codicia de cada hombre.' Estas palabras del líder para la independencia de la India de los británicos expresan lo que está sucediendo con los políticos corruptos y las corporaciones codiciosas cuando cometen delitos financieros con la ayuda de jurisdicciones denominadas paraísos fiscales. Las jurisdicciones de paraísos fiscales ofrecen a las personas y empresas extranjeras poca o ninguna obligación fiscal y no requieren residencia o presencia comercial para beneficiarse de sus políticas fiscales.

Los delitos financieros que involucran jurisdicciones del paraíso fiscal, como las Islas Caimán, Hong Kong o Luxemburgo, son un fenómeno global.

Globalización de la delincuencia y las jurisdicciones denominadas paraísos fiscales

Los delitos financieros transnacionales relacionados y los paraísos fiscales no habrían florecido de no ser por la globalización. La globalización provoca una competencia regulatoria ineficiente. Las instituciones financieras insatisfechas con el marco jurídico de una jurisdicción (país) pueden ir de manera fácil y rápida a otras jurisdicciones con una supervisión más débil para captar capital o participar en transacciones financieras complejas de tipo transnacional.

Aun así, esta feroz competencia puede ser perjudicial para los países ya que los reguladores pueden desmantelar incluso regulaciones eficientes con la esperanza de atraer a ciertos tipos de empresas y capital a sus territorios. Además, la integridad del mercado puede verse socavada por este arbitraje internacional entre países por parte de empresas que pueden ser móviles en esta era de globalización.

El lavado de dinero, la corrupción y el fraude de valores son ejemplos de actividades delictivas financieras transnacionales que ocurren en jurisdicciones denominadas paraísos fiscales. El lavado de dinero alcanzó el 3,6 % del PIB mundial en 2009, con 1,6 billones de dólares lavados, según la Oficina de las Naciones Unidas contra la Droga y el Delito. Además, el advenimiento de las redes delictivas transnacionales dedicadas al crimen financiero transnacional es uno de los hijos de la globalización. Por ejemplo, el nuevo milenio trajo consigo el caso Odebrecht, el mayor caso de soborno extranjero de la historia, de acuerdo al Departamento de Justicia de los Estados Unidos. Odebrecht, una corporación brasileña, pagó más de US$780 millones de dólares en sobornos a personas políticamente expuestas (PEP) de países de todo el mundo. Odebrecht utilizó transacciones que no fueron incorporadas en sus estados financieros oficiales, cuentas en paraísos fiscales y compañías ficticias establecidas en las Islas Vírgenes Británicas, Belice y Antigua para facilitar su empresa criminal.

Las leyes de secreto bancario protegen la identidad y las transacciones de la clientela de las instituciones financieras de la divulgación a las cuales están obligadas en países no denominados paraísos fiscales. Un PEP involucrado en actividades de corrupción o individuos ricos involucrados en esquemas de evasión fiscal eligen paraísos fiscales para ocultar el producto de sus delitos. Bajo las leyes de secreto, los bancos se niegan a revelar información sobre sus clientes a terceros, incluidas las autoridades fiscales. Por ejemplo, el escándalo de los Papeles de Panamá expuso las cuentas bancarias abiertas en paraísos fiscales y que se utilizaron para ocultar fondos y las identidades de los titulares de cuentas a través de las protecciones del secreto bancario de los paraísos fiscales. Del mismo modo, la actividad de la delincuencia financiera transnacional es perjudicial para las naciones pobres. La corrupción, el soborno, el robo y la evasión fiscal, y otras actividades financieras ilícitas les cuestan a los países en desarrollo US$1,26 billones de dólares al año, de acuerdo al Foro Económico Mundial (FEM). Expertos del FEM dicen que estas cifras pueden representar el tamaño combinado de las economías de Suiza, Sudáfrica y Bélgica.

Las Naciones Unidas (ONU), el Grupo de Trabajo Financiero (GAFI) y el Comité de Basilea han abordado el lavado de activos, la corrupción y el financiamiento del terrorismo a través de convenciones internacionales (*hard law* por sus siglas en inglés) y normas financieras transfronterizas o recomendaciones (*soft law* por sus siglas en inglés). Sin embargo, las organizaciones internacionales no han podido provocar una reforma de la ley de secreto dentro de las jurisdicciones denominadas paraísos fiscales. ¿Puede la diplomacia de los Estados convertirse en la herramienta para lograr la reforma de la ley de secreto para las jurisdicciones denominadas paraísos fiscales? La respuesta es sí.

Diplomacia

Los Estados siguen siendo los protagonistas de la política internacional. Los Estados tienen intereses relevantes en esta área de la lucha contra el crimen financiero transnacional, como la protección de sus sistemas financieros de delitos fiscales, el lavado de dinero y el financiamiento del terrorismo. El FBI ha encontrado millones de dólares en ingresos que tenían que haber sido declarados ante la autoridad tributaria de los Estados Unidos ocultos en cuentas bancarias abiertas en paraísos fiscales. Los datos en los Estados Unidos sugieren que el gobierno federal puede perder has US$ 458 mil millones en ingresos por año debido a la evasión de impuestos. El lavado de activos y la financiación del terrorismo pueden poner en peligro la paz y la seguridad internacionales. Para el GAFI, el uso criminal y terrorista de los principales centros financieros, paraísos fiscales y centros bancarios extraterritoriales es posible por el gran volumen de transacciones legales que tienen lugar en estos centros financieros, lo que dificulta la detección de transacciones ilegales. Sin duda, los Estados tienen poderosos intereses para llevar a cabo la reforma de la ley de secreto bancario dentro de las jurisdicciones denominadas paraísos fiscales, porque quieren proteger sus sistemas financieros de la delincuencia financiera transnacional.

Además, los Estados denominados potencias económicas tienen el poder, a través de la diplomacia, de dar forma a la política internacional y al contenido del orden jurídico internacional. Esos Estados poderosos pueden obligar a los paraísos fiscales a aceptar reformas a la ley de secreto bancario, la cual no han querido emprender hasta ahora. La diplomacia es una herramienta que los Estados pueden utilizar para inducir una reforma de la ley de secreto para las jurisdicciones de paraísos fiscales. En particular, los Estados pueden recurrir a la cooperación y las sanciones para acabar con el velo de las leyes de secreto bancario de los paraísos fiscales. Por lo tanto, las normas que exigirían que las instituciones financieras de los paraísos fiscales revelen las identidades y transacciones de su clientela (a petición de una autoridad extranjera) pueden incluirse en sus leyes de secreto bancario.

¿Funcionaría la cooperación?

Si, siempre y cuando la cooperación pudiera ser un componente esencial de la política exterior de un Estado que lleve a cabo una investigación penal por delitos financieros transnacionales que involucran paraísos fiscales. Un Estado o un bloque de Estados dentro de una ubicación geográfica específica puede querer negociar acuerdos de cooperación bilaterales o multilaterales con países denominados paraísos fiscales. En dichos acuerdos deberían establecerse disposiciones de divulgación obligatoria. Con el paso del tiempo, el proceso de negociación, firma y ratificación de los acuerdos y sus disposiciones de divulgación obligatoria pueden convertirse en una práctica general y coherente de los Estados aceptados como ley (*Opinio Juris*). Por lo tanto, las disposiciones de divulgación obligatoria de información (identidad y transacciones) de la clientela de las instituciones financiera de los paraísos fiscales se incluirían en las leyes de secreto bancario de los paraísos fiscales; y eventualmente podrían convertirse en parte del corpus del derecho internacional consuetudinario —aunque tal obligación tardaría un tiempo en cristalizarse bajo la costumbre internacional— si esa práctica es aceptada por los Estados poderosos y por los países en desarrollo tocados por esta práctica.

Además, el Estado que este adelantando un proceso penal debe solicitar asistencia legal mutua a las jurisdicciones denominadas paraísos fiscales en las investigaciones de delitos financieros transnacionales. La asistencia judicial recíproca permite el intercambio de pruebas (registros bancarios y financieros) y el decomiso del producto del delito. La cooperación también debe incluir acuerdos entre autoridades extranjeras e instituciones financieras que operan dentro de las jurisdicciones de los paraísos fiscales. Por ejemplo, El 10 de diciembre de 2019, el Departamento de Justicia de los Estados Unidos anunció un acuerdo diferido con HSBC Private Bank (Suisse) SA, porque este banco con sede en Ginebra, Suiza, admitió haber ayudado a contribuyentes estadounidenses a ocultar ingresos y activos cercanos a los US$ 1.26 mil millones. Según el Departamento de Justicia de los Estados Unidos, HSBC Suiza empleó una variedad de métodos, incluido el uso del secreto bancario suizo para evitar la divulgación de las transacciones de sus clientes a las autoridades estadounidenses, utilizando nombres en clave y las cuentas numeradas a nombre de entidades nominadas establecidas en jurisdicciones denominadas paraísos fiscales, como las Islas Vírgenes Británicas, Liechtenstein y Panamá, las cuales ocultaron la titularidad real, verdadera y efectiva de las cuentas bancarias abiertas por sus clientes.

Para que la política de cooperación tenga éxito, deben existir mecanismos de cumplimiento. El cumplimiento como el grado en que el comportamiento del Estado se ajusta a lo que un acuerdo prescribe o proscribe. ¿Cumplirían los gobiernos de los paraísos fiscales los acuerdos de cooperación en virtud de los cuales se establecen disposiciones de divulgación obligatoria de las transacciones de sus clientes y su identidad? Los gobiernos de los paraísos fiscales cumplirían si tuvieran un gran interés en cumplir con lo que tales acuerdos prescribirían. Además, existen instrumentos internacionales que los Estados considerados potencias económicas pueden usar para provocar la reforma de la ley de secreto en los paraísos fiscales. Por un lado, los mecanismos de incentivo incluyen asistencia financiera y concesiones en las tasas arancelarias en las negociaciones de comercio exterior. Por otro lado, las herramientas de inducción al cumplimiento también implican el uso de la fuerza y las sanciones económicas.

Poniendo los dientes caninos de la diplomacia a trabajar

Las sanciones son herramientas de política exterior que han desplazado en gran medida a las intervenciones militares en la política internacional. Las sanciones tienen como objetivo obligar a un objetivo a cambiar su comportamiento. El Consejo de Seguridad de la ONU ha aplicado sanciones para apoyar transiciones pacíficas del poder, disuadir cambios no constitucionales, limitar el terrorismo, proteger los derechos humanos y promover la no proliferación. Sin embargo, el Consejo de Seguridad de la ONU no ha impuesto sanciones a las jurisdicciones denominadas paraísos fiscales para forzar reformas de sus leyes de secreto bancario. Esto es un fracaso para el Consejo de Seguridad de la ONU porque los lavadores de activos y los financiadores del terrorismo que operan a través de paraísos fiscales pueden proporcionar a los terroristas internacionales los medios financieros para amenazar la paz en cualquier lugar del mundo. Por ejemplo, los terroristas del 11 de septiembre utilizaron instituciones financieras extranjeras para retener, mover y recuperar su dinero. Por lo tanto, y con el objetivo de mantener la paz y la seguridad internacionales, los Estados poderosos en la política internacional deberían alentar al Consejo de Seguridad de la ONU a emitir sanciones a los países denominados paraísos fiscales para provocar la reforma de sus leyes de secreto bancario.

Las sanciones se dirigen contra terroristas, narcotraficantes, sectores económicos y regímenes asociados con violaciones de los derechos humanos fundamentales. Sin embargo, los países considerados paraísos fiscales no han sido objeto de sanciones con respecto a los delitos financieros transnacionales; y deberían. Los Estados también pueden necesitar acelerar el uso de sanciones contra ellos y sus instituciones financieras involucradas en delitos financieros transnacionales. El Fondo Monetario Internacional (FMI) calificó como paraísos fiscales líderes en el mundo a países como los Países Bajos, Luxemburgo e Irlanda, junto con Hong

Kong, Singapur y Suiza, así como a varias jurisdicciones británicas de ultramar. No obstante, no se les han impuesto sanciones por delitos financieros transnacionales.

En conclusión, las leyes de secreto bancario de los paraísos fiscales proporcionan a las redes delictivas transnacionales protección contra la revelación de sus identidades y transacciones. Este es un problema global que requiere una solución global. Sin embargo, las organizaciones internacionales no han logrado una reforma de la ley de secreto dentro de las jurisdicciones denominadas paraísos fiscales a través del derecho internacional. Por lo tanto, la diplomacia de los Estados puede ser el santo grial para reformar las leyes de secreto de las jurisdicciones denominadas paraísos fiscales".

Capítulo 7
CUATRO VÍAS PARA MITIGAR LA DELINCUENCIA FINANCIERA TRANSNACIONAL

1. ¿DEBE LA COOPERACIÓN INTERNACIONAL SER EL CENTRO DE GRAVEDAD DE LA POLÍTICA EXTERIOR PARA COMBATIR LA DELINCUENCIA FINANCIERA TRANSNACIONAL?

Sí. La primera vía es hacer de la cooperación internacional contra la delincuencia financiera transnacional el centro de gravedad de la política exterior de cada gobierno nacional perteneciente a la comunidad internacional de Estados. Para el GAFI, la cooperación internacional es un componente esencial de un sistema nacional eficaz contra el lavado de activos y el financiamiento del terrorismo. Un sistema eficaz es aquel en el que las autoridades encargadas de hacer cumplir la ley y otras autoridades competentes colaboran con sus homologas extranjeras para localizar delincuentes, recuperar activos e intercambiar pruebas, inteligencia e información.[423] Además, la cooperación internacional es importante y efectiva no solo para sistemas nacionales contra el crimen financiero, sino también para fortalecer la lucha global contra el lavado de activos, el financiamiento del terrorismo y el financiamiento de la proliferación. Por lo tanto, la cooperación internacional debe proporcionar información apropiada, inteligencia financiera y pruebas, y facilitar la acción contra el crimen organizado, sus finanzas y sus activos.[424]

---

423 Véase Informe sobre el estado de efectividad y cumplimiento de las normas del GAFI (fatf-gafi.org).

424 Véase Informe sobre el estado de efectividad y cumplimiento de las normas del GAFI (fatf-gafi.org).

- **Caso Hipotético:**

El aspecto clave de la cooperación internacional es otorgar a las autoridades competentes del Estado A acceso a las pruebas presentadas en el extranjero (Estado B) para la respectiva investigación penal por parte del Estado A de las personas y organizaciones dedicadas a la delincuencia financiera transnacional. Las pruebas reunidas a través de los instrumentos formales de cooperación internacional pueden ser admisibles en procedimientos judiciales en el Estado A. Como tal, las autoridades competentes del Estado A y del Estado B pueden intercambiar información a través de instrumentos jurídicos de cooperación internacional.[425]

1.1. *Instrumentos jurídicos de cooperación internacional*

- **Acuerdos de asistencia judicial recíproca:** Los tratados de asistencia judicial recíproca proporcionan una base jurídica para la transmisión de pruebas que pueden utilizarse en la investigación penal sobre lavado de activos u otros crímenes financieros transnacionales y para los procedimientos judiciales respectivos.[426] Como tal, la asistencia jurídica en virtud de estos tratados puede incluir la obtención de pruebas documentales y declaraciones de personas; suministro de información y registros, incluidos antecedentes penales, registros judiciales y registros gubernamentales; la ubicación de personas y objetos, incluida su identificación; registro e incautación; entrega de bienes; poner a disposición a las personas detenidas y a otras personas para que presten declaración o presten asistencia en las investigaciones; notificación de edictos judiciales, incluidos aquellos que solicitan la comparecencia de personas; medidas para localizar, restringir y decomisar el producto del delito; y otra asistencia compatible con los objetivos de los tratados.[427]

---

425 Véase Informe sobre el estado de efectividad y cumplimiento de las normas del GAFI (fatf-gafi.org).

426 Guía de estudio ACAMS página 222.

427 Ibid.

Los procedimientos de asistencia judicial recíproca son los siguientes:

- Un país solicitante, a través de su autoridad central (usualmente a través de los ministerios de relaciones exteriores), prepara y envía una comisión rogatoria (comisiones rogatorias o carta rogatoria). Esta comisión rogatoria incluye las pruebas buscadas por el país solicitante, la naturaleza de la solicitud, los cargos penales en el país solicitante y la disposición legal bajo la cual se realiza la solicitud.[428]
- La autoridad central del país que recibe la comisión rogatoria la envía a un investigador penal o fiscal local para averiguar si la información está disponible.[429]
- A continuación, un investigador o fiscal del país solicitante visita el país donde se solicita la información y acompaña al investigador o fiscal local durante las visitas o cuando se toman declaraciones.[430]
- El investigador o fiscal pide permiso a la autoridad central para trasladar las pruebas al país solicitante.[431]
- La autoridad central envía las pruebas a la autoridad central requirente, satisfaciendo así la solicitud de asistencia judicial recíproca. Puede ser posible que los testigos locales deban asistir a las audiencias judiciales en el país solicitante.[432]
- Es importante y relevante señalar que existen otros acuerdos de asistencia judicial recíproca con fines de embargo preventivo y decomiso cuando el producto del delito se encuentra en el extranjero.

• **Extradición:** La extradición se refiere al procedimiento formal por el cual un Estado transfiere la custodia de un fugitivo o una persona acusada de haber cometido un delito penal a otro

---

428 Ibid.
429 Ibid.
430 Ibid.
431 Ibid.
432 Ibid.

Estado para los efectos de llevar a cabo el respectivo proceso penal iniciado por el Estado que requiere la extradición de tal acusado. La extradición internacional generalmente está regulada por tratados. En la mayoría de los casos, los tratados bilaterales entre dos países establecerán las normas que rigen la extradición de individuos. Sin embargo, es relevante indicar que para el Estado que extradita al acusado el proceso de extradición siempre se basa en el derecho interno porque implica la renuncia a la jurisdicción sobre la persona en cuestión que va a ser extraditada.[433] La mayoría de los Estados tienen sistemas constitucionales y legales diseñados para proporcionar las garantías procesales al individuo que está siendo solicitado en extradición.

- La actual red mundial de tratados bilaterales de extradición es vasta y refleja las diferencias en las leyes y políticas nacionales de los países de la comunidad internacional.[434] Varios tratados y acuerdos multilaterales contienen procedimientos de extradición, en particular bajo los auspicios de organizaciones regionales. Dentro de la Organización de los Estados Americanos (OEA), por ejemplo, varios de sus Estados miembros han ratificado la Convención Interamericana sobre Extradición de 1981.[435] Asimismo, tanto el Consejo de Europa como la Unión Europea han adoptado tratados de extradición. Algunos Estados, entre ellos los Estados Unidos, prefieren tratados bilaterales para efectuar la extradición. Los Estados Unidos son actualmente parte en más de 100 tratados bilaterales de extradición.[436]

Como se había señalado anteriormente, la extradición es un instrumento de cooperación judicial internacional, con el cual se busca combatir el crimen transnacional, incluyendo el crimen financiero transnacional, y de esta manera garantizar la administración de

---

433 Véase DAVID LUBAN ET AL., DERECHO PENAL INTERNACIONAL Y TRANSNACIONAL 501 (2010) páginas 389 y 390

434 *Op. Cit.* página 391.

435 Ibid. página 392.

436 Ibid. página 392.

justicia e idealmente reparación a las víctimas del crimen financiero transnacional (caso Interbolsa). La extradición permite que la persona que sea solicitada por algún Estado pueda ser juzgada y cumpla la condena que se le haya impuesto en el país solicitante.

Caso Colombiano

En el caso colombiano, para que exista un proceso de extradición de un individuo de Colombia a otro país, es necesario que llegue al Ministerio de Relaciones Exteriores de Colombia una solicitud de captura con fines de extradición. De esa manera, la cancillería de Colombia debe hacer llegar esta notificación a la fiscalía general de la Nación, la cual hace efectiva la captura del acusado.

El Art. 509 Ley 906 de 2004 establece:

> *El fiscal general de la Nación decretará la captura de la persona requerida tan pronto conozca la solicitud formal de extradición, o antes, si así lo pide el Estado requirente, mediante nota en que exprese la plena identidad de la persona, la circunstancia de haberse proferido en su contra sentencia condenatoria, acusación o su equivalente y la urgencia de tal medida.*[437]

La norma otorga la posibilidad de que el Estado solicitante de la extradición dirija la nota directamente al fiscal general de la Nación. Si el individuo solicitado en extradición es capturado por las autoridades competentes, el Estado solicitante de la extradición tiene 60 días después de la captura, para formalizar la solicitud de extradición. De llegar a vencerse este plazo, el individuo solicitado en extradición debe quedar en libertad. La cancillería colombiana, una vez recibe el expediente respectivo, transfiere el expediente al Ministerio de Justicia de Colombia. Este último verifica la información y si todos los documentos en el expediente cumplen con los requisitos de ley, remite el expediente a la Corte Suprema de Justicia de Colombia para efectos de su competencia y jurisdicción. La Corte Suprema de Justicia de Colombia estudia el caso, los elementos probatorios y la documentación alegada al expediente. La Corte Suprema puede emitir un concepto

---

437 Véase Artículo 509 de la Ley 906 de 2004 por la cual se expide el Código de Procedimiento Penal de Colombia.

favorable a la solicitud de extradición. La Corte Suprema luego remite el expediente con el fallo que concede la extradición de nuevo al Ministerio de Justicia de Colombia y asimismo este se lo remite a la cancillería colombiana.

El Gobierno Nacional de la República de Colombia deberá transmitir su decision de aprobar o denegar la extradición del individuo solicitado en extradición a la embajada del país solicitante de la extradición. El Estado que solicita la extradición debe emitir un acto administrativo por medio del cual se ofrecen unas garantías judiciales al individuo solicitado en extradición. Dicha resolución se entregará a la cancillería de Colombia y que esta entregará al Ministerio de Justicia de Colombia. El Ministerio de Justicia de Colombia procede a remitir dicha comunicación a la fiscalía general de la Nación para que esta entidad entregue al individuo solicitado en extradición a las autoridades del país solicitante de la extradición.

Caso Estados Unidos de América

Para Luban, O'Sullivan y Stewart,[438]si bien el contenido y las formalidades de una solicitud efectiva de extradición internacional se rigen normalmente por el tratado o acuerdo internacional pertinente, los aspectos procesales de la extradición son en gran medida una cuestión de derecho interno, como se señaló anteriormente. Por ejemplo, la solicitud de extradición de los Estados Unidos para obtener la custodia de una persona nacional y domiciliada en países extranjeros se origina con el fiscal con jurisdicción en el caso. A nivel federal, una solicitud será transmitida por el fiscal estadounidense correspondiente directamente a la Oficina de Asuntos Internacionales (OIA) del Departamento de Justicia de los Estados Unidos.

Luban, O'Sullivan y Stewart[439] dicen que tras determinar que la extradición se autorizaría en virtud del tratado pertinente y las disposiciones aplicables de la legislación de los Estados Unidos, los abogados de la Oficina de Asuntos Internacionales del Departamento de

---

438 Véase DAVID LUBAN ET AL., DERECHO PENAL INTERNACIONAL Y TRANSNACIONAL 501 (2010) página 391.

439 Ibid. página 392.

Justicia de los Estados Unidos colaboran con la fiscalía para preparar la documentación soporte del proceso de solicitud de extradición. Dicha documentación a menudo incluye una declaración jurada en la que el fiscal resume los hechos, declara el delito imputado y relaciona estos cargos con el tratado pertinente; una copia de la violación del código penal aplicable y el estatuto que rige la prescripción penal para el delito (s) en cuestión; una copia de la orden de detención y del auto o resolución de acusación; y otras declaraciones juradas como material de apoyo. El Departamento de Justicia de los Estados Unidos revisa esta documentación para verificar el cumplimiento del tratado pertinente y cualquier requisito bajo las leyes del Estado requerido antes de enviarla al Departamento de Estado de los Estados Unidos. A su vez, el Departamento de Estado de los Estados Unidos examina la solicitud a la luz de las disposiciones del tratado y prepara la solicitud formal para ser firmada por el secretario de Estado de los Estados Unidos.[440] Esa solicitud se transmite por vía diplomática al Ministerio de Relaciones Exteriores del Estado en cuestión.[441]

- **Tratados Multilaterales:** Los tratados multilaterales involucran a varios Estados que negocian, firman y ratifican el acuerdo multilateral de cooperación internacional. Los tratados multilaterales de cooperación internacional se centran en la reciprocidad.[442]
- **Tratados Bilaterales:** Los tratados bilaterales involucran a dos Estados que negocian, firman y ratifican el tratado bilateral para la cooperación internacional. Los tratados bilaterales para la cooperación internacional también se centran en la reciprocidad.[443]

440 Ibid. página 392.

441 Ibid página 392.

442 Informe sobre el estado de efectividad y cumplimiento de las normas del GAFI (fatf-gafi.org).

443 Ibid.

1.1.1. Eficacia de la cooperación internacional para luchar contra la delincuencia financiera transnacional

Para el GAFI, el resultado inmediato de los estándares de cooperación internacional es que los Estados a través de la cooperación internacional pueden entregar información apropiada, inteligencia financiera y evidencia, y facilitar la acción contra el crimen organizado transnacional y sus activos.[444] De acuerdo a los resultados sobre el estado de efectividad y cumplimiento de las normas del GAFI, los países que tuvieron un buen desempeño con respecto a la cooperación internacional demostraron muchos de los siguientes rasgos:

- Las autoridades pertinentes proporcionan o buscan información como asistencia judicial recíproca y extradición a través de canales formales...
- Las autoridades pertinentes llevaron a cabo esfuerzos razonables para atender las solicitudes y superar los obstáculos comunes a las cooperaciones internacionales (como cuestiones legislativas, como umbrales probatorios elevados o requisitos estrictos para evitar la doble incriminación).[445]

Para el GAFI, los países pertenecientes a la comunidad internacional están cooperando efectivamente con sus homólogos internacionales. Las calificaciones de cumplimiento técnico y efectividad sobre cooperación internacional se encuentran entre las más altas, con la mitad de todas las jurisdicciones demostrando un nivel satisfactorio de efectividad ... Más del 80 % de las jurisdicciones evaluadas del GAFI son eficaces en la implementación de medidas para garantizar la cooperación internacional. Por otro lado, alrededor del 60 % de las jurisdicciones que hacen parte de los organismos regionales similares al GAFI necesitan mejoras fundamentales importantes para que su sistema de cooperación internacional sea lo suficientemente efectivo.[446]

---

[444] Ibid.

[445] Informe sobre el estado de efectividad y cumplimiento de las normas del GAFI (fatf-gafi.org).

[446] Informe sobre el estado de efectividad y cumplimiento de las normas del GAFI (fatf-gafi.org).

1.1.2. ¿Qué mejoras necesitan hacer los países con respecto a la cooperación internacional?

Para el GAFI, si bien la mayoría de los países evaluados demostraron una cooperación formal e informal efectiva, el alcance y la velocidad a la que se lleva a cabo esta cooperación no parecen alinearse con los resultados informados con respecto a las investigaciones penales y/o administrativas con un elemento transfronterizo, actividades conjuntas de supervisión y recuperaciones administrativas de activos. Por lo tanto, se sugiere que el nivel actual de cooperación internacional no está teniendo un impacto en las investigaciones contra el lavado de activos y financiación del terrorismo y la recuperación y confiscación de activos.[447]

En particular, los países, a fin de mejorar su cooperación internacional para investigar y procesar penalmente al crimen financiero transnacional, deberían:

- Establecer oficiales de enlace dedicados tiempo completo a trabajar en sus embajadas en el extranjero para facilitar los intercambios y las investigaciones conjuntas en casos complejos que involucran a múltiples jurisdicciones...
- Buscar y proporcionar información con mayor frecuencia para abordar la brecha global en la identificación y realización de investigaciones complejas (y a menudo transfronterizas) de lavado de activos.
- Siempre que sea posible, informar y registrar los casos de cooperación internacional (incluidos los casos exitosos y no exitosos) para mejorar los indicadores de presentación de informes y rendimiento.[448]

Cooperación Internacional Informal

La cooperación internacional informal, que es generalmente inadmisible en un procedimiento judicial de tipo penal, puede proporcionar plataformas de intercambio de información entre países que bus-

---

447 Ibid.
448 Ibid.

can iniciar investigaciones penales transfronterizos o transnacionales. Los agentes encargados de hacer cumplir la ley, los supervisores u otras autoridades pueden comunicarse informalmente con sus homólogos en otras jurisdicciones para obtener información relevante para dicha investigación penal transnacional.[449] Para el GAFI, la cooperación internacional informal es generalmente la forma más fácil y rápida de obtener información relevante. Los mecanismos informales de intercambio pueden ser facilitados por terceros, como el grupo Egmont de Unidades de Inteligencia Financiera, que proporciona una red segura para el intercambio de información. Otro ejemplo incluye la mensajería de INTERPOL entre sus países miembros.[450]

1.2. Poner la tecnología a trabajar para el intercambio de información

Los países deben unirse para utilizar los avances tecnológicos a fin de fortalecer la cooperación y la asistencia jurídica recíproca en las investigaciones de delitos financieros transnacionales. Con el desarrollo de la tecnología en la nube (*iCloud* por sus siglas en inglés), las organizaciones internacionales, como el GAFI, deberían promulgar una regla similar a la sección 314 (b) de la Ley Patriota de los Estados Unidos de 2001.[451]

La sección 314 (b) de la Ley Patriota de los Estados Unidos de 2001 dice:

---

449 Ibid.

450 Ibid.

451 La Ley Patriota (U.S PATRIOT Act *por sus siglas en inglés*) es la ley de los Estados Unidos conocida como aquella que busca la supresión del lavado de dinero internacional y de la financiación de actividades terroristas y que dota al gobierno de ese país con las herramientas apropiadas para impedir la comisión de tales delitos financieros. Fue sancionada por el presidente de los Estados Unidos George W Bush el 26 de octubre de 2001 después de los ataques del 11 de septiembre de 2001.El objetivo de esta ley es ampliar la capacidad de control del gobierno de los Estados Unidos en aras de combatir el financiamiento del terrorismo y el lavado de activos, mejorando la capacidad de las distintas agencias federales de seguridad estadounidenses al coordinarlas y dotarlas de mayores poderes de vigilancia contra los delitos de financiación del terrorismo y lavado de activos.

Artículo 314. Esfuerzos conjuntos para combatir el lavado de dinero...

(b) Cooperación entre entidades financieras. Contra notificación efectuada por el secretario, dos o más entidades financieras y cualquier asociación de entidades financieras podrán compartir información con otras con relación a personas naturales, personas jurídicas, organizaciones y países sospechosos de posibles actividades terroristas o de lavado de activos.

Toda entidad financiera o asociación que transmita, reciba, o comparta dicha información a los efectos de identificar e informar actividades que puedan involucrar actividades terroristas o de lavado de activos no será responsable ante persona alguna en virtud de ninguna ley o reglamentación de los EE.UU., ni en virtud de la constitución, leyes o reglamentaciones de ningún Estado o subdivisión política de ese país, ni en virtud de ningún contrato u otro acuerdo legalmente vinculante (incluyendo acuerdos de arbitraje), en razón de dicha divulgación de información o de la falta de notificación a la persona objeto de la misma, o a cualquier otra persona identificada en dicha información, excepto en los casos en que dicha transmisión, recepción o intercambio de información fuera violatoria de las disposiciones del presente artículo o de las normas promulgadas en virtud del mismo.

Como tal, las instituciones financieras de todo el mundo tendrían la opción de compartir, a través de la tecnología en la nube, información entre sí para prevenir, detectar y denunciar actividades sospechosas de delitos financieros transnacionales.

2. LA REFORMA DE LA LEY DE SECRETO BANCARIO DE LOS PAÍSES DENOMINADOS COMO PARAÍSOS FISCALES

La segunda vía es reformar las leyes del secreto bancario de los países denominados como paraísos fiscales. Los países denominados paraísos fiscales siguen siendo el centro de gravedad para ocultar las ganancias criminales de la corrupción, la evasión fiscal, el tráfico de drogas y personas, y los delitos bursátiles (caso Interbolsa) y otros delitos de cuello blanco. Varias personas políticamente expuestas (PEP) han ocultado sus identidades a través de cuentas en estos países denominados paraísos fiscales. El escándalo de los Papeles de Panamá (*Panam Papers* por sus siglas en inglés) expuso las cuentas bancarias de los paraísos fiscales que se utilizaron para ocultar fondos y las identidades de los titulares de tales cuentas bancarias a través de las protecciones del denominado secreto bancario en países denominados paraísos fiscales.[452]La diplomacia puede convertirse en una herramienta poderosa para lograr la reforma de las leyes de secreto de los paraísos fiscales.

3. DESARROLLAR PLENAMENTE EL PRINCIPIO JURÍDICO DE JURISDICCIÓN TERRITORIAL SOBRE DELITOS FINANCIEROS TRANSNACIONALES

La tercera vía es mantener el desarrollo del principio jurídico de jurisdicción extraterritorial sobre los delitos financieros transnacionales. El objetivo es utilizar argumentos legales y persuasión para superar las barreras políticas y facilitar la investigación penal extraterritorial y el respectivo proceso penal de los delitos financieros transnacionales. Dado que el crimen financiero transnacional va más allá de las fronteras, la investigación penal contra el crimen financiero transnacional también debería ser transnacional. Recordemos que un tribunal francés condenó al vicepresidente de Guinea Ecuatorial, Teodorín Obiang, por malversación de 174 millones de dólares del dinero público de ese país.[453]

Además de las investigaciones francesas dirigidas a políticos africanos, los Estados Unidos han acusado penalmente al presidente venezolano Nicolás Maduro de lavado de dinero y corrupción, entre otros cargos, en marzo de 2020. Las condenas de Obiang por parte de un tribunal francés y las acusaciones penales por parte de autoridades jurisdiccionales de los Estados Unidos contra Maduro son actos oficiales de gobierno que reflejan la práctica estatal en el campo de las investigaciones y procesos penales transnacionales por delitos

---

[452] Véase Would Diplomacy Provoke Bank Secrecy Law Reform within Tax Haven Jurisdictions? – Cambridge International Law Journal (cilj.co.uk)

[453] Véase Is There an Emerging Custom of Universal Jurisdiction over Corruption? — THE FLETCHER FORUM OF WORLD AFFAIRS

transnacionales.[454]Recordemos que este es un avance importante en el derecho internacional moderno porque el caso Obiang y la acusación penal contra Maduro podrían ser una indicación de una norma emergente de derecho internacional consuetudinario que establece la jurisdicción universal sobre delitos transnacionales, como el lavado de dinero y la corrupción.[455]

4. LA CUARTA VÍA ES COMPLETAR LA HOMOGENEIZACIÓN DE LAS NORMAS INTERNACIONALES Y PRÁCTICA JUDICIAL EN LA LUCHA CONTRA LA DELINCUENCIA FINANCIERA TRANSNACIONAL.

Uno de los objetivos de esta vía es minimizar el arbitraje y la competencia regulatoria ineficiente. Autores como Brummer han afirmado que las instituciones financieras insatisfechas con las reglas de una jurisdicción pueden pasar cada vez más a otra con una supervisión más débil y potencialmente subóptima para recaudar capital o participar en transacciones financieras complejas.[456] Además, dado que los inversores también se han vuelto más móviles y participan ellos mismos en los mercados extranjeros, las empresas pueden realizar transacciones o aprovechar el capital de inversión de inversores domiciliados en jurisdicciones sujetas a una supervisión más estricta o efectiva. En tales casos, la integridad del mercado y la supervisión regulatoria se ven socavadas por el arbitraje offshore o transnacional por parte de empresas más inteligentes y móviles.[457]

Además, la globalización ha aumentado la presión sobre los reguladores para que compitan entre sí para atraer capital porque las naciones desean aumentar el tamaño de sus economías atrayendo flujos

---

454 Ibid.

455 Ibid.

456 Brummer Chris, *Como Funciona El Derecho Financiero Internacional y Como No Funciona*, Universidad de Georgetown Publicaciones De La Facultad De Derecho. 2011. Páginas 257-326.

457 Ibid.

de capital a sus territorios.[458]Autores como Brummer sugieren que esta competencia puede, sin embargo, adquirir una calidad perjudicial donde los reguladores desmantelan incluso las regulaciones eficientes con la esperanza de atraer ciertos tipos de capitales y empresas a sus fronteras.[459] En tales situaciones, puede producirse una carrera hacia una mediocre regulación financiera, poniendo en peligro no sólo a los inversores, sino también la salud del sistema financiero internacional.

Finalmente, se debe fomentar el nacimiento de una norma del derecho internacional consuetudinario que adopte la aplicación de la doctrina de la ceguera voluntaria/ignorancia deliberada a casos de lavado de activos y otros delitos financieros a nivel global.

---

458 Ibid.
459 Ibid.

ANEXO

Gráfico ilustrativo del proceso legislativo de la regulación financiera internacional contra los delitos financieros transnacionales y su incorporación dentro de los sistemas jurídicos de las naciones de la comunidad internacional y la función de cumplimiento de dicha regulación

Convenciones internacionales contra el crimen financiero transnacional (e.g. Convención de las Naciones Unidas contra la delincuencia organizada transnacional o convención de Palermo):

Estados bajo el auspicio de la ONU adoptan la Convención de Palermo

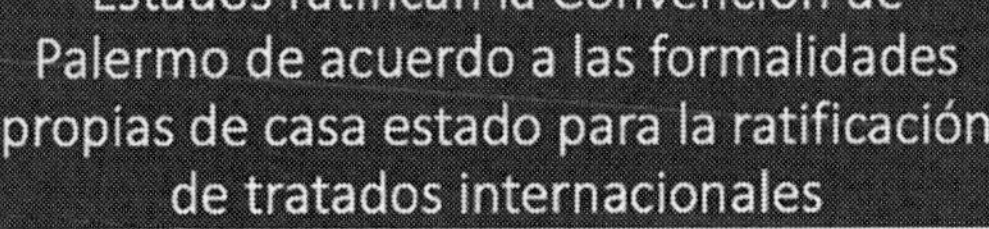

Las autoridades administrativas y judiciales se encargan de hacer cumplir la legislacion que adopta la Convención de Palermo

Estándares internacionales contra el crimen financiero internacional emitidas por organizaciones internacionales (e.g. GAFI[460]o comité de Basilea o OICV):

460 Como se ha señalado a lo largo del libro, GAFI emitió 40 Recomendaciones (estándares internacionales) para luchar contra el lavado de activos, financiación del terrorismo y la financiación de la proliferación de armas de destrucción masiva a escala global. El Comité de Basilea ha emitido principios relacionados con la protección de los sistemas financieros nacionales e internacionales del crimen organizado, y el crimen financiero transnacional. El Comité de Basilea también ha emitido principios que los gobiernos y las entidades financieras vigiladas a nivel global han adoptado en materia de conocer al cliente del sistema financiero y su actividad laboral o comercial (si es personal natural o jurídica) y financiera. OICV ha adoptado principios contra la manipulación del mercado de valores, el uso indebido de información privilegiada y el fraude bursátil y lavado de activos.

BIBLIOGRAFÍA

Libros:

- Buergenthal Thomas y Murphy D. Sean, *Derecho Internacional Público.* Thomson West. Cuarta Edición.
- David Luban, Julie R. O'Sullivan, David P. Stewart. *Derecho Penal Internacional.* Wolters Kluwer Law & Business. 2010.
- Diccionario Jurídico Ley de Black.
- Hurd Ian, Organizaciones Internacionales.
- Phillip C. Jessup, Derecho Transnacional 2 (1956).
- Chester I Bernard, La Función Del Ejecutivo.

Artículos en libros:

- Ian Johnstone. *Elaboración de leyes por organizaciones internacionales Desde Las Perspectivas De La Teoría Del Derecho Internacional y Relaciones Internacionales.* Perspectivas interdisciplinarias sobre derecho internacional y relaciones internacionales. El estado del arte. Cambridge University Press.
- Gregory Shaffer y Mark A. Pollack A. Mark, *Derecho Dispositivo y Derecho Vinculante (Hard and Soft Law Por Sus Siglas En Ingles)* en Perspectivas Interdisciplinarias Sobre El Derecho Internacional Y Las Organizaciones Internacionales. El Estado Del Arte. Cambridge University Press.
- Jana Von Stain, *Los motores del cumplimiento*, Perspectivas Interdisciplinarias Sobre El Derecho Internacional y Las Relaciones Internacionales.
- Alexander Thompson, *Aplicación Coercitiva Del Derecho Internacional*, Perspectivas Interdisciplinarias Sobre El Derecho Internacional Y Las Relaciones Internacionales, El Estado Del Arte.
- Lisa L. Martin, *Contra El Cumplimiento*, en Perspectivas Interdisciplinarias Sobre Derecho Internacional Y Las Relaciones Internacionales. El Estado Del Arte.

Artículos en revistas juridicas:

- Brummer Chris, *Como Funciona El Derecho Financiero Internacional y Como No Funciona,* Universidad de Georgetown Publicaciones De La Facultad De Derecho. 2011. Páginas 257-326.
- Badar_Final_and_Edited_Version__29_May_09_of__Dolus_Eventualis_and_the_Rome_Statuet_of_the_ICC.doc (live.com).
- Profesor Patrick McCarty en la Facultad de Derecho Columbus de la Universidad Católica de América.

Tratados Internacionales:

- Carta De Las Naciones Unidas.
- Estatuto De La Corte Internacional De Justicia.
- Convención de Viena Sobre El Derecho De Los Tratados de 1969.
- Convención de las Naciones Unidas contra el Tráfico Ilícito de Estupefacientes y Sustancias Sicotrópicas de 1988.
- Convención de 1997 sobre la Lucha contra el Soborno de Funcionarios Públicos Extranjeros.
- Convención Internacional para la Represión de la Financiación del Terrorismo, de 2002.
- Convención de las Naciones Unidas contra la Delincuencia Organizada Transnacional de 2003.
- Convención de las Naciones Unidas contra la Corrupción de 2005.

Directivas Unión Europea:

- Directiva 2001/97/CEE.
- Segunda Directiva de la Unión Europea.

Leyes extranjeras:

- La Ley Patriota De Los Estados Unidos De América (U.S PATRIOT Act *por sus siglas en inglés*)

Leyes y normas Colombianas:

- Ley 906 de 2004 por la cual se expide el Código de Procedimiento Penal de Colombia.
- Código penal Colombiano.
- Ley 1778 de 2016.
- Resolución No. 100-006261 de la Superintendencia de Sociedades.
- Circular Externa 2020-01-680161 de la Superintendencia de Sociedades.
- Circular 027 de 2020 de la Superintendencia Financiera o SARLAFT 4.0.
- Circular Externa 04 de 2017 de la Superintendencia de Economía Solidaria.

Jurisprudencia:

- Immunities and Criminal Proceedings (Equatorial Guinea v. France), Preliminary Objections, Judgment, I.C.J. Reports 2018, p. 292
- Plataformas petrolíferas (República Islámica de Irán v los Estados Unidos de América), objeción preliminar, sentencia, CIJ. Reporte 1996 (II).

- Obligación de negociar el acceso al Océano Pacífico (Bolivia c. Chile), Objeción preliminar, sentencia, I.C.J. Reports 2015 (II), pág. 602, párrafo 26; Controversia Territorial y Marítima (Nicaragua c. Colombia), Objeciones Preliminares, Sentencia, I.C.J. Reports 2007 (II).
- Sentencia De Constitucionalidad C-685 de 2009. Corte Constitucional República de Colombia.

Publicaciones asociaciones de profesionales:

- Asociación de Especialistas Certificados en Antilavado de Dinero, ACAMS, Guía de Estudio EXAMEN DE CERTIFICACIÓN CAMS, Sexta Edición 2018.
- Asociación de Examinadores de Fraude Certificados.
- Publicaciones En Internet De Organizaciones Internacionales:
- www.egmontgroup.org
- www.cicad.oea.org
- www.faft-gafi.org/history
- Lavado de Activos - Grupo de Acción Financiera Internacional (GAFI) (fatf-gafi.org).
- www.fatf-gafi.org/publications/virtualassets/documents/virtual-assets.html>
- www.iosco.org (Organización Internacional de Comisiones de Valores, OICV., 1993.)
- www.iosco.org/about.
- www.bis.org/bcbs/charter.htm
- www.egmontgroup.org/en/content/about
- www.fatf-gafi.org/about/history.
- www.fatf-gafi.org/whatwedo (qué hacemos).
- www.fatf-gafi.org/historyofthefatf (historia del GAFI).
- www.bis.org/bcbs/history.htm (historia del Comité de Basilea en la página web del Banco Internacional de Pagos.
- www.bis.org/publ/bcbs.
- www.bis.org/bcbs85 (www.bip/cbsp85).
- www.bis.org/bcbs/publ/d353.pdf (banco internacional de pagos/cbsb/publ.
- www.egmontgroup.org.
- www.egmontgroup.org/about/organization-and-structure.
- www.interpol.int/crimes/financial-crime/ourrole.
- Fatf-gafi.org. Jurisdicciones de alto riesgo y otras jurisdicciones que están sujetas a una vigilancia por parte del GAFI.

- Fatf-gafi.org. Jurisdicciones de alto riesgo y otras jurisdicciones que están sujetas a una vigilancia por parte del GAFI.
- Grupo de Acción Financiera Internacional (GAFI) (fatf-gafi.org).
- https://www.fatf-gafi.org/publications/high-riesgo-y-otras-jurisdicciones monitoreadas/más/más-en-alto-riesgo-y-no-cooperativas.html?hf=10&b=0&s=desc(fatf_releasedate).
- SCR-SRR-sanctions-p5d4.indd (securitycouncilreport.org).
- Informe sobre el estado de efectividad y cumplimiento de las normas del GAFI (fatf-gafi.org).
- Dinero ilícito: ¿Cuánto Hay? (unodc.org).

Publicaciones Jurídicas Online:

- El lavado de dinero en América Latina, crimen que asciende al 7 % del PIB | Ámbito Jurídico (ambitojuridico.com)
- lawreview-2264-von kaenel.pdf
- NACDL - Willful Blindness
- Would Diplomacy Provoke Bank Secrecy Law Reform within Tax Haven Jurisdictions? – Cambridge International Law Journal (cilj.co.uk)
- Is There an Emerging Custom of Universal Jurisdiction over Corruption? — THE FLETCHER FORUM OF WORLD AFFAIRS.
- viewcontent.cgi (uci.edu).

Publicaciones organizaciones Internacionales:

- Oficina de las Naciones Unidas contra la Droga y el Delito
- Subdivisión de Órganos Subsidiarios | Consejo de Seguridad de las Naciones Unidas.
- Sanciones y otros comités | Consejo de Seguridad de las Naciones Unidas.
- El FMI y la lucha contra el lavado de activos y la financiación del terrorismo.

Publicaciones Gobiernos:

- Modelo de Código Penal Americano.
- Departamento de Justicia de los Estados Unidos 2016.
- Bell R.E. Prueba del origen criminal de los activos en los procesos penales por lavado de dinero. Departamento de Justicia de los Estados Unidos. Oficina de Programas de Justicia.
- Oficina de Control de Activos Extranjeros - Programas de Sanciones e Información | Departamento del Tesoro de los Estados Unidos.

Otras Publicaciones:

- Spend Network 2021.
- www.marketbusinessnews.com/financial-glossary/economic-sanctions.
- ¿Qué son las sanciones económicas? | Consejo de Relaciones Exteriores (cfr. org).
- Grupo de Lima busca sanciones contra gobierno de Nicolás Maduro - Venezuela - Internacional - ELTIEMPO.COM.
- Security Council Fails to Adopt Draft Resolution on Ending Ukraine Crisis, as Russian Federation Wields Veto | UN Press.
- Estadísticas Alarmantes De Lavado De Activos [Actualización 2022] (renolon.com)